역량평가 실전핵심

김태규 지음

역량평가 실전핵심

역량평가를 앞두고 있는 막막한 분들을 위한 실전핵심 소개!

생각나눔

역량평가는 역량이 있음을 확인하는 과정이다. 역량이 있음이 확인되면 역량평가를 통과하게 된다. 그러면 역량평가를 통과하지 못한 사람들은 역량이 없어서일까? 결코 그렇지 않다. 이는 역량이 없어서가 아니라 역량을 보여주지 못하였기 때문이다. 그렇다면 역량을 어떻게 보여주어야 하는 것인가?

역량평가는 많이 알고 있음을 확인하는 과정이 아닌 '할 줄 아는 것'을 확인하는 과정이다. 나는 그런 것을 '할 줄 안다'는 게 확인되면 어렵지 않게 평가를 통과할 수 있다.

이 책에서는 여타의 이론과 관련된 설명은 생략하였다. 다만, 평가과정에서의 '역량의 표현', 다시 말하면 '그러한 것을 할 줄 안다'는 것을 어떻게 보여줄 수 있을까에 초점을 맞추었다. 따라서 장황한 해설을 하지 않고 가급적 간결한 개조식의 문체를 많이 사용하여 독자들이 쉽게 접근할 수 있도록 하였다.

이제 역량평가를 앞두고 있는 막막한 심정의 수험생들에게 이렇게 하면 된다는 핵심전략(?)을 소개해 드리려 한다. 오해하지 말기를 바란다. 요령을 알려주려는 것이 아니다. 이때까지 나만 모르고 있었던 역량을 잘 나타내 보이는 방법을 안내해

주려는 것이다. 이것이 곧 역량이기 때문이다.

이 책은 이렇게 엮어두었다.

먼저, 역량을 잘 나타내주기 위한 기초적 논리를 안내한다.

이어서 역량과제를 분석함에 빠져서는 안 되는 핵심을 소개하였다.

다음으로 알 듯하면서도 보여주기 쉽지 않은 동기부여에 어떻게 접근하여 핵심을 파악하고 이를 어떻게 적용하면 도움이 될 것인가를 자세하게 정리하였다.

그다음에 역량평가에 많이 활용되고 있는 6가지의 과제에 대하여 특성은 어떠하며, 무엇을 분석하고 분석된 것은 어떻게 적용되는 것인가를 안내하여 각 기법의 수행방법을 이해하도록 하였다.

그리고 각 장별 설명의 말미에는 요약된 핵심을 함께 안내하여 참고할 수 있도록 하였다.

이러한 기반 위에 실제 모의과제 3가지(발표, 1:1 역할수행, 서류함)를 두 차례씩 제시하며 어떻게 핵심을 정리하는가를 페이지별 분석을 함께해 보며 소개하였다.

　마지막으로 이러한 실전 연습을 하였음에도 특정 부분의 분석이나 표현에 어려움이 있는 수험생들을 위해, 보편적으로 많이 알려진 핵심 수련법(?)을 소개하였다.

　이어 나에게서 어렵게 나타나고 있는 요소들이 무슨 역량과 관련이 있을 것인가를 알 수 있도록 함으로써 부족한 역량의 향상에 매진할 수 있도록 하였다. 다만, 안내하는 자료들은 하나의 예시 또는 하나의 생각일 수 있음을 미리 밝혀둔다.

　이것이 이 책의 전부이다.

　부디 좋은 결과가 있기를 바란다.

제1장 │ 기초 논리 소개

제2장 │ 역량과제 수행 시 핵심적으로 분석해 두어야 할 사항 알아보기

제3장 | 동기부여를 어떻게 하면 효과적일까?

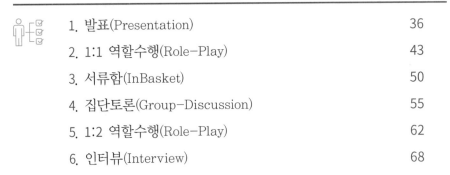

제4장 | 역량과제별 수행 방법 알아보기

제5장 │ 역량과제의 핵심을 추출하며 답안 등으로 구성해 보기

제6장 │ 부족한 역량 향상시키기

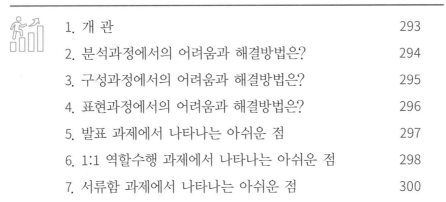

제1장

기초 논리
소개

• • • •

이 장에서는 역량과제를 수행함에 꼭 알고 있어야 할 기본 요소들을 소개한다. 이러한 기본 요소들에 대한 이해가 없을 경우 나의 역량은 피상적으로 보여지지만, 단단한 기초 위에서 보여지는 표현은 비범함이 묻어난다.

1. 역량평가의 접근

역량평가란 상대방의 지식수준, 즉 '얼마나 알고 있는가?'를 보는 것이 아니라 '얼마나 할 줄 아는가?'를 보는 것이다. 제공되는 과제를 실행해 내는 과정을 보며 관련된 역량이 어떻게 나타나고 있는가를 측정하는 것이 역량평가이다.

그렇기 때문에 '나는 이렇게 할 줄 알아요.'라는 것이 관찰되도록 해주어야 한다.

참고로, 역량평가에서는 실력보다는 인간관계를 중시하는 경향이기 때문에 지적 능력은 물론 행동능력, 사회적 능력 같은 인간관계적 요소를 간과해서는 안 된다. 인간관계를 중시하는 평가과제로는 발표, 역할수행, 집단토론 등 대다수의 평가과제가 포함된다.

흔히, 역량의 모습을 빙산에 비추어 설명한다. 역량이란 인간이 가지고 있는 다양한 특성(가시적·비가시적)들의 집합체이며, 행동으로 표출된다. 그러나 외적으로 표현되지 않는 내적 요소들을 관찰해 내기란 쉽지 않다. 그렇기 때문에 내적 요소들이 행동으로 나타나도록 하여 관찰을 통해 역량의 수준을 파악하는 것이다.

내적 요소가 행동으로 표출되도록 하기 위해 의도적으로 설정된 과제를 시뮬레이션이라고 하며, 시뮬레이션을 제한된 시간 내에 분석하여 해결하도록 하면서 역량을 파악하는 것이다. 역량의 내적 요소들은 '위기의 순간에', '긴급 상황에' 더욱 표현이 잘 된다고 하기 때문이다.

당신의 역량 모습은 이렇게 객관적인 평가자들에게 비추어지게 되고, 평가자는 관찰된 역량을 확인하며 역량의 유무가 결정되게 되는 것이다.

잊지 말자, 나의 지식수준을 보는 것이 아니고 '나는 이렇게 할 줄 안다'는 것을 관찰하고 있음을!

▶ 역량평가는 많이 알고 있음을 보여주는 것이 아니다. 할 줄 아는 것을 보여주는 것이다.

2. 역량평가 수행의 전제 조건

나의 역량을 보여주는 데에는 직급 등의 제한으로 인해 결정할 수가 없다거나 더 좋은 안건(또는 해결책)을 마련하기 위해 전문가 등의 토론 또는 공청회를 개최하고 도출된 대안들을 참고하여야 한다는 등으로 현재에 관찰될 수 있는 역량은 없고 역량이 뒤로 미루어지는 모습이 많이 나타나기도 한다. 이렇게 역량이 나타나지 않고 감추어지게 되면 역량을 측정하지 못하게 된다. 따라서 역량평가 과정에서는 제한된 짧은 시간에 역량을 관찰해 내기 위해 다음과 같은 전제를 은연중 기정사실화하고 있다.

첫째, 나는 모든 권한을 가지고 있다고 생각하며 과제를 수행하기

둘째, 뒤로 미루어지지 않도록 오늘 모든 것을 처리해야 한다고 간주하기

물론 이러한 생각을 바탕에 두고 과제를 수행하는 것에 이견을 가지고 있는 평가자가 권한 밖의 일을 어떻게 처리할 수가 있느냐고 의문을 제기한다면 이 정책을 성공적으로 실행시키기 위해서는 이 방법이 최선임을 상급자에게 설명·설득하겠다고 하는 등으로 나의 역량을 보여주어야 한다.

▶ 역량과제 수행 시에는 모든 권한을 갖고 있다는 전제에서 대안을 마련하고, 오늘 모든 것을 마무리한다는 마음으로 결정하는 모습을 보여라.

3. 커뮤니케이션에서의 핵심 표현법 알아보기

가. 간결하게 말하기

우리는 1분에 150단어를 말하지만, 머리는 1분에 750단어를 이해한다고 한다. 의사소통의 전문가인 맥코맥은 말하지 못한 600단어가 다른 생각을 할 수 있게 만든다고 한다. 따라서 표출되지 못한 600단어가 머리를 혼란하게 하고, 표현의 논리 정연함을 어지럽힌다는 것이다. 그렇기 때문에 말하는 사람은 물론 듣는 사람에게도 쉽고 간결한 표현을 해야 커뮤니케이션이 잘 된다고 한다.

역량평가 과제를 수행함에는 시간이 많지 않다. 그러므로 간단하고 핵심을 찌르는 내용으로 소통하여야 한다. 정통하게 되면 간결하다고 한다. 하나의 문장을 서너 개의 단어로 완성시킨다고 한다. 길어지면 모르고 있다는 방증이다. 잊지 말자. 표현이 길어짐으로 인해 주장하고자 하는 핵심이 상대적으로 감추어지게 된다는 점을.

나. 명료하게 말하기

명확하게 표현해야 함은 커뮤니케이션의 중요한 원칙이다. 분명하게 표현을 해야 메시지가 선명해진다. 무엇을 말하고 있는지 상대가 즉각 알 수 있어야 한다.

'김 과장은 웃으면서 들어오는 박 과장을 바라본다.'라고 표현을 했다고 하자. 과연 누가 웃은 것인가? 말하는 사람은 누가 웃었는지를 알고 있다. 그렇기 때문에 말이라는 매개체를 활용해 상대방에게 메시지를 전달하며 내가 알고 있으니 상대도 알 것이라고 생각한다. 그러나 표현이 명료하지 않기 때문에 상대는 누가 웃었는지를 짐작으로만 알 수 있다. 따라서 '김 과장은 ✓ 웃으면서 들어오는 박 과장을 바라본다.'라고 표현하던지, '김 과장은 웃으면서 ✓ 들어오는 박 과장을 바라본다.'라고 표현하여 웃는 사람이 누구인지 명확하게 표현을 해주어야 하는 것이다.

역할수행, 집단토론에서 명료한 표현이 특히 필요함을 참고하기 바란다.

다. 확신 있게 말하기

"의사소통의 93%는 신체적 언어에 의존된다."라고 앨버트 메라비언은 말했다. 신체적 언어 93%는 목소리 톤(38%), 표정(35%), 태도(20%)로 나누어진다고 한다. 신체적 언어는 말하는 자의 확신에서 묻어난다. 목소리, 표정, 태도가 부적절하게 될 경우 듣는 사람에게는 확신 있게 들리지 않는다. 비록 맞는 말을 하고 있다고 해도 왠지 듣고 싶지 않거나 거짓으로 들리게 되기도 한다. '나는 선천적으로 목소리가 작다'고 말하는 사람이 있다. 작은 목소리는 나의 필요에 의해 집중을 유도하기도 하지만 역량평가 과정에서는 도움이 되지 않는다. 따라서 의사소통, 특히 평가과정에서는 확신 있게 표현하여야 함이 필수요소임을 잊지 말아야 한다.

라. 결론부터 말하기

직장에서 바람직하지 않은 일이 발생하게 되었을 때 상사에게 보고하는 상황을 연상해 보자. 대다수의 사람은 그와 같은 일이 발생하게 된 배경을 집중하여 설명한 다음, '그래서 이와 같은 일이 발생했다.'라고 보고할 것이다. 이와 같은 표현법은 시간적 여유가 있거나 상사가 바쁘지 않을 때는 가능할 것이다. 그렇지만 대부분의 상사는 시간이 많지 않다. 그렇기 때문에 배경 설명을 듣다가, '그래서 무슨 일이 생겼다는 건가?'라며 되물을 것이다. 그와 같은 상황은 내가 상사의 위치에 있더라도 별반 다르지 않을 것이다. 더욱이 시간이 많지 않은 역량평가 과제를 수행 중이라면 대단히 좋지 않은 표현법이라고 본다. 그러므로 이렇게 표현하라. '이런 일이 발생했습니다. 그 이유는 이것입니다.' 또는 '예, 그 답은 이것입니다. 이러하기 때문입니다.'라고 결론부터 말하는 두괄식 표현법을 쓰는 것이 커뮤니케이션에 도움이 됨을 알자.

▶ 정리해 보자. 표현할 때는 간결, 명료하게 확신 있는 모습으로 결론부터 말하자. 이 표현법만 온전히 내 것으로 익힌다면 역량평가에서 실패하는 일은 없을 것이다.

4. 그 외 역량평가에서 중시되어야 할 사항 알아보기

가. 나의 역량을 선제적으로 보여주자

역량평가에서는 나의 역량을 객관적 위치에서 관찰하는 평가자들이 있다. 평가자들에게 관찰되지 않은 사항, 즉 내가 나타내주지 못한 역량은 아쉽지만 '관찰되지 않음' 또는 '역량 없음'으로 간주된다. 따라서 선제적으로 나의 역량을 보여주도록 함이 바람직하다. 짧은 시간이라 나타내주어야 할 사항들이 많이 있겠지만, 효과적으로 구상하여 표현해 줌으로 인해 내 역량이 최대한 관찰되도록 해줌이 관건이다.

따라서 이 책에서는 어떠한 과제를 수행하고 있는가와 관련한 역량을 보여주도록 하기보다는 현재 수행하고 있는 과제가 어떠한 역량을 측정하고 있다고 하더라도 나의 역량이 잘 관찰될 수 있도록 하는 데에 중점을 두었다. 실제로 각급 교육기관에서 실시하는 역량평가를 보면 과제별로 역량이 정해져 있기보다는 과제의 내용에 따른 역량이 다르게 설정되어 있기도 한 것이 현실이다. 그리고 현재 평가 중인 과제가 무슨 역량을 측정하고 있는 것인지를 피평가자들은 모르고 있다. 그렇기 때문에 나의 역량을 선제적으로 보여주어야 하는 것이다.

나. 주어진 자료들의 활용을 효과적으로 할 필요가 있다

역량평가 과제를 분석하다 보면 특히 쓰임새가 많을 페이지가 있다. 이런 페이지는 필요시 즉각 활용이 가능하도록 뜯어서 옆에 비치하여 참고하자. 평가과정이라는 촉박한 시간에 핵심을 찾아 활용하기 위해 자료를 이리저리 넘기며 초조해하는 피평가자들이 있다. 본 듯하여 참고하며 표현하려고 하지만 그 핵심이 어디에 있는지 쉽사리 찾아지지 않는다. 따라서 과제를 분석하며 꼭 필요한 핵심단어, 수치 등은 별지에 메모하여 활용하고, 특히 많은 참고가 필요한 페이지(핵심 통계자료, 조직원 특성 구성 자료, 업무추진 일정표 등)는 뜯어 비치하여 한눈에 볼 수 있도록 해둠이 필요하다.

단시간에 나의 역량이 관찰되고 있으니 나는 내 역량을 잘 보여줄 수 있도록 주변 여건을 설정해 놓는 것 또한 필요한 것이 아닐까?

다. 시간 관리를 잘하자

역량평가에서는 이구동성으로 시간이 부족하다고 말한다. 외부로 나타나 있지 않은 내부 요소를 관찰하기 위해 긴박한 상황을 설정해 놓았기 때문에 시간이 부족한 것은 당연하리라. 자 그렇다면 어떻게 하여 시간을 아껴볼 것인가?

경우에 따라서는 속독법을 연습하기도 했다고 한다. 과제를 빨리 읽을 수만 있다면 도움이 될 것이리라. 우리의 눈은 동시에 6~8글자를 사진 찍듯이 보게 되어있다고 한다. 따라서 천천히 또박또박 읽는 것이 오히려 내용을 이해하는 데 도움이 덜 된다고도 한다. 어떠하든 빠르게 읽는 것이 과제의 이해 시간을 절약하는 관건이 되는 것은 분명하다고 보인다. 또한, 통계는 주석이나 해설 자료를 활용하고, 기사 자료는 제목과 부제목이 무엇인지를, 해외사례·모범사례 등은 벤치마킹할 대안들이라는 공통적 요소들을 총동원하여 시간을 절약하는 방법을 숙달하여야 한다.

필자는 과제를 분석할 때 페이지별 분석을 하며 시간을 절약하는 방법을 주로 활용하고 있다. 페이지별 분석 방법(?)과 관련된 사항은 뒤에 과제를 그와 같은 방법으로 분석하며 답안을 마련하는 것을 실습하면서 더 검토해 보기로 하자.

그리고 위와 같이 분석에 시간을 절약하는 방법이 있기도 하지만 평가자와 커뮤니케이션 하는 평가과정에 있어서 표현이 길어짐으로 인해 시간이 부족해지는 사례가 많으니 이 또한 소홀하게 다루어서는 안 되는 요소라고 본다.

라. 평가자를 가르치려 하지 말라

역량평가 과정은 주어진 자료를 분석하여 타당한 해결책을 제시하는 등으로 나의 역량을 보여주면 되는 것이다. 평가자와 논쟁을 하기 위해 그 자리에 있는 것이 아님을 잊지 말기 바란다.

또한, 평가자에게 무언가 한 수 가르치려는 듯한 표현법 등은 도움이 되지 않음을 알자. 평가자들이 모르고 있지 않음에도 "공무원 사회는 말이죠…", "이것은 이렇게 해야 되는 겁니다." 등의 표현이 나의 역량을 보여주는 것이 아님을 잊지 말아야 한다.

마. 대안의 구체성에 노력하라

역량평가를 해보면 평가 탈락의 가장 큰 원인이 '대안의 구체성 부족'이다. 많은 피평가자들이 대안의 구체성이 부족하여 탈락하고 있다.

'대안의 구체성'은 성과관리 역량에서 주로 관찰된다. 그러나 대안을 구체적으로 표현해 줘야 역량의 관찰이 잘 되는 측면을 두고 본다면 꼭 성과관리 역량에서만 관찰되어지는 것은 아니라 본다. 문제를 분석하는 모습이나 자원·조직을 관리하는 모습, 동기부여를 하는 모습, 갈등상황 해결, 협력관계 구축 등 역량과제 수행의 전 과정에서 표현되는 역량이 구체적이어야 해당 역량이 잘 나타나는 것으로 관찰된다. 심지어는 의사소통 과정에서도 대안이 구체적으로 제시되어야 전달을 효과적으로 하고 있다고 보여지게 되는 것이다. 따라서 역량평가 과제 수행의 전반에 대안이 구체적이어야 함을 깊이 인식하자.

대안을 구체적으로 표현하기 위해서는 제시한 대안에 구체성을 보여주기 위해 '그 래서 어떻게 하지?'라는 생각을 2~3회 이어가며 내가 제시한 대안에 구체성이 묻어 나도록 할 필요가 있다.

예를 들어보자. 혈압이 정상치의 범위를 넘어선 사람이 있다고 하자. 많은 사람이 문제의 해결방법으로 '(고)혈압이 문제이므로 혈압을 낮추어야 한다.'라고 해법을 제시할 것이다. 그러나 이렇게 방향 위주의 해법을 제시하지 말고, 구체적으로 제시하자는 것이다. 따라서, 혈압의 원인이 무엇인지 정확한 진단을 하고(1회 차 그래서 어떻게), 진단의 결과 식습관 관리의 부적절(2회 차 그래서 어떻게)이 문제였다면 저염식 처방, 식단을 짜주기 등(3회 차 그래서 어떻게)을 해주도록 한다는 방식으로 대안의 구체성을 보여주기 위한 '그래서 어떻게 하지?'를 구상해야 한다는 것이다. 대안의 구체성을 나타내도록 하는 것이 결코 어려운 것은 아닌데 우리들의 업무처리 방식은 대안의 구체성보다는 방향성에 중점을 두어 처리함으로써 대안을 구체적으로 제시하는 것에 친하지 않게 되었기 때문이다. 민간조직에서는 대안의 구체성을 이끌어 내기 위해 '그래서 어떻게 할 것인가?'를 5~6회 정도 연결해 낸다고 한다. 타산지석으로 보아야 할 대목이다. 잊지 말자 대안은 구체적으로 나타내도록 하여야 함을….

바. 역량들은 상호 연관되어 있다

역량들은 독립적으로 떨어져 있는 것이 아니고 서로 연계되어 있다. 정책기획, 성과관리 등등의 역량들이란 큰 범주의 역량 정의가 있기는 하지만, 그 역량을 관찰하기 위한 행동관찰 포인트에 가서는 모든 역량이 서로 연계되기도 하고, 같이 관찰되기도 한다.

그런데 '이 과제에서는 이러한 역량들이 측정되기 때문에, 관찰되어 역량으로 간주될 핵심 이외의 다른 부분은 보일 필요가 없다'고 혹자는 말하고 있다. 그러나 다시 말하지만, 역량들은 상호 연계되어 있기 때문에 보여주고 싶은 것들을 선제적으로 보여줬다고 하여 이롭지 않을 일은 없다. 잊지 마시라. 복잡하게 생각하지 말고 보여주고픈 행동(역량)은 시간이 허용되는 한 마음껏 보여줘라.

사. 답변은 묻는 것 위주로 하라

피평가자들에게 질문을 하면 마치 정답이라고 인식시키려는 듯 답변(문제를 묻고 있는데 문제, 원인, 대안, 효과적 실행방안, 심지어는 기대효과까지 답변함)이 길다. 문제를 물었으면 문제만을, 원인을 물었으면 원인만을 답변하라. 평가자들은 이러한 답변에 피곤해지게 된다. 그렇기 때문에 나에게 돌아오는 피드백은 '질문의 핵심을 모르고 있음', '답변이 장황하여 핵심이 없음'이라는 것이다. 잊지 말자. 묻는 것만 답변하라.

아. 주어진 자료에 충실하라

역량평가를 위해 제시되는 자료의 내용을 바꾸는 등으로 나의 역량의 출중함을 보이려 하지 마라. 이 모습은 자칫 과제를 만들려고 하는 것으로 관찰되어 역량다운 역량으로 관찰되지 못한다. 따라서 주어진 자료의 범위 내에서 효과적인 해결방안을 마련하도록 해야 함을 잊지 말자.

과제를 만들려는 모습으로 과제를 수행하게 될 경우 해결하지 못할 일들이 없을 것이다. 역량을 평가한다는 것은 주어진 여건 속에서 어떻게 효과적인 해결방안을 마련하는가를 관찰하며 해당 역량이 있음을 체크하는 것이다. 확인 또 확인하자. 나는 주어진 자료의 범위를 넘어 해결책을 만들어 내지는 않는가?

※ 다만, 동기부여 역량 등에 있어서는 자료로 모두를 제시하기에는 한계가 있으므로 인해 동기부여를 위한 해결방안들이 제시되어 있지 않은 것이 많다. 이런 상황에는 창의력을 발휘하여 해결방안을 제시하여야 함은 물론이다.

자. 자연스러운 대화와 상호작용을 하라

말이 자연스럽지 않을 경우 나의 논리가 정연하지 않게 전개될 우려가 있다. 따라서 상대방이 말을 할 때는 집중하여 질문의 핵심을 파악하며 메모도 하고 적절한 언어·비언어적 반응을 통해 호응하는 행동을 하여야 하며, 말을 할 때는 또박또박 하여야 한다. 물론 이 과정에 논리적이어야 함은 두말할 나위가 없다.

▶ 정리해 보자. 역량평가에서 기본적으로 알고 있어야 할 사항은 다음과 같다.

- 나의 역량을 선제적으로 보여주도록 하라

- 주어진 자료들의 활용을 효과적으로 할 필요가 있다

- 시간 관리를 잘하자

- 평가자를 가르치려 하지 말라

- 대안의 구체성에 노력하라

- 역량들은 상호 연관되어 있다

- 답변은 묻는 것 위주로 하라

- 주어진 자료에 충실하라

- 자연스러운 대화와 상호작용을 하라

제2장

역량과제 수행 시 핵심적으로
분석해 두어야 할 사항 알아보기

역량과제를 분석할 때 어떠한 과제이든지 기본적으로 분석해 두어야 할 사항들이 있다. 이와 같은 것들이 기본적으로 분석되어야 하는 이유는 과제의 수행에 쓰임새가 많을 뿐만 아니라 분석되어 있지 않을 경우 과제의 수행 자체가 어렵기 때문이다.

1. 내외 상황분석, 정책의 방향, 정책의 필요·타당성

이는 상대방의 설득에 중요한 논거로 활용되는 정보이다. 또한, 대안의 논리성을 제시하는 데에도 도움이 된다. 특히 역할수행에서 대안에 반대하는 상대(평가자)에게 대안을 실행하여야 하는 논리를 잘 보여줄 수 있기 때문에 꼭 알고 있어야 할 핵심정보이다.

2. 이해관계자가 광범위함을 인식

역량과제 수행에서는 해결 대안이 얼마나 효과가 있는가에 의해 대안의 타당성을 확보하기가 용이해진다. 어떤 과제이든지 해결안을 제시함에는 이해관계자들이 호응하는 해결안이어야 한다. 따라서 이해관계자의 인식을 좁게 할 경우 해결안 또한 폭넓게 마련되지 않기 때문에 제시하는 대안의 논리 타당성이 덜 보여지게 된다. 그러므로 역량과제를 수행할 때는 정책에 대한 이해관계자가 폭넓다는 것을 인식하고 대안을 마련해야 저항이 적다는 것을 잊지 말자.

3. 처리해야 할 것이 무엇이며, 어떻게 해결할 것인지?

역량과제 수행에는 가장 중요한 요소가 처리해야 할 것이 무엇이며, 이것을 어떻게 해결할 것인가이다. 과제를 수행할 때 꼭 처리되어야 하는 핵심이기도 한 이 원칙을 잊고 다른 요소들을 강조하게 될 경우, 나의 분석 수준이나 문제의 해결능력 수준은 낮게 나타나기 마련이다. 그러므로 우선적으로 처리해야 할 사항과 해결방안을 마련한 후 부가적으로 보여줄 수 있는 요소들(이를테면 장애, 점검, 실행계획, 협력, 홍보, 장단기 구상 등)을 마련하여 제시하는 것이 순서임을 알아야 한다.

4. 해결에 도움을 받을 부서와 자원(인원, 예산, 전문가, 협력기관 등)은?

실행하여야 할 정책의 대안을 마련함에는 도움이 없으면 한계에 머무르게 된다. 그렇기 때문에 정책을 마련하여 실행할 때에는 도움받을 부서와 자원 등을 함께 고려함이 순서이다. 흔히 자원을 인식할 때 인원과 예산에만 급급한 피평가자를 본다. 앞에 예시된 사항과 같이 자원이란 인원 예산 이외에도, 도움을 받음으로 정책의 완성도를 높일 수 있는 것들은 모두가 자원이다. 그렇기 때문에 도움을 받을 부서나 자원을 좁게 설정하지 말고 폭넓게 함으로써 보이는 대안들의 효과성이 배가되도록 하여야 할 것이다.

5. 확보된 자원은 어떻게 조직화할 것인가?

　자원이 확보되었으면 이를 조직화하여 정책실행을 더욱 탄탄히 하여야 한다. 조직화가 미흡할 경우 우수한 자원을 확보하고도 정책 실행을 효과적으로 이끌기는 어렵게 된다. 따라서 임무와 특성, 그리고 다루어야 할 일 등이 어떠한지에 따라 확보된 자원의 특성 등을 고려하며 조직화하여야 한다. 그리고 조직화한 이유에 대해 논거를 활용하며 명확히 제시할 수 있어야 한다. 그래야 더욱 설득력이 있게 된다.

6. 리더로서 나는 무엇을 해야 하는가?

　역량과제를 실행하는 주체로서의 나는 막혀 있는 문제의 해결과정을 마련함으로 끝난다고 생각하는 피평가자들이 많다.

　우리의 업무 현장을 예로 들어보자. 정책을 이러이러하게 실행토록 하라고 리더로서 지시하였다면 누구라도 빠짐없이 그와 같은 처리 과정이 잘 지켜지고 있는지, 또는 보완해야 할 것은 없는지를 확인할 것이다. 그런데 역량평가 과정에서는 지시한 것으로 나의 임무가 끝났다고 생각하는 경향이 많이 나타난다. 업무 현장에서 당연히 이행되고 있는 '같은 문제의 재발을 방지하기 위한 조치'에 인색하지 말자. 긴장된 평가과정이라고 하더라도 조직의 리더로서의 역할을 잊어버리는 우를 범해서 나의 역량에 흠집이 나서는 안 된다.

[7. 정책의 실행에 장애는 없는가? 있다면 어떻게 극복할 것인가?]

　정책을 실행함에는 장애요인이 나타나지 않을 수 없다. 장애요인을 사전에 분석하고 이를 극복하며 정책을 실행하여야 그 정책이 훨씬 효과적으로 실행되는 것임에도, 정책이란 집행을 하게 되면 당연히 실행될 것이라고 생각하며 장애를 예측하지 않는 경향이 많다. 어떠한 정책이라도 실행에는 당연히 장애가 동반된다. 그러므로 나타날 장애에 대한 극복방안을 미리 염두에 두어야 한다. 역량과제 수행의 전반에 장애의 인식과 극복방안을 어떻게 가져가고 있는가를 관찰하고 있음은 이러한 이유 때문이다.

　평가를 하다 보면 대다수가 장애요인으로 인원과 예산을 들고 있다. 물론 인원이나 예산이 장애요인이 아니라는 것은 아니다. 모든 정책의 실행에는 인원과 예산의 확보가 쉽지 않다. 그러나 인원이나 예산 등 기본적으로 나타나는 장애요인 이외에 정책의 실행에 장애요인으로 나타날 요소는 없을까? 기본적으로 나타나는 장애요인과 함께 그 이외의 장애요인을 지목하며 장애를 극복하는 역량 모습을 보이도록 하자. 장애요인에 대해 차별화된 모습을 보이는 나의 역량이 더욱 돋보이지 않을까?

　정책의 실현에 꼭 필요한 것이 장애요인이며, 극복 논리라는 것을 잊지 말고 나타내 주도록 함으로써 '나는 이런 것을 할 줄 알아요.'라는 모습이 관찰될 수 있도록 하자.

8. 정책실행과정을 어떻게 점검·모니터링할 것인가?

점검·모니터링이란 앞에 설명된 '같은 문제의 재발 방지 조치'와 맥락을 같이 한다고도 볼 수 있지만, '문제의 재발 방지'란 기발생한 문제의 대안 실현과정이 제대로 이행되고 있는가를 보는 것이라면, '점검·모니터링'은 시행하는 정책의 이행을 확보하기 위해 무엇을 할 것인가로 구분됨이 다르다고 볼 수 있다. 따라서 점검·모니터링을 함에는 '실행되고 있는 정책을 어떠한 방법(여기에는 다양한 방법이 있을 수 있음)으로 어떠한 시기에 누구에 의해 확인할 것인가?'라는 요소가 나타나야 한다. 그리고 나타난 요소들을 어떠하게 정책에 반영함으로써 정책의 이행을 더욱 확실시하겠다는 모습이 담겨있어야 한다.

▶ **정리해 보자. 역량과제를 수행할 때 꼭 분석해 두어야 하는 핵심요소들은**

- 내외 상황분석, 정책의 방향, 정책의 필요·타당성
- 이해관계자가 광범위함을 인식
- 처리해야 할 것이 무엇이며, 어떻게 해결할 것인지?
- 해결에 도움을 받을 부서와 자원(인원, 예산, 전문가, 협력기관 등)은?
- 확보된 자원은 어떻게 조직화할 것인가?
- 리더로서 나는 무엇을 해야 하는가?
- 정책의 실행에 장애는 없는가? 있다면 어떻게 극복할 것인가?
- 정책실행과정을 어떻게 점검·모니터링할 것인가?

제3장

동기부여를 어떻게 하면
효과적일까?

• • • •

이 장에서는 동기부여 역량을 집중적으로 분석해 본다. 주지하다시피 동기부여 역량은 과제에서 제시되는 자료가 한정적(주로 하는 일과 특성 소개)이어서, 어떻게 이끌어야 하는가와 관련된 동기부여 요소는 경험 등을 활용한 창의성을 발휘하여 해결하여야 한다. 그렇기 때문에 대다수의 수험생이 동기부여 역량의 수행을 어려워하고 있어 보다 자세하게 소개하려 한다.

1. 동기부여 역량 소개

동기부여 역량은 조직관리와 성과관리에 필수적인 요소로 등장하고 있다.

조직원들의 관리는, 개인 자체의 관리는 물론 조직의 성과를 위해서도 꼭 필요한 요소이다. 따라서 공무원 조직의 모든 직급에서 동기부여 역량을 어떻게 나타내는 가를 중요시하고 있다. 동기부여 역량이 가장 많이 요구되는 직급은 4, 5급이라고 본다. 그렇기 때문에 상위직급으로 올라갈수록 덜 요구되어지고, 가장 말단의 직급 에서도 덜 요구되어진다.

이러한 동기부여 역량 모습은 업무 중에는 대다수의 직급에서 어렵지 않게 보여 지고 있지만, 역량평가 과정에서 이를 글 또는 논리적인 설명으로 나타내는 것은 특 히 어려워한다.

왜 어려워하는 것일까? 이는 동기부여와 관련한 체계적인 생각의 부재에서 비롯 된 것이라 본다. 업무 현장에서는 일정한 틀이 없이 편하게 제시하지만, 평가과정에 서는 제시하는 동기부여 요소가 왜 그렇게 하여야 하는지 등의 논거를 구조화한 논 리적 표현이 함께 제시되어야 하기 때문이 아닐까?

그래서 마련하였다. 동기부여가 무엇이며 어떻게 보여져야 효과적일까에 대한 설 명을 말이다. 이 글을 보시는 독자들은 재미있는 이야기책을 읽듯이 부담을 갖지 말고 편하게 읽어보시기 바란다. 다만, 동기부여에는 '왜 그렇게 해야 할까?'라는 생 각이 밑바탕에 깔려있어야 한다는 것을 잃지 않으면서 말이다. 따라서 '이렇게 하라' 고 한다면 '왜 그렇게 하여야 하는가?'를 말할 수 있어야 한다는 것이다. 그리고 그 렇게 한 것이 이러이러한 결과로 나타나게 되리라는 것을 또한 알고 있어야 한다.

동기부여를 잘하기 위해서는 개개인의 특성들이 업무 등과 어떻게 연계될 것인가 를 알 수 있어야 한다. 그러한 것을 알아야 성과를 높이기 위해 특성들을 어떻게 활용할지를 알게 되기 때문이다.

2. 동기부여의 하위 역량 등

가. 부하특성 파악
- 부하의 개인적 특성 파악
- 부하의 업무수행 장단점 파악
- 조직생활에 대한 부하의 니즈와 불만 파악

나. 업무에 대한 피드백
- 부하의 업무수행 과정 및 결과에 대한 피드백
- 부하의 부족 역량 지도
- 부하의 업무성과 인정 칭찬

다. 관심과 격려
- 부하의 조직생활 관심 갖고 배려
- 부하에게 역량 발휘 기회 부여
- 부하에게 자기 개발 기회 제공

3. 동기부여의 프로세스

동기부여의 프로세스는 먼저 어떠한 특성을 가지고 있는지 파악하고, 이를 업무에 어떻게 적용·피드백할 것인지, 그리고 어떠한 격려와 관심을 보여주며 이끌어 갈 것인가? 마지막으로 이끌어 주었던 동기부여 요소가 어떻게 자리를 잡고 있는지 확인 점검하는 것이다. 이를 구체적으로 소개하면 다음과 같다.

가. 특성 파악

- 어떠한 특성을 가지고 있나?
  - 개발시킬 특성과 개선 필요 특성을 분류
  - 나타난 특성별 순기능 요소와 역기능 요소를 분석
- 업무수행 모습은 어떤가?
  - 조직관리나 성과관리 측면에서 도움되는 장점 요소는?
  - 어려움을 줄 단점 요소는?
- 요구나 불만은 없나?
  - 요구사항 파악하여 반영해야 할 필요가 있는 사항은 적극 반영
  - 이해가 부족하여 나타난 사항은 설득 준비
    ① 조직에 미치게 되는 결과 설명
    ② 그 방법 외에 다른 방법은 없을까를 설명

나. 업무피드백

- 업무수행 과정 및 결과 관련
  - 잘 나타난 수행사항은 개인의 순기능적 특성과 결부하여 적극 장려 및 조직에 미치게 되는 영향 설명

- 어렵게 나타난 사항은 왜 그와 같이 수행하게 되었는지 확인하고, 개인이 갖고 있는 특성을 연계하여 방법과 방향을 제시해 주기

• 부족 역량 지도

- 향상시키기 위한 방향·방법에 대한 설명, 그렇게 하여 나타날 효과 제시, 그렇지 못할 경우 조직에 미치게 되는 역효과 설명
- 부족 역량을 키울 수 있도록 안내 또는 업무 배분으로 도움받을 수 있도록 매칭 하기

• 업무성과 칭찬

- 결과물이 크지 않더라도 성과가 있는 사항·있을 사항 또는 방향을 잘 설정한 사항들은 적극 칭찬하여 더욱 자발적 노력을 기울이도록 독려하기
- 실행 중인 정책에서 이대로 진행 시 어떠한 성과가 있을 것인가 질문 및 방향 설정에 도움 주기

다. 관심·격려

• 조직생활에 관심 주기

- 업무 내적은 물론 외적 요소에도 관심을 표명하여 부하의 힘을 북돋우기
- 어려움 겪는 사항 캐치 및 타개 위해 노력

• 역량 발휘

- 특성에서 나타난 장점 요소의 적극 활용 위한 업무 분배
- 특성에서 나타난 단점 요소의 보완을 위한 교육·프로세스 등 제안

• 자기 개발

- 조직 내·외의 자기 개발 프로젝트 참여 기회 제공
- 특성과 걸맞을 개발 과정 등의 소개

라. 확인을 위한 프로세스 마련 시행

부하에게 지시한 사항은 일정한 궤도에 오를 때까지 확인 점검을 하여야 한다. 확인 점검이 게을러지게 될 경우 지시하였던 사항들은 슬그머니 예전의 자리로 돌아가게 되고 만다. 따라서 리더인 나도 기속되어 실시하지 않으면 안 되는 프로세스(업무 공유 회의 등)를 철저히 이행하여야 한다.

[4. 동기부여 시 알아야 할 기본 요소들]

동기부여를 함에 있어 다음의 사항들을 효과적으로 활용하거나 알고 있을 때, 동기를 부여받는 조직원들은 그렇게 하여야 할 필요성을 더욱 절실하게 느끼게 될 것이다.

가. 업무 처리 후 결과 피드백 필요

나. 조직 운영에 기일이 중요함을 일깨워 주기, 따라서 어려울 시 수시 협력·문의할 것

다. 조직의 성과관리에 협업·소통의 중요성 일깨우기

    – 조직의 성과는 혼자 달성할 수 있는 것이 아님

    – 조직원들의 협력관계가 원활하게 유지되어야 성과가 잘 나타남

라. 업무를 처리함에 있어 신중한 모습이나 업무의 추진력 모두 장점이 있으나 어느 하나에 치우치게 될 경우 나타날 부작용 설명해 주기

마. 진행 중인 정책의 특수성에 따라서 어떠한 방향과 방법으로 처리함이 최우선인가를 설명해 주기

바. 상사와의 관계 유지

– 상사는 곧 나를 육성해 줄 사람임

사. 현실적 계획을 가지고 있는지, 우선순위를 정해 일하는지 확인

아. 변화의 필요사항 제시하고 이끌어 주기

자. 적극 공감하고 경청하기

차. 자신의 경험을 예로 활용하며 설명해 주기

▶ **동기부여의 과정을 정리해 보자!**

• 기본 요소 파악

　– 개인의 특성 파악

　– 업무수행 장단점 및 성향 파악

　– 조직생활에 대한 니즈나 불만 파악

　– 구성원들과의 관계는 어떠한지 확인

• 적 용

　– 파악된 사항들을 업무 배분·협업대상자 선정 등에 연계

• 격 려

　– 업무수행 환경 및 프로세스상의 문제 확인

　– 무슨 도움을 줄 것인가 분석

　– 성장을 위한 교육훈련 등 기회 부여 및 자기 개발 기회를 제공하기

• 확인·평가

　– 점검 모니터링을 철저히 함으로써 동일 사안의 재발을 방지

　– 확인을 위한 프로세스 마련 시행

　– 공정한 평가와 보상하기

제4장

역량과제별 수행 방법
알아보기

여기에서는 역량평가 과정에 활용되는 횟수가 빈번한 과제(발표, 1:1 역할수행, 서류함, 집단토론, 1:2 역할수행, 인터뷰)의 수행을 어떻게 하면 좋을까를 설명하였다. 설명의 순서는, 해당 과제의 수행에 필요한 핵심 포인트가 무엇이며 왜 이와 같은 핵심 포인트가 필요한 건지, 이 포인트가 어떻게 적용되는 것인지, 실습 시에는 또한 어떻게 하여야 하는지를 안내하였다. 핵심 포인트가 다소 많다고 느껴질 수 있겠으나 이렇게 철저한 분석과정을 거쳐야 해당 과제에서 요구되어지는 대안들을 빠트리지 않고 충실히 구성할 수 있기 때문이다. 이어 과제별 말미에 요약 자료를 정리하였다. 요약 자료가 길다고 느껴진다면 이어서 제시되는 간략하게 단축된 핵심 내용을 참고하기 바란다.

주) 여기에 제시되는 과제의 시간 구성 등은 인사혁신처의 평가와 관련된 것임을 알려둔다. 인사혁신처 외의 여타 기관에서도 역량평가가 실시되고 있으며, 과목과 시간은 자체에서 정하여 시행되고 있다.

1. 발표(Presentation)

가. 발표 과제

발표 과제는 어떤 문제와 관련된 다양한 자료(신문기사, 통계자료, 보고서 등)를 바탕으로 이에 대한 해결방안을 구성하여 발표한 후 질문에 답을 하는 과제이다.

나. 발표 과제 역량

발표 과제에서 관찰되는 역량은 문제 인식 및 해결, 논리적 사고 및 표현, 자료의 분석 및 해석, 기획력 등으로, 주어진 과제를 분석하여 효과적으로 설명·설득하는 과정 전반에서 위의 역량들이 관찰된다.

다. 시간 구성

시간 구성은 과제의 이해 30분, 실습 20분(발표 5분, 질의응답 15분)으로 주어진다.

라. 핵심 포인트

발표 과제의 핵심은 문제(또는 해결 과제 등)가 무엇인데 이를 이렇게 해결하겠다는 대안으로 구성되는 것이 핵심이다.

즉, '이러한 문제를 이렇게 해결하겠다.'라는 것을 간결·명료하게 표현해 주어야
한다.

마. 발표 과제의 세부적인 TIP

1) 발표는, 내용 파악 ⇒ 발표안 마련 ⇒ 발표하기 ⇒ 질의응답의 과정으로 수행
되게 된다.

2) 내용 파악

(1) 시간을 효과적으로 쓰면서 과제의 내용을 파악하기 위해 ① 전체를 읽고
답안을 작성하거나 ② 처음부터 페이지별 분석을 해가며 답안을 작성하는
방법 중에 어떠한 방법을 사용할 것인가는 각자의 습관에 달려있다. 참고
로, 필자는 첫 페이지부터 분석과 답안 작성을 같이 하는 방법을 선호하
여 뒤에 제시되는 과제 분석 실습에서는 이 방법을 따랐음을 알려둔다.

(2) 발표에서는 내·외의 상황이 어떠한지를 분석하는 것과 해결방안을 어떻게
도출하는 것이 좋은지에 관한 정보들을 파악해 내는 것이 중요하다. 먼저,
내외 상황분석에서는 정책 방향 이해, 주변 환경 파악, 외국 등의 정책 방
향 분석 등과 관련된 정보들을 추출해 내고, 해결방안 모색에서는 문제 파
악, 원인 분석, 문제의 전개 양상 예측, 해결 방향 및 방안 강구, 변화의 방
향 구상, 변화할 정책 방향 및 추가적 필요 정보탐색 등을 파악하며 핵심
을 체크해 둔다.

※ 추가적 필요 정보는 과제에는 제시되지 않았지만, 정책의 실행에 도움
을 줄 수 있는 사례나 대안 또는 통계수치 등을 말한다.

3) 발표 안 마련

(1) 다양하고 구체적이며 실현 가능하게 마련해야 한다는 전제를 바탕으로 부가적 부분의 정리를 놓치지 말아야 한다.

　※ 부가적 부분이란 대안의 실행계획, 대안의 실행으로 얻어지는 기대효과, 대안 실행의 장애요인과 이에 대한 극복방안 등을 말한다.

(2) 발표의 틀(목차) 구상

목차를 수립함에 망설이는 수험생들이 많다. 역량과제를 수행함에는 주어지는 자료의 양도 많고 분석하는 시간은 짧기 때문에 해당 과제에서 꼭 필요한 목차만을 제시하는 것이 좋다. 발표 과제의 목차 수립은 연구보고서의 목차와 같이 깊은 기획력을 요구하는 것이 아니다. 역량과제로서의 발표는 해당 정책의 해결방안을 상대방에게 피력함에 필수불가결한 목차를 마련하여 이를 설득력 있고 논리적으로 설명·답변하는 것이 요구된다고 본다. 따라서 목차를 기계적으로 구성해 놓고 과제의 형식이 어떠하던지 기계적으로 구성된 목차에 답안을 작성하는 것은 바람직하지 않으며, 평가과정에서 역량의 깊이가 있다고 평가되지도 않음을 기억해야 한다.

다만, 문제점과 대안은 중요도순으로 순서를 같게 한다든지, 나열보다는 범주화, 문제 제기와 대안의 비율은 1:2 또는 1:3으로 구성한다든지 등의 참고 요소는 기억해야 한다.

(3) 대안의 집중 마련

제기된 문제의 해결방안인 대안은 어떠한 방침과 어떠한 목표를 가지고 할 것이며, 먼저 할 것은 무엇이고 뒤에 할 것은 무엇인지, 대안의 실행에 장애요인은 없으며 어떻게 극복 가능한지, 내·외부 고객들의 호응을 어떻게 이끌어 낼 것인지 등의 세부적 계획들이 필요하다.

따라서 대안 마련 시에 참고되어야 할 핵심요소들로는 목표 설정, 다양한 대안 마련, 세부 실행계획 수립, 해결안이 미칠 파급효과 예상, 장애요인 도출 및 극복 방안 마련, 내·외부 고객의 변화관리(홍보, 교육, 사기진작 등), 모니터링 방안 강구 등의 핵심요소들을 인식하고 이들을 어떻게 대안에 적용시킬 것인가에 집중할 필요가 있다.

또한, 과제에서 제시되고 있는 해외사례, 모범사례 등은 대안을 마련할 때 폭넓게 벤치마킹하도록 하여, 과제의 분석·활용 역량과 대안을 구체적·다양하게 마련하는 역량이 있음을 보여주도록 함이 필요하다.

(4) 협 력

정부의 정책 실행에는 관계부처 의견을 적극적으로 수렴하고 상시 협의 채널을 마련하여 정책의 실현 가능성과 효과성을 높이도록 해야 한다. 따라서 어떠한 부서와 어떤 방법으로 협력관계를 유지할 것인가를 모색하고 이를 답안 등에 반영하여야 한다.

(5) 기타 참고할 점

이해관계자 파악·대변 고려, 모두의 이익을 우선시, 내·외부 가용자원 파악 및 조직화, 자원의 대체·대응 방안 마련, 공정한 성과관리로 조직원들의 동기 유발, 투명한 성과평가 등의 요소들을 참고하게 된다면 대안의 타당성(현실성, 수용성, 계획 간 연계성)은 더욱 높아지게 될 것이다.

4) 발표하기

(1) 발표를 함에는 아이 컨택을 유지하고 밝은 표정으로 제스처를 사용하며 적절한 목소리 톤을 유지하여야 함이 필수이다. 따라서 발표 답안에만 시선이 고정되어 있다든지, 목소리가 작아 무슨 말을 하고 있는지 모르도록 하여서는 나의 역량이 드러날 수가 없음을 잊지 말아야 한다.

또한, 간결·명료하게 논리적으로 설명하여야 함은 물론, 자신감이 나타나도록 명확한 표현을 하고, 객관적 자료 등을 활용하여 일관되며 효과적인 전달을 하도록 한다.

(2) 발표를 할 때는 도입부에서 목차를 제시하고 발표의 목적을 명확히 하도록 한다. 그리고 문제 제기와 대안의 시간 배분 등에 유의하며 대안을 집중 발표하고, 사실과 의견을 구분하여 표현하도록 함은 물론, 추상적이며 중립적인 단어 등을 사용함으로 인해 듣는 사람에게 의구심이 생기도록 하지 말고 확신 있는 태도로 거침없이 설명하는 모습을 보이도록 함이 좋다.

특히, 발표시간을 잘 지키도록 하여야 한다. 평가과정에는 나의 발표를 무한정 들을 시간이 없기 때문에 발표하는 시간의 대략을 정하여 놓는다. 따라서 발표하는 시간이 길어지는 경우 평가자는 발표를 중지시키고 질문을 하게 된다. 평가 시에 긴장하지 않는 사람은 없다. 그런데 내가 하고자 하는 일을 제지받게 될 경우 긴장도가 더하여져서 나의 역량이 잘 나타나지 않게 되니 특히 주의하여야 한다.

5) 질의·응답

(1) 질문에 답변을 할 때는, 답변의 일관성을 유지하며 자신감 있게, 간결하게, 묻는 것만 확신 있는 표현으로 결론부터 답변하도록 한다. 질문의 핵심을 모를 경우 상대방의 질문 의도와는 다른 답변을 하는 경우가 많다. 이때는 다시 묻는 등으로 질문의 핵심을 명확히 파악한 후 답변을 해야 한다. 흔히 상대방의 질문에 명쾌한 답변을 하기 어려울 때 많은 말을 하게 된다. 많은 말은 정확한 답이라 하여도 도움이 되지 않는데, 하물며 정확한 답이 아닐 경우에는 역량 관점에서 전혀 도움이 되지 않는 표현임을 잊지 말자.

(2) 역량평가 과정은 물론 대인 간의 의사소통에는 경청, 아이 컨택, 언어·비언어적 반응, 메모, 침착성 유지 등의 요소가 필수적임을 알고 발표의 전과정에 이와 같은 핵심요소들을 폭넓게 활용해야 함은 당연하다.

🖋 발표의 프로세스: 내용 파악 ⇒ 발표안 마련 ⇒ 발표하기 ⇒ 질의·응답

1. 내용 파악

    – 내외 상황분석: 정책 방향 이해, 주변 환경 파악, 외국 등의 정책 방향 분석 등

    – 해결방안 모색: 문제 파악, 원인 분석, 문제의 전개양상 예측, 해결 방향 및 방안 강구, 변화의 방향 구상, 변화할 정책 방향 탐색 등

2. 발표안 마련: 다양하고 구체적이며 실현 가능하게

    – 틀 구상: 목차 수립, 문제점과 대안은 중요도 순으로 순서를 같게, 문제 제기와 대안의 비율은 1:2 또는 1:3, 나열보다는 범주화

    – 대안의 집중 마련: 목표 설정, 다양한 대안 마련, 대안의 구체적 실현 가능성 탐색, 세부 실행 계획 수립, 해결안이 미칠 파급효과 예상, 장애요인 도출 및 극복방안 마련, 내·외부 고객의 변화 관리(홍보, 교육, 사기진작 등), 모니터링 방안 강구, 모범사례 벤치마킹

    – 협력: 관계부처 의견 적극 수렴 및 상시 협의 채널 마련

    – 기타 참고할 점: 이해관계자 파악·대변 고려, 모두의 이익을 우선시, 내·외부 자원 파악·조직화, 자원 대체·대응방안 마련, 공정한 성과관리로 조직원들의 동기유발, 투명한 성과평가

3. 발표하기: 아이 컨택 유지, 밝은 표정, 제스처 사용, 목소리 톤 적절

    – 발표 스킬: 간결·명료·논리적 설명, 명확한 표현 및 자신감, 일관되며 효과적 전달, 명확한 이해 위한 객관적 자료 활용

    – 발표 원칙: 도입부에서 목차 제시, 발표의 목적을 명확히, 문제 제기와 대안의

시간 배분, 대안의 집중 발표, 사실과 의견 구분, 확신 있는 태도로 거침없이 설명, 추상적·중립적 단어 회피

4. 질의·응답
 – 답변하기: 답변의 일관성 유지, 자신감 있게, 간결하게, 묻는 것만 답변, 확신 있는 표현, 결론부터 답변
 – 필수요소: 경청, 아이 컨택, 언어·비언어적 반응, 메모, 침착성 유지

▶ 이 핵심요약도 많고 복잡하게 생각된다면 이것만은 꼭 알고 있자.
 – 분석할 때: 내외 상황 및 변화 방향 구상, 근본적 문제파악(범주화), 목차와 목표 설정, 대안을 집중 구성(구체적 실현 가능하게), 해결의 우선순위 결정, 장애 및 극복방안 마련, 기대효과 및 추가 정보 탐색
 – 설명 및 답변할 때: 내가 최고의 전문가라는 생각을 가지고, 추상적 중립적 단어 회피, 간결 명료 확신 결론부터, 모르는 것을 아는 척하지 않기, 묻는 것만 답변

2. 1:1 역할수행(Role-Play)

가. 1:1 역할수행 과제

1:1 역할수행 과제는 부하직원, 이해관계자, 고객 등과의 상호작용 장면에서 대화를 통해 주어진 목표를 달성하는 과제이다.

나. 1:1 역할수행 과제 역량

1:1 역할수행 과제에서 관찰되는 역량은 문제 인식 및 해결, 상황판단, 협상·조정 능력, 대인관계 및 소통능력, 자원배분, 목표관리 등으로 상황과 임무를 알고 상대방을 효과적으로 이해시키는 과정에 앞의 역량들이 관찰된다.

다. 시간 구성

시간 구성은 과제의 이해 30분, 면담 20분으로 주어진다.

라. 핵심 포인트

1:1 역할수행 과제는 직면한 문제에 대한 구체적 해결방안(일방적이지 않은)을 제시하고 재발 방지를 위한 조치를 취해주는 것이 과제의 핵심이다. 또한, 긴장 또는 불

안한 상황을 조성하기 위해 압박면접 형식의 질문을 구사하기도 함으로 침착성을 잃지 말아야 함이 관건이다.

마. 1:1 역할수행 과제의 세부적인 TIP

1) 1:1 역할수행 과제는, 내용 파악 ⇒ 설득논리 정리 ⇒ 면담 ⇒ 마무리의 과정으로 진행하게 된다.

2) 내용 파악

　(1) 시간을 효과적으로 쓰면서 과제의 내용을 파악하기 위해 ① 전체를 읽고 답안을 작성하거나 ② 처음부터 페이지별 분석을 해가며 답안을 작성하는 방법 중에 어떠한 방법을 사용할 것인가는 독자의 습관에 달려있다. 참고로, 필자는 첫 페이지부터 분석과 답안 작성을 같이 하는 방법을 선호하여 뒤에 제시되는 과제 분석 실습에서는 이 방법을 따랐음을 알려둔다.

　(2) 역할수행 과제는 현 상황에 대한 분석을 바탕으로 어떻게 해결함이 효과적일지를 구상함이 중요하다.

　　먼저 상황을 분석함에는 대내외 환경변화 및 거시적 측면에서의 필요성은 무엇인지, 조직의 비전과 목표 측면의 필요성은 어떠한지, 문제를 해결하지 못했을 경우 나타날 결과는 어떠할지 등을 분석하고, 이에 대한 해결방향을 어떻게 마련해야 할지를 구상해야 한다.

　　해결방안의 구상에는 상급자의 지시, 조직의 비전, 목표 등을 염두에 두고 나아가야 할 방향 등은 무엇인지를 중심으로 각각의 해결방안을 탐색하면 도움이 될 것이다. 그리고 나와 상대방의 역할과 입장을 명확하게 확인하는 것과 해결해야 할 이슈를 분명히 파악하는 것 또한 중요한 요소이다.

3) 설득논리 정리

(1) 면담 시에는 상황설명이 필요하다. 상황설명에 필요한 설득논리에는 조직의 비전과 목표에 부합하도록 준비함은 물론 거시적 측면의 필요성 정립, 변화의 방향 및 요소의 분석 제시 등이 필요하다. 여기에는 모두 상생의 원칙이 깔려있어야 함은 물론이다.

(2) 설득 대안을 마련함에는 과제의 성격에 따라 다소의 차이는 있겠으나 다음과 같은 핵심키워드들에 대한 대안을 구상하게 되면 별반 어려움 없이 상대방을 설득시킬 수 있을 것이다.

핵심키워드는 다음과 같다. 목표(조직의 전략·방침과 일치하는), 대안의 근거, 대안의 장단점 분석, 실행 가능하며 구체적인 대안들의 세부적인 실행계획 마련(우선순위가 나타나도록), 자원 확보·분배, 다양한 이해관계자, 대안 실행의 장애요인과 극복방안, 지속적인 모니터링 방안 등이다.

4) 면 담

(1) 면담을 할 때는 라뽀 형성, 침착성 유지, 좋은 분위기 조성, 경청, 아이 컨택, 부드러운 표정, 칭찬과 격려, 언어 비언어적 반응, 의견 존중, 상대를 인신공격 안 하기, 메모 등의 행동을 기본으로 하여야 하며, 상대에게 끌려다니는 모습을 보이지 말고 상황을 주도하도록 하는 것이 관건이다.

※ 이 과정에 자칫 지나치게 자기 주도적인 모습으로 관찰되기도 한다. 따라서 마련된 대안에 대한 상대방의 의견은 어떠한지 등을 질문하며 면담을 하도록 해야 한다.

(2) 면담의 진행과정은, 인사 등 라뽀를 형성하며 시작하여 해결해야 할 이슈를 공유(묻거나, 내가 제시하거나)한 다음, 순차적으로 이슈를 해결해 나가면 된다. 이슈를 해결해 나가는 과정에 나의 설득 방법 등에 문제가 있는 경우에는 상대가 계속 반대를 하게 된다. 이때는 대안이 못마땅하거나 역할

수행 방식 등이 잘못되어서임으로 대안의 근거를 제시하고, 또 다른 대안을 제시해 보고, 정책의 필요·타당성 등을 이야기하며 이끌도록 하여야 한다. 평가자도 마냥 반대만을 하는 것이 아니고 역시 시간 관리를 하고 있다. 따라서 최선을 다해 제도권 내로 이끌어야 함을 잊지 말자.

(3) 면담 시 필수적으로 사용해야 할 요소로는, 정책의 나아가야 할 방향이 포함된 변화의 필요성 제시, 변화되어야 할 사항 설명, 목표 제시, 자신의 대안을 마련하고 대안의 근거 제시, 반대 시의 대안도 구상, 대안들의 장단점과 기대효과 설명, 이해관계자의 대변과 배려, 모니터링 방안제시, 장애 및 극복방안 설명, 질문을 적절히 활용, 문제의 재발방지에 대한 조치 등을 과제의 성격에 따라 면담의 필수요소로써 활용하면 된다.

또한, 과제에서 제시되는 설득 대상자의 입장을 분석할 때, 사업을 반대하는 경우에는 사업의 필요성·당위성에 대한 설명과 대안 제시의 근거가 필요하며, 사업의 효과에 의문을 제기할 경우에는 국내외 사례를 언급하며 설득 근거나 논리를 제시하도록 한다. 그리고 사업의 조정안을 요구할 경우에는 합당한 대안과 조정방안을 제시하며 합의토록 함이 도움이 될 것이다.

면담 시 해결안을 제시할 때는 일방적으로 제시하지 말고 상대의 의중을 확인토록 해야 함이 필수이다. 그렇다고 상대에게 답을 구하는 등의 태도를 보이지 말고 제시하는 대안에 대한 의견을 구하는 모습이 좋다. 예를 들면 '이 건과 관련해서는 이러이러하게 함이 타당하다고 보는데 어떻게 생각하느냐?' 등의 방식으로 의견을 구하도록 함이 좋다.

(4) 1:1 역할수행에서는 동기부여를 해주어야 하는 상황이 많다. 동기부여와 관련된 핵심요소는 앞에 제시된 '동기부여를 어떻게 하면 효과적일까?'를 참고하도록 하기 바란다.

다만, 동기부여의 기본 요소로는 상대방 입장 이해, 피드백, 칭찬, 격려, 애로사항 공감, 잘못된 점은 명확히 지적, 부하의 육성방법 제시, 상시 상담 가능함을 안내하는 등의 기본 요소를 활용함으로써 동기부여 역량을 구현할 줄 아는 것을 평가자로 하여금 알게 할 필요가 있다.

동기부여 시에 주의하여야 할 점은, 모두를 내가 해주려 하면 안 된다는 것이다. 리더란 방법을 안내하고 조직원들의 이행상황을 확인하는 것임을 인식하고 부하를 어떻게 육성해야 할 것인가에 집중할 필요가 있다.

(5) 답변하기

누차 말하지만, 답변은 간결하며 명료하게 확신을 가지고 전달토록 해야 함이 효과적이다. 또한, 상대방을 이해시키기 위한 경험이나 예를 활용하는 것도 도움이 된다. 그리고 답변은 논리적이며 일관된 표현을 해야 한다.

1:1 역할수행 평가를 하다 보면 결론을 내리지 못하고 머뭇거리거나 어떤 것이 결정인지 모를 장황한 표현을 하는 피평가자가 의외로 많다. 그 과제가 무슨 과제이든지 결정은 명쾌하게 해주도록 하여야 하는 것이 평가과제 수행은 물론 의사소통의 전제임을 잊지 말자.

5) 마무리

(1) 해결해 주어야 할 사항들이 모두 완료되면 논의된 사항을 정확하고 명료하게 공유하면서 갈등의 쟁점이 모두 해결되었는지 당사자에게 확인한다. 역할수행 실습에 있어서는 쟁점사항에 대한 해결 여부가 명확하지 않아 마무리 과정에 이견이 발생하는 경우가 종종 있다. 따라서 모든 쟁점이 해결되었을 때는 물론, 하나하나의 개별 쟁점이 해결될 때마다, 이를 명확하게 공유하는 것이 바람직하다.

(2) 쟁점사항 해결 여부가 마무리되면 같은 사안의 발생을 사전 방지하기 위한 문제의 재발 방지 조치 및 지속적인 관리방안 등을 제시함으로써 역할수행 과제의 해결에 완벽한 모습이 관찰될 수 있도록 함이 좋다.

🖈 1:1 역할수행의 프로세스: 내용 파악 ⇒ 설득 논리 정리 ⇒ 면담 ⇒ 마무리

1. 내용 파악

  – 상황분석: 대내외 환경변화 및 거시적 측면에서의 필요성, 조직의 비전과 목표
     측면의 필요성, 문제가 가져올 양상 예측

  – 해결방향 모색: 상급자 지시, 조직의 비전, 목표, 나아가야 할 방향 등을 참고
     하기

2. 설득논리 정리

  – 상황 설명: 조직의 비전과 목표에 부합, 거시적 측면의 필요성, 변화의 방향 및
     변화요소 분석, 모두 상생 원칙

  – 대안 마련: 목표 설정, 다양한 대안과 근거 마련, 대안의 장단점 분석, 실행 가
     능한 구체적 세부적 실행계획 마련, 우선순위 설정, 자원 확보·분배, 이해관
     계자 파악, 장애요인과 극복 방안 마련, 지속 모니터링 방안 강구 등

3. 면담: 라뽀 형성, 침착성 유지, 좋은 분위기, 경청, 아이 컨택, 부드러운 표정, 칭
     찬·격려, 의견 존중, 언어·비언어적 반응, 상대를 인식공격 안 하기, 메모

  – 필수요소: 변화의 필요성 제시(정책의 방향 포함), 변화요소 설명, 목표 제시,
     자신의 대안을 마련하고 반대 시의 대안 구상, 대안의 장단점 설명, 모니터링
     방안 제시, 이해관계자 대변·배려, 장애요인 극복 방안 설명, 기대효과 설명,
     재발방지 조치, 일방적 해결안 금물, 질문을 적절히 활용

  – 동기부여: 상대방 입장 이해, 피드백, 칭찬·격려, 애로사항 공감, 잘못된 점은
     명확히 지적, 부하 육성방법 제시, 상시 상담 가능 안내

- 답변하기: 간결 효과적 명료하게 확신을 가지고 전달, 논리적 일관된 표현, 질

  문의 핵심 파악, 이해시키기 위한 경험이나 예를 활용

4. 마무리

  - 합의사항 공유: 명료하고 정확하게 전달

  - 추가사항: 후속사항은? 불만사항 확인(갈등의 쟁점이 모두 해결되었나 당사자에

    게 확인), 지속 관리방안(재발 방지조치) 제시

▶ 이 핵심요약도 많고 복잡하게 생각된다면 이것만은 꼭 알고 있자.

  - 분석할 때: 환경 및 변화 방향 구상, 정책의 필요성(조직 목표와 연계), 해결과제 인식 및

    대안 마련, 자원 확보 및 분배, 장애 및 극복방안 제시, 재발 방지 조치 구상(모니터링 포

    함), 기대효과 제시

  - 설명 및 답변할 때: 라뽀 형성 및 좋은 분위기, 경청, 아이 컨택, 칭찬·치하, 침착성 유지,

    이해 및 의견 존중, 질문 및 잘못된 점 지적, 상황을 리드하기

3. 서류함(InBasket)

가. 서류함 과제

서류함 과제는 실제 업무 상황에서 볼 수 있는 공문, 이메일, 뉴스 기사, 통계자료 등의 형태로 제공되는 자료들을 검토한 후 문서를 통해 업무를 처리하는 과제이다.

나. 서류함 과제 역량

서류함 과제에서 관찰되는 역량은 문제 인식 및 분석, 전략적 사고 및 의사결정, 정책기획, 목표수립 및 조직화, 상황판단, 자원배분 등으로 과제에서 제시되는 소과제(보통 3가지)를 어떻게 해결하는가를 작성한 답안과 인터뷰로 확인하게 된다.

다. 시간 구성

시간 구성은 과제의 이해 50분, 인터뷰 20분(고위공무원단은 30분)으로 주어진다. 인터뷰는 작성된 답안으로 역량관찰이 어려울 경우 추가 질문에 의한 답변에서 역량을 관찰하기 위한 것으로, 답안을 선제적으로 잘 작성하지 못하였더라도 답변으로 역량을 보여줄 수 있으니 당황하지 말고 침착하게 대처하면 된다.

라. 핵심 포인트

1) 서류함 과제는 답안의 양적·질적 균형, 답안의 형식이 적절한가? 제시되는 정보들을 어떻게 활용했나, 조치는 충실하고 타당성이 있는가 등을 체크하며 개별 소과제의 처리가 적절한지를 판단하고 있다.

2) 확인하는 질문에는 논리적으로 확신을 가지고 일관되게 설명하도록 한다.

마. 서류함 과제의 세부적인 TIP

1) 서류함 과제는, 내용 파악 ⇒ 답안 작성 ⇒ 질의·응답의 과정으로 진행하게 된다.

2) 내용 파악

(1) 시간을 효과적으로 쓰면서 과제의 내용을 파악하기 위해 ① 전체를 읽고 답안을 작성하거나 ② 처음부터 페이지별 분석을 해가며 답안을 작성하는 방법 중에 어떠한 방법을 사용할 것인가는 독자의 습관에 달려있다. 참고로, 필자는 첫 페이지부터 분석과 답안 작성을 같이 하는 방법을 선호하여 뒤에 제시되는 과제 분석 실습에서는 이 방법을 따랐음을 알려둔다.

(2) 서류함 과제는 처리하여야 할 과제를 명확히 도출하여야 한다. 처리해야 할 소과제가 명시적으로 제시되기도 하지만, 제시되어 있지 않을 경우에는 과제를 분석하면서 처리해야 할 과제를 도출하고, 과제별로 대안을 어떻게 이끌어 가는 것이 최선일지를 구상하여야 한다.

(3) 대안을 구성할 경우에는, '실행을 위해 필요한 전제조건이나 고려해야 할 장애요소는 없는가?', '분위기 활성화를 위해 필요한 변화를 어떻게 구상

해야 하는가?', '제시한 대안 실행 시 나타날 파급효과를 고려하여 대안을 결정하고 있는가?' 등의 핵심 포인트가 잘 나타나도록 하여야 한다.

3) 답안 작성

(1) 양식에 따라 개조식으로 정리하며 시간을 절약하는 것이 관건이다. 따라서 과제별 시간을 안배해 놓고 시간이 경과되면 답안이 완전히 작성되지 않았더라도 다음 과제로 넘어가도록 한다.

서류함 과제의 소과제를 균형적으로 작성하기 위해서는 서술식으로 작성하지 말고 개조식으로 핵심만을 큰 틀에서 작성하도록 하고, 시간에 여유가 있게 되면 큰 틀에서 제시한 핵심들에 구체화를 더해가는 방법으로 시간을 활용하도록 하는 것이 좋다.

소과제를 위임하여 처리할 수 있으나 포괄적으로 위임하게 될 경우 역량이 한정적으로 관찰될 수 있으므로 반드시 내가 직접 수행한다는 전제로 답안을 작성하도록 한다. 그리고 천편일률적인 목차 구성을 하지 말고, 개별 소과제에 합당한 목차를 구성하여 작성하는 것이 관건임을 잊지 말아야 한다.

또한, 인터뷰 시간에 보다 구체화된 설명이 가능함을 잊지 말고 처음부터 자세히 작성함으로 인해 소과제 간 균형을 잃는 우를 범하지 않도록 한다.

(2) 답안 작성에 참고할 핵심 키워드는 다음과 같으나 과제의 성격이 어떠한지에 따라 필요한 키워드만을 참고하면 되겠다.

① 답안에 포함될 사항

목표, 필요한 전제조건, 장단기 고려된 향후 조치 계획, 내외부 고객 변화관리(이해관계자별 입장을 구분하여 파악), 자원 확보·조직화, 장애요인 및 극복 방안, 동기부여(부하특성, 피드백, 육성), 정책의 실행을 확인하기 위한 모니터링 방안, 기대효과, 홍보전략 등

② 대안의 집중 마련

실현 가능한 구체적이며 다양한 실행방안, 대안의 예상효과 분석, 문제의 전개양상 예측, 관계부처 의견 적극 수렴, 상시 협의 채널 구축 등

③ 답안 검토

내용의 타당성 검토(현실성, 수용성, 계획 간 연계성), 필요사항이 빠짐없이 고려되었는지 확인

4) 질의·응답

(1) 질문사항만 간결·명료하게 핵심 위주로 답변한다.

(2) 답변 참고사항: 제시된 자료의 분류·활용은 어떻게 했는지, 선택하지 않은 대안의 이유와 근거는 무엇인지, 시급히 해결해야 할 문제점과 장기적 해결 문제점은 무엇인지 등을 분석·준비하면 나의 역량을 관찰시키는 데 유리하다.

(3) 답변 요령: 자연스럽고 당당하게 답변한다. 효과적으로 전달한다(간결, 명확, 논리적, 확신 있게). 질문한 것만 답변한다(질문의 핵심을 잘 파악해야 답변이 살아있게 된다). 답변에는 일관성을 유지하고, 주장하는 논리에는 근거를 제시하여야 주장의 핵심이 분명해진다. 지시한 것으로 끝났다고 생각하지 말고 재발 방지 조치를 위한 지시를 하도록 해야 한다. 그래야 역량이 분명하게 관찰된다. 그리고 잊지 말아야 할 것은 일반적이고 규격적인 답변을 넘어서는 답변을 하도록 한다는 것이다.

소과제 간 우선순위를 묻는 경우도 있으나 정답이 정해져 있는 것은 아니고 중요성, 시급성, 효과성 등을 바탕으로 논리적이며 확신 있는 답변을 하는 것이 중요한 것임을 잊지 말도록 하자.

🖋 서류함의 프로세스: 내용 파악 ⇒ 답안 작성 ⇒ 질의·응답

1. 내용 파악

- 처리 과제 설정: 처리할 사항 구분(처리방식- 직접 또는 위임, 방향 모색)

- 대안 마련: 실행을 위해 필요한 전제조건이나 고려해야 할 장애요소 인식, 분위기 활성화를 위해 필요한 변화에 대한 인식, 제시한 대안 실행 시 파급효과를 고려하여 대안 결정 등의 핵심을 바탕에 두고 마련하기

2. 답안 작성

- 양식에 따라 개조식으로 작성, 과제별 시간 안배, 안배 시간 경과 시 다음 과제로 이동

- 답안에 포함될 사항: 목표, 필요한 전제조건, 자원 확보·조직화, 장단기 고려된 향후 조치계획, 내외부 고객 변화관리(이해관계자 입장을 구분하여 파악), 동기부여(부하특성, 피드백, 육성), 장애요인 및 극복방안, 정책의 실행을 확인하기 위한 모니터링 방안 강구, 기대효과 예측, 홍보전략 마련 등

- 대안의 집중 마련: 실현 가능한 구체적 다양한 실행방안 마련, 대안의 예상효과 분석, 문제의 전개양상 예측, 관계부처 의견 적극 수렴, 상시 협의 채널 구축 등

- 답안 검토: 내용의 타당성 검토(현실성, 수용성, 계획 간 연계성), 필요사항이 빠짐없이 고려되었는지 확인

3. 질의·응답

- 답변하기: 답변의 일관성 유지, 자신감 있게, 간결하게, 묻는 것만 답변, 확신 있는 표현, 결론부터 답변, 주장의 핵심이 분명하게(주장의 근거 제시)

– 답변 참고사항: 제시된 자료의 분류·활용은 어떻게? 선택하지 않은 대안의 이유와 근거, 시급 해결 문제점과 장기적 해결 문제점은? 지시한 것으로 끝났다고 생각하지 않기(역량 관찰이 안 됨. 재발 방지 조치가 필요함.)

▶ 이 핵심요약도 많고 복잡하게 생각된다면 이것만은 꼭 알고 있자.
  – 답안 구성: 처리과제 설정, 양적 질적으로 균등하게, 과제 성격에 맞는 목차 구성, 대안을 집중 구성(구체적 실현 가능하게), 필요 전제조건과 고려할 장애요소 인식, 간결하게 개조식으로, 위임 시는 구체적으로
  – 답변할 때: 묻는 것만 답변, 결론부터 말하기, 간결 명료 확신 있는 모습으로

4. 집단토론(Group-Discussion)

가. 집단토론 과제

집단토론 과제는 공통의 이해가 얽힌 주제 상황에서 각각의 피평가자들에게 서로 입장이 다른 가상의 역할을 부여하여 해당 부처·부서의 정책이나 입장을 대변하는 등의 토론을 통해 합의된 결론을 도출해 내는 과제이다.

나. 집단토론 과제 역량

집단토론 과제에서 관찰되는 역량은 상황판단, 대안 마련, 의사소통 및 리더십, 협상·조정능력, 전략적 사고 등으로 종합적인 태도와 지식 수준이 공개적으로 비교됨으로 인해 다소 부담스러워 하는 과제이다.

다. 시간 구성

시간 구성은 과제의 이해 40분, 토론 50분으로 주어진다.

라. 핵심 포인트

1) 적극적으로 회의 진행에 참여해야 한다. 적극적이지 않고 타 토론자들의 의견에 묻혀서 지나가는 모습은 내가 소극적으로 관찰되고 의견 또한 없는 것으로 관찰되니 주의하여야 한다.
2) 주장을 명확히 이해하고 구체적 정책대안을 제시하면서 양보 가능한 부분을 논의하여 합의 도출을 위해 노력하여야 한다. 그러기 위해서는 토론의 목표를 명확히 인식하여 전략적으로 대안을 구사할 필요가 있다.
3) 집단토론에서 특히 중요한 역량은 합리적 주장·양보이다. 따라서 주장하거나 양보할 때 합리적인 논리를 함께 제시하지 못할 경우 제기한 주장이나 양보는 공허하게 보임을 잊지 말아야 한다.

마. 집단토론 과제의 세부적인 TIP

1) 집단토론 과제는, 내용 파악 ⇒ 토론 준비 ⇒ 토론 ⇒ 마무리의 과정으로 진행하게 된다.

2) 내용 파악

  (1) 집단토론 과제의 내용 파악을 위해서는 과제에서 제시되고 있는 환경을 이해하고 문제가 무엇인지를 분석하여 어떻게 해결할 것인가에 집중해야 한다. 또한, 토론과정에 활용할 나의 논리를 명쾌하게 준비해 놓아야 할 필요가 있다.

  (2) 자료에서 제시되고 있는 환경을 바탕으로 거시적인 정책의 방향을 우선적으로 설정한다.

  (3) 다음으로 문제를 파악하기 위해 문제가 무엇 때문에 발생하게 되었는지의 원인을 간추리는 것이 우선이다. 따라서 문제로 인해 발생된 현상보다는 그와 같은 문제가 발생하게 된 원인을 추출하는 것이 중요하다. 원인이 명확하게 도출되게 되면 바람직하면서도 실제적인 해결안이 마련되지만, 원인의 분석이 제대로 되지 않을 경우의 해결방안은 일부분에 그치는 해결안으로 머물게 됨을 잊지 말아야 한다.

  (4) 토론의 전략을 설정함에는 주도적으로 할 것인가 아니면 상대의 주장에 효과적인 반응을 보이는 등으로 유연하게 대응할 것인가를 설정하고 과제에서 제시되고 있는 정보들을 어떻게 구조화하는 것이 타당할지를 구상하여야 한다.

  (5) 그리고 나의 논리는 거시적 정책 방향에 부합하는 목표 등이 나의 사업 실행으로 가능함을 논리로 마련하여 토론의 초반에는 물론 토론의 전 과정에서 활용(상대의 반박 주장에 대응, 상대방을 논리로 제압함에 활용)되도록 할 필

요가 있다. 따라서 별지에 나의 논리를 개조식으로 준비해 놓도록 한다.

3) 토론 준비

(1) 토론을 위해 준비되어야 할 핵심요지는 다음과 같다.

이해관계자 파악, 문제의 전개양상과 파급효과 예측, 시급한 문제는 무엇인지, 공통의 정책 방향 마련, 정책 실행의 장애요인 예상 및 극복, 실행되는 정책의 모니터링 방안 마련 등의 핵심을 분석하여 준비해 놓는다.

(2) 다음으로 상대방을 이해하기 위해 상대는 무슨 논리를 제시할 것인지, 상대의 약점은 없는지, 상대의 대안과 나의 대안을 통합함으로 인해 시너지 효과를 낼 수 있지는 않은지 등의 정보에 대한 이해가 필요하다.

(3) 또한, 설득·조정을 효과적으로 하기 위한 기준은 어떻게 제시함이 타당한지를 검토하여야 한다. 기준은 거시적 정책 방향에 부합할 시급, 중요, 효과성 등의 논거를 제시함이 상대방의 동의를 이끌어 내는 데 도움이 된다.

(4) 다음, 대안을 마련함에는 모두가 만족할 실현 가능·구체적·효과적·세부적인 대안이 필요함으로, 대안별 장단점 분석(대안의 근거 제시), 실행은 어떻게 하여야 할까? 그것으로 충분할까? 보다 구체화할 것은 없는가? 대안별 우선순위는 어떻게 하며 예상 기대효과는 어떨지에 대한 핵심들을 대안 마련 시에 적용하여 만족한 대안으로 이끌도록 하여야 한다.

4) 토 론

(1) 토론 과정에는 메모(참가자들의 입장·주장 정리), 경청, 아이 컨택, 공감, 언어적·비언어적 반응, 협력 분위기 조성, 모두발언 등의 시간 지키기(토론할 때는 각 토론자에게 자신의 입장 등을 설명하는 시간을 먼저 부여하고 있다. 통상 2~3분 정도의 시간이 주어지며, 직급별 평가에 따라 시간 구성이 달라질 수 있다), 자기 의견만을 고집하지 않기, 성량이나 움직임 등으로 확신 있는 모습을 보여주기

등이 요구된다.

또한, 토론을 할 때는 회의의 목적, 회의결과 도출해야 할 out put, 향후 일정 등이 무엇인지 설명해야 한다. 위와 같은 것들은 평가자가 제시해 주기도 하는데, 평가자로부터 의견 제시가 없는 경우에는 토론자들이 함축적으로 표현하기도 한다. 이럴 경우 토론을 주재·리드한다는 긍정적 관찰을 받기도 한다.

(2) 입장 발표(나의 논리 제시)는 앞에서도 언급했듯이 시간을 초과함이 도움되지 않음을 알아야 한다. 시간이 길어지면 평가자가 제지하게 되므로 긴장이 심화되게 된다. 그런 상황에서는 효과적으로 토론에 임하기 어렵게 되므로 주어지는 시간 내에 입장을 발표하도록 하고, 이와 같은 나의 논리는 수시 활용함으로 하여 나의 논리적 모습이 잘 나타나도록 하기 바란다.

거듭 말하지만, 나의 논리는 과제에서 제시되고 있는 환경·정책 방향과 부합해야지만 상대에게 설득력이 있음을 잊지 말아야 한다.

(3) 입장 발표를 마치고 나면 대다수가 시간 내에 합의하기 위해 곧바로 조정과정으로 진입하는 모습을 보게 되는데, 토론이 조정으로만 구성되기보다는 각 토론자가 제기하는 사업의 논리·타당성이 잘 나타나야 하는 것 또한 중요하므로 성급히 조정을 위한 프로세스를 가져가려 하지 말고 논리·타당성의 검증이 잘 나타나도록 토론을 할 필요가 있다.

(4) 토론의 전 과정에서 다음과 같은 행동이 보일 경우 나의 역량이 부족하게 관찰될 수 있음을 잊지 말자.

상대의 발언 중에 끼어들기, 상대방 의견을 무시하는 태도, 논리나 근거 없는 고집, 논리에 합당하지 않은 결론 도출, 산술적 평균에 의한 결론 도출, 합의도출을 위한 무조건적 양보, 균형적인 발언을 하지 않고 일방적으로 많은 말을 하기 등

5) 마무리

- 토론의 말미에는 논의된 조정사항을 명료하게 공유하여야 한다. 토론 내용이 명료하게 공유되지 않을 경우 상호 불만 또는 다시 조정을 위한 논의가 필요하게 되고, 주지하다시피 시간이 경과되어 다시 논의할 시간은 없게 마련이다.

  따라서 논의사항을 명료하게 정리 공유하고, 정책의 효과·효율성을 확보하기 위한 각 부서 간 일정을 협의하는 것이 필요하다.

📌 집단토론의 프로세스: 내용 파악 ⇒ 토론 준비 ⇒ 토론 ⇒ 마무리

1. 내용 파악

- 환경이해: 정책 방향 이해, 거시적 정책 방향 설정

- 문제 파악(정보 분석): 왜 발생했지? (원인 간추리기, 현상보다 원인 추출)

- 어떻게 해결할까?: 공통의 정책 방향(최선의 방안 마련), 토론의 전략 설정

- 나의 논리 마련: 거시적 정책 방향에 부합, 수시 활용

2. 토론 준비: 별지에 핵심을 개조식으로 정리

- 전반적: 공통의 정책 방향 마련, 문제의 전개 양상과 파급효과 예측, 시급한 문제는? 이해관계자 파악, 장애요인 예상 및 극복, 모니터링

- 상대방 입장 이해: 논리는 뭐지? 약점은? 통합 가능성은? (시너지 효과)

- 기준 제시(거시적 정책 방향에 부합할): 시급, 중요, 효과성 등

- 대안 마련(모두가 만족할 실현 가능·구체적·효과적·세부적 대안): 대안별 장단점 분석(대안의 근거 제시), 실행은 어떻게? 그것으로 충분한가? 보다 구체화할 것은? 우선순위는? 예상 기대효과는?

3. 토론: 메모, 경청, 아이 컨택, 공감, 반응, 협력 분위기, 시간 엄수, 목소리·움직임에 주의, 고집하지 않기

  – 입장 발표: 시간 내(內)가 중요, 별도 정리

  – 환경·정책 방향과 자신의 논리 부합 설명

  – 기준 제시, 대안 마련, 정리 사항 공유(조정사항 상호 피드백), 토의에 적극 참여, 합리적 주장·양보, 타인의 감정 배려

  – 확신 있는 태도로 간결 명료 논리적 일관된 표현, 의문사항 질문

  – 금지 행동: 상대방 발언 중에 끼어들기, 상대방 의견 무시, 논리에 합당하지 않은 결론 도출, 산술적 평균에 의한 결론 도출, 자기 의견만 고집하기

4. 마무리

  – 조정사항 공유, 모두 논의되었나 확인(불만, 이해 등), 향후 일정 등 협의

▶ 이 핵심요약도 많고 복잡하게 생각된다면 이것만은 꼭 알고 있자.

  – 분석할 때: 배경 및 정책 방향 탐색, 대안 설정, 대안들의 장단점 분석, 이해관계자·장애요인, 해결의 우선순위 결정, 기대·파급효과 분석, 내 논리 마련

  – 토론할 때: 적극적 참여(기준, 대안, 협력 분위기, 피드백), 합리적 주장·양보, 간결 명료 확신 결론부터, 비판·고집하지 않기, 시간 관리·정리 공유·메모

5. 1:2 역할수행(Role-Play)

가. 1:2 역할수행 과제

1:2 역할수행 과제는 서로 입장이 다른 이해관계자들의 의견을 조정하는 역할을 부여함으로써 이해관계자들과의 상호작용을 통해 측정 역량과 관련된 피평가자의 행동을 체계적으로 이끌어 내기 위해 구조화한 과제이다.

나. 1:2 역할수행 과제 역량

1:2 역할수행 과제에서 관찰되는 역량은 상황분석, 의사소통, 리더십, 협상·조정, 전략적 사고 등으로 서로 다른 입장과 의견을 질문하고 중재하며 해결안을 마련해 내는 과정에 위의 역량들이 측정된다.

다. 시간 구성

시간 구성은 과제의 이해 30분, 조정 논의 30분으로 주어진다. 난이도를 다르게 하여 일부 부처에서 다루어지기도 하나 고위공무원 역량평가에서 다루어지고 있다. 피평가자들이 접근하기 힘들어하는 과제이기도 하다.

라. 핵심 포인트

1) 참여한 두 이해관계자(평가자)들이 원만한 합의를 할 수 있도록 양측의 의견을 합리적으로 조정해야 한다.

2) 합리적 조정을 위해 양측의 쟁점을 분석하여 구체적 정책 방향을 제시하고, 양보 가능한 접점을 제시하며 적극적으로 조정안 마련에 노력하는 것이 핵심이다.

3) 핵심을 도식화해 보면 다음과 같다.

문제 확인 ⇒ 다양한 해결방안 모색 ⇒ 해결책 결정 ⇒ 결정된 해결책 권고 및 근거 제시

마. 1:2 역할수행 과제의 세부적인 TIP

1) 1:2 역할수행 과제는, 내용 파악 ⇒ 쟁점 등 정리 ⇒ 상담·조율 ⇒ 마무리의 과정으로 진행하게 된다.

2) 내용 파악

(1) 먼저 내외의 환경을 분석하여 정책의 필요성은 무엇이며, 어떠한 방향으로 나아가야 할지를 파악한 후 조정 방향을 설정하여야 한다.

(2) 다음으로 문제를 파악하며 문제의 전개양상이 어떠할지, 문제의 근본 원인은 무엇인지를 파악하여야 한다. 이렇게 파악된 핵심들은 해결책을 결정하거나 결정된 해결책을 권고하는 데 논거 자료로 활용함에 도움이 된다.

3) 쟁점 등 정리(대립하는 이슈 정리)

(1) 효과적인 조정을 위해서는 상대방의 입장을 명확히 이해하여야 하며, 어떠한 논리로 자신의 주장을 전개해 나갈 것인가에 대한 논거 파악 등이 중요하다. 또한, 이 정책에 대한 이해관계자들을 확실히 파악해 놓아야 해당 이해관계자들의 반대요인들을 극복하기에 도움이 된다.

(2) 해결안을 마련함에는 상생·윈윈 할 수 있어야 하며, 해결안의 객관적 기준을 어떻게 설정함이 타당한지 그리고 정책안을 조율하는 과정에 소외되는 자에 대한 배려는 어떻게 하여야 할지 등을 검토할 필요가 있다.

(3) 다음으로 대안을 설정함에는 고려된 대안들의 장단점과 파급효과를 분석하고 대안들의 우선순위를 결정해야 함은 물론 대안들의 장애요인과 극복방안에 대한 분석이 이루어져야 대안의 권고에 용이하게 된다.

4) 상담·조율

(1) 상담·조율 순서는 먼저 상황을 설명하고 상대방들의 입장을 청취한 다음 지속적인 조정노력을 하는 것으로 진행된다.

(2) 상황을 설명할 때는 회의의 목적, 도출해야 할 사항, 정책의 방향, 취해야 할 조치, 시간 계획 등을 안내해 줌으로써 오늘의 논의가 어떠한 의도와 결과물을 만들어 낼 것인가를 명확하게 알도록 하여야 한다.

(3) 입장을 청취하는 과정에는 논의의 이슈를 명확히 하기 위한 양측의 입장(주장)을 정리하며, 서로 반대되는 입장을 절충하기 위한 질문, 반대 이유 확인 등의 과정을 거치며 모두가 상생할 수 있도록 유도하는 모습을 보여야 한다. 또한, 양 당사자 모두의 입장을 변호 또는 반박하는 모습도 보일 줄 알아야 한다.

(4) 조정을 위해 분석되어야 할 핵심요소와 하여야 할 일 등은 다음과 같다.

　① 합의안 도출을 위한 공동의 목표 제시

　② 정책의 효과성 파악, 평가방안 제시, 정책의 개선·전환 가능 언급

③ 적극적·구체적 대안 제시 노력(제시안의 반대 예상)

－가용자원(시간, 예산, 인력 등)을 파악하여 효과적 활용방안 제시

－대체·대응 방안 구상

④ 갈등의 쟁점 논의 확인

⑤ 합의사항의 타당성 검토(현실성, 수용성, 연계성 등)

⑥ 소외되는 이해관계자에 대한 관심과 배려에 유의

(5) 조정하는 프로세스는 다음과 같은 순서로 진행하며, 상황에 따라 별도의 과정이 첨가될 수 있다.

① 정책 방향을 거시적으로 우선 결정

② 그 범위 내에서 수용 가능한 안 또는 적절한 수정안 제시

③ 대립의견 탐색 및 보완하며 합의토록 조정

④ 지속적인 조정노력 시도

(6) 피평가자의 역량을 관찰하기 위해 조정안에 반대하는 경우가 있다. 이때는 먼저 공감을 표한 후, 정책의 나아가야 할 방향을 제시하며 양보를 권유하고, 정책이 실행되지 않을 경우에 나타나게 될 파급효과 등을 제시하며 적극적으로 설득하는 모습을 보여야 한다.

(7) 1:2 역할수행은 연기력이 아니라 '얼마나 적절하게 행동하나'가 중요한 것임을 잊지 말아야 한다. 또한, 단순한 회의 진행자나 사회자로서의 행동을 하는 것이 아니라 적극적인 조정 중재자 역할을 해야 한다는 것을 잊어서는 안 된다.

따라서 조정하고자 하는 대안을 실행시키기 어렵다고 반대의견을 보이는 경우에는, 상대방 이해관계자에게 어떻게 해결함이 타당한지를 묻지 말고 피평가자인 내가 절충 대안 또는 반박논리 등을 제시하며 대안의 수용 또는 양보를 이끌어 내야 한다는 것을 잊지 말기 바란다.

(8) 1:2 역할수행에 있어서 꼭 지켜야 할 필수사항은 다음과 같다.

① 상대방 주장과 반응행동을 면밀히 파악하기 위해 경청하기

② 의견은 간결하며 효과적으로 명료하게 전달하기

③ 아이 컨택과 공감을 잘 유지하는 등 협력 분위기 조성하기

④ 질문의 핵심이나 상대방의 의중을 명확히 하기 위해 메모하여 활용하기

⑤ 논의 시 발언 순서를 공정하게 하기

⑥ 상대를 평가하거나 인신공격하지 않기

5) 마무리

(1) 논의하던 쟁점이 완료되거나 모든 쟁점사항이 합의되면 합의사항을 간략 명료하게 공유하도록 한다.

(2) 또한, 갈등의 쟁점이 모두 해결되었는지, 불만사항은 없는지 등을 당사자에게 확인하고, 지속적인 관리방안 등을 제시해 주는 등의 후속 사항의 처리에 노력하여야 한다.

📌 **1:2 역할수행의 프로세스: 내용 파악 ⇒ 쟁점 등 정리 ⇒ 상담·조율 ⇒ 마무리**

1. 내용 파악

– 내외의 환경 분석: 정책의 필요성 파악, 정책의 방향 마련, 조정 방향 설정, 반대 시의 대안 구상

– 문제 파악: 전개양상 예측, 현상의 원인 추출

2. 쟁점 등 정리

– 상대방: 대립되는 이슈 정리, 입장 명확히 이해, 논리 파악, 이해관계자 확인 (변화관리 모색)

– 거시적 차원의 고려 점 마련: 상생·원원, 객관적 기준 정립, 소외되는 자 배려

－ 대안 설정: 장단점과 파급효과 분석, 우선순위 결정, 대안의 장애요인과 극복

　　방안 마련

3. 상담·조율: 정책 방향을 거시적으로 우선 결정 ⇒ 그 범위 내에서 수용 가능한

　안 또는 적절한 수정안 제시 ⇒ 대립의견 탐색 및 보완하며 합의토록 조정 ⇒

　지속적인 조정 노력 시도

　　－ 상황 설명: 회의의 목적, 도출해야 할 사항, 정책의 방향, 취해야 할 조치, 시

　　　간 계획

　　－ 입장 청취: 논의의 이슈 명확화, 양측의 입장 개진, 절충 가능 요소 탐색, 반대

　　　이유 확인, 모두 상생토록 유도, 입장 변호 또는 반박

　　－ 조정 노력: 합의안 도출을 위한 공동의 목표 제시, 정책의 효과성 파악 제시,

　　　개선·전환 가능 언급, 적극적·구체적 대안 제시 노력(공통된 대안 제시, 제시

　　　안의 반대 예상), 갈등 쟁점 논의 확인, 소외되는 이해관계자에 대한 관심과 배

　　　려에 유의, 합의사항의 타당성 검토(현실성, 수용성, 연계성 등)

　　－ 자원 관리 등: 가용자원(시간, 예산, 인력 등) 파악, 효과적 활용방안 제시, 대

　　　체·대응 방안 구상, 공정 투명한 평가관리

　　－ 필수 사항: 경청·집중, 간결 효과적 명료하게 전달, 아이 컨택, 공감, 메모, 공

　　　정한 발언 순서, 상대를 평가하거나 인신공격하지 않기, 협력 분위기 조성, 단

　　　순한 회의 진행자나 사회자의 역할 지양

4. 마무리

　　－ 합의사항 공유: 명료하고 정확하게 전달

　　－ 추가사항: 후속사항은? 불만사항 확인(갈등의 쟁점이 모두 해결되었나 당사자에

　　　게 확인), 지속 관리방안 제시

▶ 이 핵심요약도 많고 복잡하게 생각된다면 이것만은 꼭 알고 있자.

  – 분석할 때: 배경·필요성 인식, 정책 방향 제시, 전개양상 설명, 쟁점 분석, 가능 접점 탐
    색, 저항 극복, 시간계획 마련

  – 진행할 때: 회의 목적·상황 설명, OUT PUT, 입장청취, 논의결과 정리, 협력 분위기, 균
    형 발언, 적극 조정 시도, 질문 및 이해관계자 대변, 회의 진행자·사회자 역할 지양

6. 인터뷰(Interview)

가. 인터뷰 과제

인터뷰 과제는 피평가자에게 해당 조직의 입장을 대변하는 가상의 역할을 부여하여 평가자와의 인터뷰를 통해 피평가자의 말이나 행동을 체계적으로 이끌어 내기 위해 구조화된 과제이다. 인터뷰는 1:1 역할수행에 포함되지만, 대화를 통해 상대방을 설득하는 등 주어진 목표를 달성하는 것(1:1 역할수행)과는 달리 정책의 방향이나 효과 등을 해당 조직을 대변하여 기자에게 설명해 주는 형식으로 진행되는 것이 다르다고 볼 수 있다.

나. 인터뷰 과제 역량

인터뷰 과제에서 관찰되는 역량은 문제 인식 및 해결, 논리적 사고 및 표현, 대인

관계 및 소통능력 등으로 '문제의 해결능력이 있나?', '그것을 효과적으로 설명하는가?'를 관찰하며 역량들이 어떻게 나타내어지고 있는가를 측정한다.

다. 시간 구성

시간 구성은 과제의 이해 30분, 인터뷰 30분으로 주어지며 고위공무원 후보자 평가과정에서 주로 활용되고 있다.

라. 핵심 포인트

  1) 과제에 나타난 정보들을 연계하여 상황의 본질을 파악하기
  2) 그와 같은 상황이 발생한 이유를 분석하기
  3) 어떠한 대안이 필요한 것일까를 구상하기
  4) 실행 계획을 마련하여 논리적으로 답변하는 것이 핵심
  5) 인터뷰 과제는 사전에 질문 요지가 주어지는데 질문의 요지로는, '문제가 무엇인가?', '그것을 어떻게 해결할 것인가?', '해결 과정에 이해관계자들의 반발은 무엇이며 어떻게 극복할 것인가?', '정책의 실행으로 얻어지는 효과는 무엇인가?' 등이 통상적으로 주어진다.

마. 인터뷰 과제의 세부적인 TIP

  1) 인터뷰 과제는, 내용 파악 ⇒ 설명논리 정리 ⇒ 인터뷰의 과정으로 진행하게 된다.

2) 내용 파악

  (1) 인터뷰 과제의 내용 파악 요소로는 전체적인 상황을 분석하고, 해결안을 마련하여 실행하는 과정에 어떠한 이해관계자가 관여하게 될 것인가를 분석하여 대처해야 할 필요가 있다.

  (2) 상황을 분석함에는 정책의 방향과 배경은 어떠한지, 문제는 무엇이며 무슨 원인으로 발생하게 되었는지, 문제가 방치될 경우 나타날 파급효과와 개선되는 정책의 실행으로 나타나게 될 기대효과는 무엇인지를 탐색하여야 한다.

  (3) 해결안을 마련함에는 다음의 핵심 키워드를 참조하여 마련하도록 한다.
  목표인식, 해결을 위한 선행과제 모색, 대안 마련 및 대안별 장단점 분석, 구체적 실행계획 구상, 이전 정책의 근본 문제를 보완할 수 있는 자원·협력부서 등 모색, 문제의 전개 양상 고려, 정책 실행의 장애요인 예측 및 이의 극복방안 마련, 정책 실행의 모니터링 방안 강구 등

  (4) 이해관계자를 분석함에는 우선적으로 폭넓은 이해관계자들이 있다는 것을 염두에 두고 이들을 어떻게 변화시킬지에 대한 교육, 홍보, 사기진작 방안 등을 마련하여야 한다.

3) 설명논리 정리: 핵심 문제의 필요한 대안을 구체적·실현 가능하게 제시

  (1) 설명논리를 정리함에는 핵심 문제들의 해결을 위한 대안이 구체적이며 실현 가능하게 나타나도록 하기 위한 논거가 무엇인지에 집중하며 정리해 놓아야 한다. 평가자는 피평가자의 막연한 논리전개에 대해 날카로운 질문을 하게 된다. 따라서 설명 논거가 준비되어 있지 않을 경우 대안의 타당성이 부족하여 상대방을 이해시킴에 도움이 되지 않는다.
  설명논리는 질문 요지별로 핵심 논거자료들을 준비해 놓으면 도움이 된다. 준비해 놓은 핵심자료가 많을 경우 긴박하게 진행되는 상황에 신속히 적

용하기가 쉽지 않음을 알고 중요한 핵심만을 기록하고, 이하의 구체적인 사항은 과제의 해당 페이지를 참고하며 설명하도록 한다.

(2) 설득 대안을 마련함에는 과제의 성격에 따라 다소의 차이는 있겠으나 대체로 다음과 같은 핵심키워드들에 대한 대안을 구상하게 되면 별반 어려움 없이 상대방을 납득시킬 수 있을 것이다.

앞에 제시된 키워드들과 다소 중첩되기는 하지만, 핵심키워드는 다음과 같다. 목표 설정, 다양한 대안 마련, 대안의 근거 및 장단점 제시, 선행과제 설정, 구체적 실현 가능한 실행계획 마련(장·단기 포함), 장애요인 도출 및 극복방안 마련, 지속적인 모니터링 방안 강구, 기대효과 설명, 자원의 확보와 제공, 폭넓은 이해관계자를 설정하고 설득 전략 마련(변화, 홍보, 사기진작 등), 소외되는 자의 배려 등의 요소들이 분석되어 있어야 한다.

(3) 대안을 설정할 때는, 상생 호혜적인 대안 창출, 우선순위 마련, 조직 전략 방침에 일치 여부 확인, 파급효과 예상 등의 기본적 요소가 충족되도록 한다. 이러한 기본적 요소가 충족되지 않을 경우 대안의 실현 가능성 등에 의문이 제기됨으로 인해 기자 역할을 하고 있는 평가자를 설득시키기가 쉽지 않다.

(4) 그리고 협력관계 유지를 위한 관계부처의 의견을 적극적으로 수렴하고, 상시 협의 채널을 구축 활용토록 하는 방안 또한 준비되어야 한다.

4) 인터뷰

(1) 거듭 말하지만 대인 간의 의사소통 특히 인터뷰에서는 침착성을 유지하고 좋은 분위기를 조성하며 경청, 아이 컨택이 잘되도록 하여 간결하고 확신 있는 모습으로 말하여야 한다.

(2) 인터뷰 시의 필수요소로는 대안의 근거 설명, 질문의 핵심 파악, 묻는 것만 결론부터 답변, 명확한 이해 위해 객관적 자료 활용 등을 사용하고 논

리적이며 일관된 표현이 밑바탕이 되어야 함은 두말할 나위가 없다.

✎ 인터뷰의 프로세스: 내용 파악 ⇒ 설명논리 정리 ⇒ 인터뷰

1. 내용 파악

   – 상황분석: 정책 방향과 배경, 문제 인식 및 파악, 원인 규명, 파급효과(정책 실행 이전과 이후) 분석

   – 해결안 도출: 목표 인식, 해결 선행과제 모색, 대안 마련·장단점 분석, 구체적 실행계획 구상, 문제의 전개양상 고려, 이전 정책의 근본 문제점을 보완할 수 있는 자원·협력부서 등 모색, 장애요인 예측, 모니터링 방안 강구, 기대효과 예상 등

   – 이해관계자 분석: 이해관계자 파악, 변화관리(교육, 사기진작 포함)

2. 설명논리 정리: 핵심 문제의 필요한 대안을 구체적·실현 가능하게 제시

   – 문제와 원인: 근본 원인 파악, 이해관계자 배려

   – 대안 마련: 목표설정, 다양한 대안 마련, 대안의 근거 및 장단점 제시, 선행과제 설정, 구체적 실현 가능한 실행계획 제시(장단기 계획 포함), 장애요인과 극복방안 마련, 우선순위 설정, 자원 확보·분배, 폭넓은 이해관계자 설정 및 설득 전략 마련(변화, 홍보, 사기진작), 지속 모니터링 방안 강구, 소외되는 자의 배려 등

   – 대안 설정의 원칙: 상생 호혜적인 대안 창출, 우선순위 마련, 조직 전략방침에 일치 여부 확인, 파급효과 예상

   – 협력관계 유지: 관계 부처 의견 적극 수렴, 상시 협의 채널 구축

---

3. 인터뷰: 침착성 유지, 자연스러운 대화, 좋은 분위기, 경청, 아이 컨택, 간결, 확신

  – 필수요소: 대안의 근거 설명, 질문의 핵심 파악, 묻는 것만 결론부터 답변, 명

    확한 이해 위해 객관적 자료 활용

  – 답변하기: 간결 효과적 명료하게 확신을 가지고 전달, 논리적 일관된 표현

▶ 이 핵심요약도 많고 복잡하게 생각된다면 이것만은 꼭 알고 있자.

  – 분석할 때: 정책 방향·배경·목표, 문제(이전 문제 포함) 및 근본 원인, 파급효과(실행 전·

    후) 예상, 해결방안(장단점 포함), 우선순위 설정, 자원 확보(협력부서 포함)·분배, 장애 및

    극복(이해관계자 포함), 모니터링

  – 인터뷰할 때: 질문의 핵심 파악, 묻는 것만 결론부터 답변, 침착성 유지, 간결, 명료, 확

    신, 대안의 근거 제시, 논리적 일관된 표현, 자연스러운 대화

제5장

역량과제의 핵심을 추출하며
답안 등으로 구성해 보기

이 장에서는 역량과제를 페이지별로 분석하며 핵심 포인트를 추출하고 추출된 핵심들을 필요한 대안으로 구성하는 연습을 하도록 한다. 페이지별 분석을 하며 답안으로 구성함에는 다음과 같은 기본 원칙이 바탕에 깔려있음을 이해하기 바란다.

주) 여기에 제시된 과제들은 해당 부처와는 관련 없이 조직의 필요 부분 등을 발췌하여 필자가 독자적으로 개발한 것임을 밝혀 둔다.
또한, 과제의 구성을 다양(보편적인 과제 구성과는 차별화된)하게 하여 독자들이 어떠한 구성형식의 과제라 하더라도 쉽게 풀어낼 수 있도록 하였다.

첫째, 페이지별 분석은 과제의 핵심 정보들을 누락시키지 않는다는 것이다. 역량과제를 분석하는 방법은 각자의 취향에 따라 다를 수 있겠으나 과제에 나타난 정보들을 잊고 활용하지 못하면 안 된다. 페이지별 분석은 핵심 정보들을 잊어버리게 하지 않는다. 따라서 핵심 정보들을 활용하지 못하여 나의 역량이 아쉽게 관찰되지는 않는다.

둘째, 과제에서 제시되고 있는 대안 형식의 단어 등은 모두 나의 대안으로 활용하였다. 이렇게 함으로써 대안의 다양성과 구체성이 자연스럽게 나타나도록 하였다. 많은 수험생이 대안의 구체성이 부족하여 역량평가를 통과하지 못하고 있다. 과제에서 제시되는 대안들을 적극 나의 대안으로 활용함은 이러한 현실을 감안한 것이다. 실제로 인터뷰나 질의응답 과정에 과제에서 제시된 대안들을 폭넓게 활용하지 못하여 어려움을 겪는 상황이 많다. 이는 과제에 대한 분석력이나 문제의 해결력 등에 부족한 역량 모습으로 관찰되기도 한다. 잊지 말기 바란다. 제시된 정보들을 적극적으로 활용해야 하는 것은 나의 역량이라는 것을 말이다.

셋째, 분석된 핵심을 답안으로 구성할 때는 줄 간격을 촘촘히 하지 말고 넉넉하게 하여 보완되는 핵심들을 추가하기 좋도록 하기 바란다. 정보들은 순서대로 제시되기도 하지만 그렇지 않은 경우도 많다. 즉, 뒤에 제시되는 정보를 작성 중인 답안으로 수정하거나 또는 첨가하여야 할 상황이 많다는 것이다. 따라서 작성 중인 답안의 줄 간격은 여유가 있어야 한다.

넷째, 이미 알고 있는 사항이겠으나 페이지별 분석을 하면서 핵심을 각 페이지에 체크(활용도가 많을 페이지는 뜯어서 옆에 비치)하고, 답으로 활용되어야 할 핵심은 답안으로 옮겨 기록한다. 이때는 시간이 많지 않음으로 핵심 단어 위주로 기록하고, 세부적인 점에 대한 설명이 필요할 때는 준비된 자료와 과제의 해당 페이지를 참고하며 설명하면 된다.

다섯째, 페이지별 분석이나 분석된 내용을 답안으로 정리하는 일련의 방법은 하나의 예시에 불과하다는 것이다. 보다 좋은 방법이 있으면 얼마든지 각자의 방식에 따라 변경 보완하면 된다. 굳이 이러한 방법을 택한 것은 역량평가를 처음 접하는 수험생이나 기획부서보다는 주로 집행부서에서 근무하는 수험생들에게 자신감(?)을 갖도록 해주기 위해서이다.

페이지별 분석하며 정보들을 답안으로 구성한 양이 부담스럽기도 할 것이다. 그러나 이렇게 세세한 분석과 구성을 하는 것이 과제를 심도 있게 이해할 수 있어서 어떠한 질문에도 응할 수 있다는 장점이 있음을 알기 바란다.

이렇게 완벽하게 분석을 해야 역량평가를 통과하는가에 대한 의문이 있을 것이다. 시간이 허락된다면 완벽하게 분석함이 최선이겠으나 여기에서 연습하는 내용의 70~80% 정도를 소화할 수 있다면 보통의 모습은 되는 것이 아닐까 생각된다.

1. 발 표

첫 번째 과제

'중장년층 일자리 안정화 정책 개선(안) 수립' 요점 정리와 답안 만들어 보기

중장년층 일자리 안정화 정책 개선(안) 수립

본 과제의 내용은 교육 목적에 맞게 재구성한 것입니다. 과제의 내용이 실제 업무와 다소 상이하더라도 주어진 모의 과제에 맞게 과제 수행에 임해주십시오.

과제 안내

1. 과제 배경 상황

- 오늘은 2027년 7월 6일(월)이며, 귀하는 고용경제부 종합고용정책국 중장년고용
  정책과 박희영 과장입니다. 우리나라는 현재 빠른 속도로 고령화가 진행되고 있
  어 중장년층의 활발한 노동시장 참여 및 생산성 향상이 선행되지 않으면 조만간
  경제성장률이 1%로 하락할 가능성이 높습니다. 이에 고용경제부에서는 고령화
  사회에 체계적으로 대응하기 위해 중장년층 일자리 안정화 정책을 시행 중이며,
  결과적으로 50세 이상 고용률 증가 등의 성과도 거두었습니다.

- 그러나 여전히 중장년층 고용의 질에 대한 만족도는 낮은 상황이며, 최근 베이
  비부머 세대의 은퇴 가속화로 그동안 성과를 보이던 중장년 고용률 증가폭 또한
  감소하는 추세를 보이고 있음은 물론, 2027년 상반기 정책성과와 수혜자 만족
  도가 낮아 당장 하반기 사업에 대한 개선이 필요한 상황입니다.

- 또한, 중장년층 일자리 창출 및 안정화가 청년고용에 영향을 미칠 수 있다는 인
  식에 따른 갈등과 정부정책과 기업에서 원하는 지원정책 간의 격차로 인한 불만
  등의 문제도 함께 발생하고 있어 이에 대한 대안 모색도 필요합니다.

- 따라서, 귀하는 현재의 중장년층 고용환경과 기존 정책 결과에 기반하여 정책성
  과와 만족도를 제고하고 정책과 관련된 이해관계자들과의 갈등을 해소할 수 있
  도록 하반기 중장년층 일자리 안정화 정책 개선안을 수립해야 합니다.

2. 교육생·FT 역할 및 해결 과제

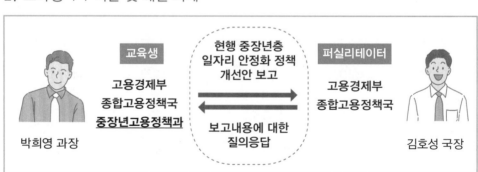

✎ 이 페이지의 핵심

- 2027년 7월 6일 (월) 고용노동부 종합고용정책국 중장년고용정책과 박희영 과장
- 고령화 사회 대비 중장년층 일자리 안정화 정책 시행 중, 고용의 질에 대한 만족도 낮음, 성과를 보였던 고용률 증가폭 감소추세, 금년 상반기 만족도 낮아 개선 필요
- 중장년층 일자리 정책이 청년고용에 영향 미친다는 인식에 따른 갈등과 정부와 기업의 정책 간 격차로 불만 등의 대안 모색도 필요
- 기존 정책의 성과와 만족도 제고 및 이해관계자들과의 갈등 해소 등 개선안 마련

핵심의 활용

✔ 역할 인식 및 해야 할 일 확인, 위의 핵심들을 답안으로 구성하기

배경 상황으로 제시되는 글은 배경·현황 등이나 문제점으로 활용하기 좋은 문구들이 많음. 이를 참고하여 구성하면 다음과 같음.(밑줄친 부분이 적용된 내용임)

배경 및 현황

- 고령화 사회 대비 중장년층 일자리 안정화 정책 시행 중이나 기존 정책의 실효성 부족으로,
- 만족도·고용률이 감소하는 등 상반기 정책 만족도가 낮고,
- 정책과 관련된 이해관계자들 간의 갈등에 따른 불만요인 발생 등에 따라 개선이 필요함.

문제점

- 기존 정책의 실효성 부족
- 정책 실행에 따른 이해관계자들 간의 인식 격차

자료 1. 조직도

고용경제부

1. 비전 및 미션

비 전	모든 국민이 원하는 일자리에서 역량을 발휘하는 나라
미 션	– 양질의 일자리 창출과 일자리 안전망 강화를 위한 기반 마련 – 정책 수혜자 맞춤형 일자리 지원 강화 – 미래 노동시장에 대비하는 수혜자 역량 증진 체제 구축

2. 조직도

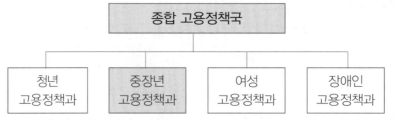

3. 중장년 고용정책과 업무

1. 중장년 고용정책 기본계획 수립 및 시행 관련 제반 업무 총괄

2. 정년제 연장 관련 정책 수립·운영·관행 개선 등 제반 업무 총괄

3. 중장년 고용지원기관 운영 및 중장년 고용안정지원금 제도 운영·관리

4. 중장년 재취업지원 서비스 제도 및 프로그램 구축·운영·홍보 총괄

5. 중장년 고용 관련 우수모델 발굴·확산 및 관련 연구 지원

4. 중장년 고용정책과 관련 유관 기관

중장년 일자리 지원센터	일자리에서 퇴직(예정)하는 만 50세 이상 중장년층에 생애설계, 재취업 및 창업, 사회참여 기회 등 고용지원 서비스 제공 (전국 28개소)
고령화 고용 연구원	중장년층 고용동향 수집 및 분석을 통해 중장년 고용 관련 모델 연구 및 연구결과 기반 취업정보 제공

- 비전 및 미션 이해
- 유관기관으로 중장년 일자리 지원센터·고령화 고용 연구원이 있음

핵심의 활용

✔ 답안 구성에 위의 사항 등을 참고하기

제시된 비전을 기대효과로 활용할 수 있을 것임

※ 밑줄을 그어놓은 부분이 작성 중이던 답안에 첨가된 것

배경 및 현황

- 고령화 사회 대비 중장년층 일자리 안정화 정책 시행 중이나 기존 정책의 실효성 부족으로,
- 만족도·고용률이 감소하는 등 상반기 정책 만족도가 낮고,
- 정책과 관련된 이해관계자들 간의 갈등에 따른 불만요인 발생 등에 따라 개선이 필요함.

문제점

- 기존 정책의 실효성 부족
- 정책 실행에 따른 이해관계자들 간의 인식 격차

기대효과

- 모든 국민이 원하는 일자리에서 역량 발휘

자료 2. 신문기사

다가오는 초고령사회, 중장년층 일자리 정책 이대로 괜찮은가?

서윤진 기자 | 등록 2027. 06. 10.

UN 기준으로 국가의 전체 인구에서 65세 이상 인구가 7% 이상이면 고령화사회, 14% 이상이면 고령사회, 20%를 넘으면 초고령사회로 분류한다. 이 기준에서 우리나라는 이미 고령사회에 진입했으며, 현재 추세로는 2030년에 초고령사회가 될 것으로 예상된다. 경제적인 관점에서 고령 인구 비율의 증가는 생산가능인구(만15~64세)의 감소와 동일하다. 따라서 이러한 상황이 지속되면 우리나라의 경제활력은 감소할 수밖에 없다.

과거에는 만 65세 이상이면 은퇴 후 노후를 즐기는 기간이었지만, 사람들의 기대수명이 증가하면서 은퇴 이후에도 노동시장에 참여하거나 경제활동을 해야 하는 기간도 함께 늘어나고 있다. 정부 관계 부처의 2026년 설문조사 결과에 따르면 우리나라 사람들은 50세 전후에 '주된 일자리'에서 퇴직한 이후에도 72세까지 소득을 갖거나 보람 있는 노후를 위해 일자리나 일거리를 희망하는 것으로 나타났다. 고령사회에서 50세 전후의 나이는 아직 활동적인 시기이다. 예전처럼 50대가 은퇴 후 자식의 부양을 받을 수 있었던 시대는 지나갔고, 사회구조나 경제구조도 더는 과거 같지 않다. 현재의 50대는 살아온 세월만큼 경제활동을 계속 이어가며 부모 세대를 부양하고 자리 잡지 못한 자녀 세대를 보살펴야 할 수도 있는 세대이다. 이렇듯 계속 일해야 하는 이유도 많아지고, 일할 수 있는 능력이 있는데도 50세 전후의 중장년들은 은퇴 압박을 받는다.

이러한 중장년층을 지원하기 위해 정부에서는 '중장년층 일자리 안정화 정책'을 추진하고 있다. 고용경제부는 중장년층의 성공적인 재취업을 위한 다양한 역량개발 지원, 중장년층을 위한 고용지원금 및 중장년층 고용 기업에 대한 지원 제공 등의 사업을 진행하고 있으며, 실제로도 중장년 고용률 상승 등 고용지표가 개선되는 성과를 거두었다. 그러나 정책성과와 만족도가 점점 하락하고 있는 것은 큰 문제이다. 2025년 고령사회연구재단의 보고서에 따르면 "현행 정책들은 중장년층의 욕구와 특성을 고려한 맞춤형 접근이 부족한 실정이다. 대부분의 정책이 유기적이지 못하고 산발적이며, 지원방법 또한 지원금 제공과 같은 일시적 방편이어서 개선이 필요하다"고 보고했다. 또한 "중장년층의 고용 증가를 청년층의 고용 감소로 보는 사회의 부정적 편견도 있어 중장년층 고용정책 효과가 기대에 미치지 못한다"는 평가도 있어, 장기적인 정책성과를 확보하기 위해서는 이러한 사회적 인식에 대한 대책도 마련해야 한다.

🖈 이 페이지의 핵심

- 고령화사회에 진입한 우리나라는 2030년에 초고령사회로 진입 예상됨.

- 생산 가능 인구의 감소로 경제 활력 감소 전망, 일할 수 있는 능력이 있는데도 50대 전후의 중장년들은 은퇴 압박받음

- 중장년층 일자리 안정화 정책

  - 성공적 재취업 위해 다양한 역량개발 지원

  - 중장년층 고용지원금 및 중장년 고용기업에 대한 지원 제공 등

- 현행 정책들은 욕구와 특성을 고려한 맞춤형 접근이 부족한 실정

  - 정책이 유기적이지 못해 산발적이며

  - 지원방법 또한 일시적 방편에 그침

- 장기적 정책성과 확보 위한 사회적 인식 대책 마련 필요

핵심의 활용

- ✔ 위의 핵심들을 현황, 문제점, 대안 등에 적용하기

- 핵심 중에 정책의 실효성이 부족한 이유를 보여주고 있으므로 이를 문제점의 세부 요인으로 구성하고, 장기적 측면의 정책성과 확보를 위한 사회적 인식 대책의 마련이 필요함에 착안하여 이를 정책 추진 방향으로 구성함.

- 이어서 문제점의 세부 요소로 나타났던 점을 개선안의 지원방식 체계화로 접근시킴.

- 위의 사항을 답안으로 구성 보완해 보면 다음과 같음(밑줄은 새로 보완된 것).

배경 및 현황

- 고령화 사회 대비 중장년층 일자리 안정화 정책 시행 중이나 기존 정책의 실효성 부족으로,

- 만족도·고용률이 감소하는 등 상반기 정책 만족도가 낮고,
- 정책과 관련된 이해관계자들 간의 갈등에 따른 불만요인 발생 등에 따라 개선이 필요함.

문제점

- 기존 정책의 실효성 부족
  - 정책이 유기적이지 못하고 산발적임
  - 지원방법이 일시적임
- 정책실행에 따른 이해관계자들 간의 인식 격차

정책추진 방향

- 장기적 정책성과 확보 위한 지원방식 체계화

개선안

- 지원방식의 체계화
  - 유기적 정책 시행
  - 지원방법의 효과성 제고

기대효과

- 모든 국민이 원하는 일자리에서 역량 발휘

자료 3. 종합고용정책국장의 메일

≫받은 편지함

| ☒ 답 장 | 전체답장 | 전 달 | ✕ 삭 제 | | 스팸신고 | 인 쇄 |

제   목: '중장년층 일자리 안정화 정책' 개선안 수립 요청

보낸 사람: 종합고용정책국 김호성 국장

보낸 시간: 2027년 7월 6일 (월) 09:40

받는 사람: 중장년고용정책과 박희영 과장

박희영 과장. 급히 요청할 사안이 있어 연락합니다. 박 과장도 잘 알고 있겠지만, 우리 국에서는 초고령사회를 대비하여 2015년부터 '중장년층 일자리 안정화 정책'을 수립하여 추진하고 있습니다. 그동안 부단한 노력의 결과, 중장년층 고용률 증가, 기업 및 기관의 정년 연장 등 가시적인 성과를 얻었지만, 최근 중장년층 고용률이 둔화되고 정책 만족도가 하락하는 추이를 보이고 있어 정책 추진에 어려움이 있습니다. 더군다나 올해 상반기 정책 추진 결과, 정책 성과와 수혜자 만족도가 낮아 급히 정책의 개선이 필요합니다. 그래서 박 과장에게 아래 사항을 부탁하고자 합니다.

1. 중장년층 고용 환경 변화에 따른 '2027 하반기 중장년층 일자리 안정화 정책 개선안' 수정
2. 중장년 일자리 안정화 정책 관련 이해관계자 이견 파악 및 해결대안 모색

'중장년층 일자리 안정화 정책'은 우리 국의 성과와 밀접하게 연계된 주요 정책 중 하나이므로, 이번 정책 개선을 통해 하반기에는 가시적인 성과를 얻을 수 있기를 바랍니다. 또한, 올해 정책의 성공이 내년 사업 확대 여부에 지대한 영향을 미칠 수 있으므로, 올해의 사업 성공이 매우 중요합니다. 그러니 박 과장이 현행 사업안을 확인하여, 좋은 방향의 개선안을 작성해 보고해 주세요. 그럼 부탁드립니다.

첨부 파일: 2027 하반기 중장년층 일자리 안정화 정책(안).hwp

- 하반기 정책 성공이 내년 사업 확대 여부에 영향 있어서 매우 중요함
- 지시사항
  - 중장년층 고용 환경 변화에 따른 '2027 하반기 중장년층 일자리 안정화 정책 개선안' 수정
  - 중장년 일자리 안정화 정책 관련 이해관계자 이견 파악 및 해결 대안 모색

핵심의 활용

✔ 위의 국장 지시사항을 답안으로 구성하기[2027 하반기 중장년층 일자리 안정화 정책(안)을 참고]

정책 개선안을 수정하여야 하나 개선안이 제시되지 않았으므로 이어서 제시되는 개선안을 참고하며 수정해야 할 것임

자료 4. 첨부 파일: 2027 하반기 중장년층 일자리 안정화 정책(안) (1/2)

2027 하반기 중장년층 일자리 안정화 정책(안)

중장년고용정책과, 2027. 6.

1. 추진 배경

- (인구구조 변화) '27년 현재 고령사회이며, '30년엔 초고령사회 진입이 전망되어 세계에서 가장 빠른 속도로 고령화 진행 중
- (베이비부머 퇴직) 베이비부머(약 730만 명)가 '28년이면 모두 정년 연령을 도과하여 대량 은퇴 현실화

- (성장잠재력 저하) 사회 고령화로 인해 성장기반이 약화되고 노인 부양 부담의 급격한 증가로 경제성장 및 공공 재정의 지속가능성에 부정적 영향

2. 현황 및 문제점

- 중장년층 및 고령층 고용률은 높으나 고용의 질은 낮음
  - '26년 12월 기준 중장년·고령층 고용률은 65%로 전체 고용률('25년 62.1%)을 상회하지만, '24년부터 고용률 정체
  - 상용직 비중이 낮고 일용직·자영업자 비중이 높아 고용안정 효과는 낮으며, 고용 직종 또한 도소매(11.7%) 업종, 단순노무(18.4%), 서비스직(13.7%) 등 자동화 취약 업·직종에 다수 종사하고 있음
- 퇴직 이후 재취업 등 노동시장 잔류 희망 증가
  - 주된 일자리 퇴직 연령('26년 47.2세)이 정년 연령에 비해 낮음
  - 장래근로희망 연령('16년 71.6세 → '26년 73.5세)도 증가
  - 고학력·전문직 중장년층 및 고령층이 증가하고 있으며, 퇴직 이후에도 생계 유지 외 다양한 사회참여 욕구 존재
- 퇴직 이후 재취업 및 창업에서 어려움 존재
  - 재취업 시 숙련·근로 조건 등에서 하향 이동 경향이 높고, 퇴직 후 창업에 뛰어드는 경우가 많으나 기술·경험 활용이 어려운 숙박·요식업 등 생계형 창업 위주임
    * '26년 기준, 중장년층 숙박·요식업, 부동산업 창업 비중 65.7%
- 중장년층 및 고령층 고용서비스, 훈련 및 창업 지원 부족
  - 단순 일자리 소개 외 직업훈련·고용안정화 지원·창업 지원 등 적극적인 지원 정책은 상대적으로 부족하여 보완이 필요함

3. 추진 목적

- 초고령사회 진입 충격 완화를 위해 일할 의지와 능력이 있는 중장년·고령층이 희망연령까지 노동시장에 적극 참여할 수 있는 환경 조성

4. 세부 추진 목표

- 중장년·고령층의 고용안정화 60% 달성('26년 기준 45%)
  - 재취업 후 1년 이상 근무하는 중장년층 확보
- 중장년·고령층 일자리 질적 향상('26년 대비)
  - 단순직무 외 고용률 15% 달성('26년: 5%)
  - 중장년·고령층 적극 채용 기업 170개로 확대('26년: 135개)
- 사업별 정책별 수혜자* 만족도: 4.0점 이상
  - * 정책 수혜자: 중장년·고령층 취·창업희망자, 중장년·고령층 채용 의사가 있는 중소·중견기업

✐ 이 페이지의 핵심

- 고령화 사회인 우리나라는 2030년 초고령사회 진입 예상됨에 성장기반이 약화되고, 노인부양부담금 증가로 경제성장·공공재정 지속 가능성에 부정적 영향
- 문제점: 중장년층 고용의 질이 낮음, 퇴직 이후 노동시장 잔류 희망 증가, 재취업·창업에 어려움 존재, 중장년층 고용서비스, 훈련 및 창업 지원 부족
- 추진 목적: 중장년층의 노동시장 적극 참여 환경 조성
- 추진 목표
  - 중장년층 일자리 질적 향상(단순 직무 외 고용률 15% 달성)
  - 정책별 수혜자 만족도 4.0 이상

★핵심의 활용

- ✔ 위의 핵심들을 문제점과 대안 구성 시 적용하기(문제점, 정책 추진 방향, 목표)
- ✔ 쓰임새가 많은 페이지여서 옆에 비치 활용함이 좋음

- 문제점의 세부사항을 현실성 있게 변경하고, 정책추진 방향을 추진 목적과 같게 변경해 줌으로 방향의 일관성을 유지하도록 하며, 정책안의 목표를 제시함.

※ 목표를 새롭게 설정할 수도 있겠으나 기존 정책안의 목표를 달성하는 것으로 정함.

- 위의 사항을 답안으로 구성 보완해 보면 다음과 같음(밑줄은 새로 보완된 것).

배경 및 현황

- 고령화 사회 대비 중장년층 일자리 안정화 정책 시행 중이나 기존 정책의 실효성 부족으로,
- 만족도·고용률이 감소하는 등 상반기 정책 만족도가 낮고,
- 정책과 관련된 이해관계자들 간의 갈등에 따른 불만요인 발생 등에 따라 개선이 필요함.

문제점

- 기존 정책의 실효성 부족
  - 고용의 질이 낮음
  - 적극적인 지원정책 미비
- 정책 실행에 따른 이해관계자들 간의 인식 격차

정책 추진 방향

- 중장년층의 노동시장 적극 참여 환경 조성

목 표

- 중장년층 일자리 질적 향상(단순직무 외 고용률 15% 달성)
- 정책별 수혜자 만족도 4.0 이상

개선안

- 지원방식의 체계화

  - 유기적 정책 시행

  - 지원방법의 효과성 제고

기대효과

- 모든 국민이 원하는 일자리에서 역량 발휘

자료 4. 첨부 파일: 2027 하반기 중장년층 일자리 안정화 정책(안) (2/2)

5. 세부 사업별 추진 내용

1. 중장년 일자리지원센터 운영 사업	
대 상	• 만 50세 이상의 중장년·고령층
내 용	• 주된 일자리에서 퇴직(예정)인 신청자에게 체계적인 퇴직설계 컨설팅과 상담을 제공하고, 재취업을 지원 　- (재직자) 1:1 상담, 역량 진단, 역량교육, 취·창업 정보 제공 등 전직 또는 경력 개발 컨설팅 제공 　- (구직자) 역량교육, 취업 알선, 취·창업 정보 제공, 스터디 운영 등 재취업 지원 서비스 제공 • 구직 신청자에게 전문직업 관련 오프라인 교육 제공(3~6개월)하고, 취업지원금 지원 　- (전문직업교육) 중장년층이 취약한 IT정보화 교육 (자격증, 유튜브 등), 중장년 취·창업이 비교적 활발한 10개 분야(요양보호사, 경비원, 바리스타, 펫시터 등) 교육과정 운영 　- (취·창업지원금) 교육 중·교육 수료 후 취·창업 활동 증명하면 1인당 60만 원(지원서 제출, 면접 참여, 창업 신청 등) 지원(1회 30만 원 씩, 총 2회 지원)

운 영	• 중장년 일자리지원센터(전국 28개소)

2. 중장년 적합직무 고용장려금 지원 사업	
대 상	• 만 50세 이상을 적합직무에 채용한 중견·중소기업
내 용	• 만 50세 이상 구직자를 단순직 외 적합직무군(마케팅, 회계, 전문직군 등)에 채용, 지원요건 달성한 기업에 고용지원금 지원 　－ (지원 수준) 신규 고용 1인당 월 80만 원 지원 (중견기업의 경우 1인당 월 40만 원 지원) 　* 1년 고용 기준, 신규 고용 근로자 1인당 960만 원 지원 　－ (지원 한도) 직 전년도 말일 기준 전체 직원 수의 30% 이내로 지원(10인 미만 사업장의 경우 3명) 　－ (지급 기간 및 주기) 1년 내에서 3개월 단위로 지원
지 원 요 건	• 만 50세 이상 실업자 신규 고용 후 3개월간 고용 유지(일 6시간 이상 근무) • 최저임금 100% 이상의 임금 지급 및 4대 보험 가입
운 영	• 사업장 관할 고용센터

3. 중장년 창업 지원 사업	
대 상	• 만 50세 이상의 예비 창업자
내 용	• 창업계획이 있는 중장년층에게 6개월간 One—stop 형태의 창업 지원 서비스 제공

1단계	2단계	3단계
창업교육 지원 (1개월)	창업 과정(창업 계획 자문, 창업 공간 지원 등) 지원 (3개월)	사후 지원 (창업 후 2개월간 멘토링, 경영·마케팅 등 성장 지원)

운 영	중장년 일자리지원센터(전국 28개소)

- 중장년 일자리지원센터 운영사업
  - 퇴직 또는 예정인 신청자에게 컨설팅 상담 및 취업 지원
  - 신청자에게 오프라인 교육제공 및 취업지원금 지원
    * IT 정보화 교육, 중장년 취·창업 활발한 10개 분야
    * 취·창업 활동 증명 시 1인당 60만 원(2회로 나눠 지급)
- 중장년 적합 직무 고용장려금 지원 사업
  - 구직자를 단순직 외 적합 직무 군에 3개월 이상 고용하고 임금지급·4대 보험 가입한 중견·중소기업
  - 신규 고용 1인당 월80만 원(중견기업은 40만 원) 기준 연 960만 원 지원(1년 내 3개월 단위로 지원)
  - 전체 직원 수의 30% 이내로 지원
- 중장년 창업 지원사업
  - 6개월간 One-stop 형태의 창업 지원 서비스 제공
  - 창업교육 지원 1개월, 창업 과정 지원 3개월, 사후 지원 2개월

핵심의 활용

- ✔ 위의 핵심들이 어떻게 실행되었는지 알 수 없으므로 이어 제시되는 결과보고서를 확인하며 문제점 등을 마련할 수 있음
- ✔ 쓰임새가 많은 페이지임으로 옆에 비치 활용함이 좋음

자료 5. 상반기 정책 이용자 설문조사 결과보고서 (1/2)

중장년층 일자리 안정화 정책 이용자 설문조사 결과보고서

중장년고용정책과, 2027. 6.

1. 조사 개요

- 대상: 2027년 상반기 중장년층 일자리 안정화 정책 이용자
- 일시: 2027년 6월 1일~6월 30일

2. 사업별 이용자 현황(2027년 상반기)

구 분	2027년		2026년 동일 분기
	개 인	기 업	
중장년 일자리 지원센터 운영 사업	23.823명	40개	32,713명/51개
중장년 적합직무 고용장려금 지원 사업	–	23개	35개
중장년 창업 지원	1,241명	–	2,528명

- 사업별 이용자 수 추이는 '26년 동일분기 대비 감소함
- 특히, '중장년 일자리지원센터 운영 사업', '중장년 창업 지원 사업'의 경우, 교육만 수료하면 사업 이용자로 구분되어, 실제 고용 및 창업으로 이어진 이용자 수는 더 적을 것으로 추정됨
- 중장년·고령층의 고용안정화 및 중장년·고령층 일자리 질적 향상 목표 달성을 위해서는 하반기 정책 개선이 시급함

3. 사업별 이용자 만족도 변화 추이

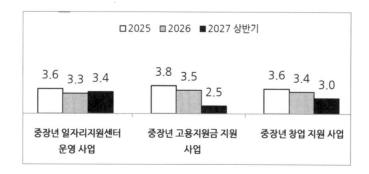

- 정책별 이용자 만족도는 '중장년 일자리지원센터 운영 사업'을 제외한 모든 정책이 감소하는 추이이며, 정책이 개선되지 않으면 하반기 만족도는 더 낮아질 것으로 추정됨
- '중장년 고용지원금 지원 사업' 만족도는 특히 개선이 시급함
- '중장년 일자리지원센터 운영사업'의 경우, '26년보다 전체 만족도가 0.1점 향상된 것으로 나타났으나 세부 내용에 대한 만족도 간 편차가 큰 것으로 나타남
  - 1인당 취·창업지원금이 '26년 1인당 40만 원(1회 20만 원, 총 2회)에서 '27년 1인당 60만 원(1회 30만 원, 총 2회)으로 증가하여 만족도 향상에 큰 영향을 미친 것으로 분석됨('27년 상반기 만족도 3.9점)
  - 다만, 이 외 교육운영 및 교육지원과 관련된 세부 만족도는 '27년 상반기 2.9점으로 나타나 개선이 필요함

🖈 이 페이지의 핵심

- 사업별 이용자 수 추이는 '26년 동일 분기 대비 감소
- 일자리지원센터 사업과 창업지원 사업의 경우 교육만 수료하면 사업이용자로 구분돼 이용자 수는 더 적을 것임
- 중장년 고용지원금 지원사업 만족도는 특히 개선이 시급함
- 중장년 일자리지원센터 운영사업에서 교육운영 및 교육지원 관련 만족도의 개선 필요

핵심의 활용

- ✔ 위의 핵심사항들을 해결 대안으로 적용하기
- ✔ 쓰임새가 많은 페이지이므로 옆에 비치 활용함이 좋음

지원방식의 문제에 대한 의견이 있으므로 이를 새롭게 개선할 필요가 있음.

이를 적용하여 다음과 같이 개선안을 보완함(밑줄 부분이 삽입된 것).

배경 및 현황

- 고령화 사회 대비 중장년층 일자리 안정화 정책 시행 중이나 기존 정책의 실효성 부족으로,
- 만족도·고용률이 감소하는 등 상반기 정책 만족도가 낮고,
- 정책과 관련된 이해관계자들 간의 갈등에 따른 불만요인 발생 등에 따라 개선이 필요함.

문제점

- 기존 정책의 실효성 부족
  - 고용의 질이 낮음
  - 적극적인 지원정책 미비
- 정책 실행에 따른 이해관계자들 간의 인식 격차

정책 추진 방향

- 중장년층의 노동시장 적극 참여 환경 조성

목 표

- 중장년층 일자리 질적 향상(단순직무 외 고용률 15% 달성)
- 정책별 수혜자 만족도 4.0 이상

개선안

- 지원방식의 체계화

- 유기적 정책 시행
- 지원방법의 효과성 제고
    ① 고용지원금 지원사업 개선
    ② 일자리지원센터 운영사업의 교육 운영 및 교육 지원 개선

기대효과

- 모든 국민이 원하는 일자리에서 역량 발휘

자료 5. 상반기 정책 이용자 설문조사 결과보고서 (2/2)

4. 사업별 불만족 이유(복수 응답)

- 중장년 일자리지원센터 운영 사업

구 분	내 용
1순위	전문직업교육 수가 적어 이용이 어려움(72.2%)
2순위	1:1 상담이나 경력개발 컨설팅 서비스 대기기간이 김(48.3%)
3순위	센터에서 매칭해 주는 일자리(구직자)의 질이 높지 않음(35.7%)

- 전문직업교육 수가 적어 신청 및 이용이 어렵다는 의견이 다수였고, 이에 따라 교육과정 확대 또는 온라인 교육 개설 희망이 많았음
- 센터 내부 상담·컨설팅 인력의 부족으로 상담·경력 개발 컨설팅 신청 후 대기기간이 30일을 넘어 불만이 높음
- 구직자 입장에서는 센터에서 매칭해 주는 일자리가 일용직이나 단순직인 경우가 대부분이고, 기업 입장에서는 지원자가 원하는 인재상이 달라 고용이 지속되는 경우가 낮음

- 이 외, 일반 역량교육의 경우 교육 내용이 너무 일반적이라는 의견이 많아 개선이 필요함
- 또한, 강사에 따른 교육품질 격차가 높아 교육과정별 만족도가 상이하여 상향 평준화 노력이 필요함

5. 중장년 적합직무 고용장려금 지원 사업

구 분	내 용
1순위	관련 분야 전문가인 중장년층 지원자를 찾기 어려움(57.1%)
2순위	직무별 필요 근무시간이 다르므로 근무시간 유연성 필요(42.3%)
3순위	지원 한도 확대 필요(25.6%)

- 해당 직무에 적합한 중장년층 지원자 모집이 어려워, 적합 지원자를 확인할 수 있는 인력 풀 보완이 필요함
- 직무와 역할별로 일 6시간 근무가 불필요한 직무도 있으므로(예: 자문의 경우 평균 일 3~4시간 근무가 적합), 지원 요건 완화 필요
- 지원 인원 제한이 없으면 더 많은 채용이 가능하다는 의견 있었음

6. 중장년 창업 지원사업

구 분	내 용
1순위	사후 지원이 원활하게 이뤄지지 않음(82.7%)
2순위	창업 내용에 대한 컨설팅 전문성 부족(35.2%)
3순위	창업 후 사후 지원 기간이 짧음(25.7%)

- 창업 사후관리 및 창업 계획 자문 등을 위한 컨설팅 인력 부족으로 사후 지원이 미흡하여, 관련 전문 인력 확보가 필요함
- 창업 후 1년이 중요하므로, 사후 지원 기간 연장이 필요함

📌 이 페이지의 핵심

- 일자리지원센터 운영사업 불만·보완점
  - 전문직업 교육과정 확대 또는 온라인 교육 개설 희망
  - 센터 내부 상담 컨설팅 인력 부족, 대기기간 30일 넘음
  - 센터에서 매칭해 주는 일자리가 일용·단순직이 대부분임
  - 기업에서 원하는 인재상이 달라 고용 지속 경우 적음
  - 역량교육 내용이 일반적이라 개선 필요
  - 강사의 교육품질 격차 높아 교육과정별 만족도 상이, 상향평준화 필요
- 적합 직무 고용장려금 지원사업 불만·보완점
  - 해당 직무 적합 지원자 모집 어려워 적합지원자 확인 가능한 인력풀 보완 필요
  - 지원 인원 제한으로 많은 인원 채용이 어려움
- 창업지원 사업 불만·보완점
  - 창업 사후관리·창업계획 자문 등 위한 컨설팅 인력 부족으로 사후지원 미흡, 관련 전문인력 확보 필요
  - 창업 후 1년이 중요하므로 사후지원 기간 연장 필요

핵심의 활용

- ✔ 위의 핵심들을 해결 대안에 적용하기
- ✔ 쓰임새가 많은 페이지이므로 옆에 비치 활용함이 좋음

- 이제까지 구성해 왔던 방식(문제점과 대안에 대한 접근)이 포괄적이어서 과제의 문제점과 대안을 빠른 시간 내에 제시함에는 어려움이 생김.
- 문제점과 대안의 구성을 '사업별'로 바꾸는 것이 시간 관리에 효과적일 것임.
- 앞에 작성되었던 문제는 각 사업을 실행하는 과정에 나타났던 포괄적 문제와 대안이었음. 다시 말하면 사업별 문제들이 모아져서 나타났던 것임.

- 포괄적인 문제점과 대안을 마련하여 답안을 구성해도 되겠으나 그렇게 접근할 경우 문제점과 대안을 매칭 함에 어려움이 있고, 답안을 구성하는 데에도 많은 시간이 소요(제한된 시간은 30분임)될 것으로 보임.
- 따라서 사업별 문제점과 대안으로 구성하는 것이 과제의 내용을 효과적으로 구조화하는 데 도움이 될 것이므로 답안 작성 방식을 바꿈(밑줄 친 것이 삽입된 것임).

사업별 문제점

- 중장년 일자리지원센터 운영
  - 교육과정 수·내부 전문인력 부족
  - 구직자·기업 간 상이한 니즈, 교육 다양성 낮음
  - 강사 간 상이한 교육품질
- 중장년 적합 직무 고용장려금 지원
  - 직무 적합 지원자 모집 어려움
  - 지원요건이 기업 현실에 맞지 않음
- 중장년 창업지원
  - 컨설팅 등 서비스 지원 전문인력 부족
  - 창업 사후관리 기간이 짧음
- 정책실행에 따른 이해관계자들 간의 인식 격차

정책 추진 방향

- 중장년층의 노동시장 적극 참여 환경 조성

목 표

- 중장년층 일자리 질적 향상(단순직무 외 고용률 15% 달성)
- 정책별 수혜자 만족도 4.0 이상

해결방안

- 사업운영 방법의 개선
  - 일자리지원센터 운영사업
    - ① 전문직업 교육과정 수 확대 및 온라인 교육 개발 및 전환
      - ※ 신규 교육과정 개발 또는 현행 교육과정 온라인으로 전환
    - ② 센터 내부 상담 컨설팅 인력 확충
    - ③ 구직자와 기업 간 니즈 매칭 방안 모색
    - ④ 일반 역량교육과정 다양화
    - ⑤ 강사 품질 제고 위한 상시 관리시스템 구축
  - 적합 직무 고용장려금 지원사업
    - ① 중장년층 전문가 인재은행 등 전문가 DB 구축 및 일자리센터를 통해 매칭 진행
    - ② 고용장려금 지원요건 조정: 고용 기간 1년 이상으로 강화, 채용직무별 근무 시간 유연화 등
  - 창업지원 사업
    - ① 컨설팅 전문인력 확충
    - ② 창업 사후관리 기간 확대

기대효과

- 모든 국민이 원하는 일자리에서 역량 발휘

자료 6. 국민 인식조사 보고서

중장년층 일자리 안정화 정책에 대한 국민 인식조사 보고서

중장년고용정책과, 2027. 6.

1. 조사 개요

- 일시: 2027년 6월 1일~6월 30일
- 대상: 온라인 설문조사에 응한 국민 20,000명

응답자 구성	29세 미만	30~39세	40~49세	50세 이상
명(%)	5,700 (28.5%)	5,000 (25.0%)	5,560 (27.8%)	3,740 (18.7%)

2. 정책에 대한 긍정·부정 인식률(%)

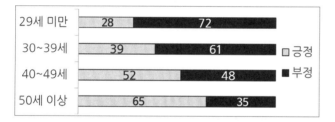

- 정책 대상자인 50세 이상은 긍정 인식이 높았으나 연령대가 낮아질수록 정책에 대한 부정 인식이 급격히 높아짐
- 정책에 대한 부정 인식이 높은 39세 미만 응답자들의 경우, 해당 정책이 청년층 일자리 정책과 중첩되어 중장년층이 청년층의 일자리를 대체한다고 인식했기 때문으로 나타남

3. 정책에 대한 부정 응답 이유(복수 응답)

구 분	내 용
1순위	정책이 지원금 제공 등 단편적이고, 장기적이지 않음(68.5%)
2순위	지원 일자리의 질이 일용직·자영업자 등에 국한됨(55.2%)
3순위	정책 지원 대상(50대 이상)이 현실에 비해 협소함(23.6%)

- 현행 정책 내용 관련 불만(단편적 정책, 지원 일자리 품질 낮음 등)이 높은 비율을 차지하였으며, 40~49세 연령대의 경우 은퇴 및 퇴직 연령이 낮아지는 현실을 반영하여 정책 지원 대상이 40대까지 넓어져야 한다는 의견이 다수였음
- 이외 사업 간 중복되는 내용을 감소해야 한다는 의견도 있었음

4. 향후 정책 방향에 대한 의견(주관식)

- (일자리 품질 제고) 일용직이나 창업 위주의 정책 지원보다 상용직 일자리 비중을 높이는 방향으로 정책 개선 필요
- (창업 지원 방식 개선) 창업 후 1년 내 폐업하는 경우가 잦은 만큼 창업교육이나 비용 지원을 넘어 창업 후 사후 관리 지원 강화 필요
- (인식 개선) 중장년층 일자리 정책이 청년층의 일자리를 잠식하는 것이 아니라는 사회적 인식 개선을 위한 대안 필요
- (세대 통합) 중장년층과 청년층이 함께할 수 있는 일터문화나 창업방안에 대한 대책 강구 필요

✎ 이 페이지의 핵심

- 정책 대상자인 50대 이상은 긍정인식 높음
- 연령대가 낮아질수록 부정인식 높아짐(중장년층이 청년층 일자리 대체 인식으로)
- 단편적 정책, 지원 일자리 품질 낮음 등의 불만이 높은 비율임
- 지원대상이 40대까지 넓어져야 한다는 의견 다수
- 정책 방향 의견
  - 일용직·창업 위주 정책 지원보다 상용직 일자리 비중을 높여야
  - 창업 후 사후관리 지원 강화 필요(창업 1년 내 폐업 잦음)
  - 중장년층 일자리 정책이 청년층의 일자리를 잠식하는 것이 아니라는 사회적 인식 개선 필요

– 중장년층과 청년층이 함께할 수 있는 일터문화·창업방안에 대한 대책 강구 필요

✔ 위의 핵심내용을 해결방안에 적용하기

✔ 쓰임새가 많은 페이지이므로 옆에 비치 활용함이 좋음

이 페이지에서는 세대 간의 일자리 갈등과 관련된 대안들을 추출하기 좋음.

추출된 정보를 구성하면 다음과 같을 것임(밑줄 친 것이 새롭게 구성된 것).

해결방안

• 사업운영 방법의 개선

– 일자리지원센터 운영사업

① 전문직업 교육과정 수 확대 및 온라인 교육 개발 및 전환

※ 신규 교육과정 개발 또는 현행 교육과정 온라인으로 전환

② 센터 내부 상담 컨설팅 인력 확충

③ 구직자와 기업 간 니즈 매칭 방안 모색

④ 일반 역량교육과정 다양화

⑤ 강사 품질 제고 위한 상시 관리시스템 구축

– 적합 직무 고용장려금 지원사업

① 중장년층 전문가 인재은행 등 전문가 DB 구축 및 일자리센터를 통해 매칭 진행

② 고용장려금 지원요건 조정: 고용 기간 1년 이상으로 강화, 채용직무별 근무 시간 유연화 등

– 창업지원 사업

① 컨설팅 전문인력 확충

② 창업 사후관리 기간 확대

• 중장년층 일자리 안정화 정책의 인식 개선 등

  - 중장년층 일자리 정책이 청년층의 일자리를 잠식하는 것이 아니라는 사회적 인식 확대 위한 홍보

  - 중장년층과 청년층이 함께할 수 있는 일터문화·창업방안에 대한 대책 강구

  - 상용직 일자리 비중을 높일 수 있는 방안 강구

  - 중장년층 일자리 정책 대상자를 40대까지 확장 검토

자료 7. 칼럼

일자리 세대 갈등, 대책이 필요하다

이성현 기자 | 등록 2027. 06. 23.

인구고령화의 여파로 최근까지 노동시장에서 중장년세대가 청년세대의 일자리를 빼앗는다는 이른바 '일자리 세대 갈등론'에 대한 주장이 지속적으로 제기되고 있다. 즉, 50대 이상의 중장년층 근로자들이 20~30대 청년층의 일자리를 빼앗기 때문에 청년 실업이 늘어난다는 것이 이들의 논리이다. 이러한 주장이 촉발된 원인을 찾아보면 다음과 같다.

2000년대 초반만 하더라도 20~30대 취업자는 전체 취업자의 50% 이상을 차지했고, 당시 50대 이상 취업자 수는 전체 취업자의 20%에 불과했으나 2015년에 50대 이상 취업자 비율이 37.2%로 20~30대 취업자 비율(36.1%)을 넘어서고, 매년 이러한 역전현상이 심화되기 시작한 것이 논란의 원인이 되었다. 그 결과 2026년 12월 기준, 60세 이상 취업자 수는 45만 5천 명, 50대 취업자 수는 10만 명으로 각각 증

가했지만, 경제 중추인 20~30대의 취업자 수는 전년 대비 7만 명이 감소했다.

이는 노후가 불안해 정년퇴직 이후에도 일손을 놓지 못하는 베이비붐 세대를 비롯한 중장년층, 그리고 취업을 못 하는 청년세대의 현실이 맞물린 결과이다. 즉, 인구 고령화와 은퇴 가속화로 50대 이상의 경제활동 참가율이 증가하면서 청년세대의 불만과 위기감이 발생하게 된 것이다.

그러나 이와 같은 우려에도 불구하고, 중장년층 및 고령 근로자와 청년세대가 일하는 일자리 속성상 일자리 세대 갈등은 지나친 걱정이라는 것이 전문가들의 입장이다. 국가산업연구원이 보건의료, 관광, 콘텐츠, 교육, 금융, 물류, 소프트웨어 등 7대 유망 분야를 중심으로 청년층과 중장년 및 고령층의 일자리 특징을 국제적으로 비교·분석한 결과, 우리나라는 중장년 및 고령층의 고용률이 주요 선진국에 비해 높은 상태이지만, 청년층과 중장년 및 고령층의 취업 분야가 상당히 분리되어 있어 두 연령층이 동일한 일자리를 두고 경쟁을 벌이는 관계는 아니라는 것이 결론이다. 오히려 이는 두 연령층의 취업 경로가 각기 특정한 업종으로 지나치게 편향되어 있는 것을 의미하며, 특히 우리나라의 경우 중장년층 및 고령층의 주된 취업 분야가 부가가치가 떨어지는 단순노무직에 치중되어 문제가 되고 있다고 말한다.

물론, 장래에 다른 선진국들과 같이 업종분리도가 낮아질 가능성도 높지만, 기본적으로 두 세대가 원하는 일자리의 성격이 다르기 때문에 경험을 나눠주고 싶은 5060세대와 성장을 원하는 2030세대가 결합하여 시너지를 극대화 시키려는 노력이 필요할 것으로 보인다.

✒ 이 페이지의 핵심

- 일자리 세대갈등론은 인구 고령화와 은퇴 가속화로 50대 이상의 경제활동 참가율이 증가하면서 청년세대의 불만과 위기감이 발생하게 되어 나타남
- 일자리 속성상 일자리 세대갈등은 지나친 걱정이라는 것이 전문가들의 의견임
- 국가산업연구원은 청년층과 중장년·고령층의 취업분야가 상당히 분리되어 있고, 두 연령층의 취업 경로가 각기 특정 업종으로 지나치게 편향되어 있다고 분석함
- 중장년·고령층의 주된 취업분야는 부가가치가 낮은 단순노무직에 치중되어 문제임

핵심의 활용

✔ 위의 핵심 내용을 해결방안에 적용하기

일자리 갈등의 인식 개선을 위한 세부 방안으로 활용하기 좋은 정보들임. 답안으로 구성하면 다음과 같을 것임(밑줄 부분이 삽입된 것임).

중장년층 일자리 안정화 정책의 인식 개선 등

- 중장년층 일자리 정책이 청년층의 일자리를 잠식하는 것이 아니라는 사회적 인식 확대 위한 홍보.
  - 두 연령층의 취업분야가 상당히 분리되어 취업 경로가 각기 특정업종으로 편향됨(국가산업연구원의 분석).
  - 중장년층과 고령층의 주된 취업분야는 부가가치가 낮은 단순노무직에 치중되어 있음이 문제임.
- 중장년층과 청년층이 함께할 수 있는 일터문화·창업방안에 대한 대책 강구.
- 상용직 일자리 비중을 높일 수 있는 방안 강구.
- 중장년층 일자리 정책 대상자를 40대까지 확장 검토.

자료 8. 전문가 간담회

 A 중견기업 최정민 인사팀장

중장년층 이상의 고용 활성화를 위해서는 그들이 회사에서 원하는 역량을 갖출 수 있도록 지원하는 것이 가장 중요합니다. 우리 회사도 정부 지원을 받아 중장년층과 고령층을 채용해 봤지만, 우리가 원하는 역량을 보유하고 있는 지원자는 많지 않았습니다. 그러니 아무래도 오래 버티지 못하고 중도 퇴사하는 경우가 많습니다. 이들을 채용하는 회사에서도 원하는 인재상이나 역량이 있는데, 일자리지원센터에서 연결해 주는 지원자들은 이런 역량을 갖추지 못한 경우들이 많다 보니, 회사에서는 정부지원금만 가지고 이들을 채용하는 것이 손해라고 느끼게 됩니다. 이런 부분이 개선되지 않으면 중장년층이나 고령층 채용에 적극적으로 나설 기업이 점점 줄어들 것이 분명합니다.

중장년 일자리지원센터 이연주 센터장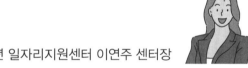

센터에서는 중장년층 이상의 취업역량 강화를 위해 다양한 프로그램을 운영하려고 노력하지만, 현실적으로 해당 교육을 운영할 만한 인력이 부족하여 프로그램 수 확대와 교육 품질 확보에 어려움을 겪고 있습니다. 따라서 이와 관련된 전문인력 채용 및 양성에 예산을 투입해야 합니다. 만약 별도의 예산편성이 어렵다면 센터 교육과정에 중장년층 전문가를 직접 채용하여 활용하는 방법을 고민해 볼 필요가 있습니다. 중장년층 전문인력에 대한 풀 확보가 된다면 여러 사업에 긍정적인 영향이 있을 것으로 보입니다.

B 대학교 행정학과 김서영 교수

최근 은퇴 연령과 퇴직 연령이 점점 낮아지는 추이를 반영하여, 정책 대상을 40대까지 확대할 필요가 있습니다. 특히 대기업 등에서 중도 퇴직하는 경우가 많아지고 있기 때문에 젊은 나이에 퇴직한 중장년들이 제2의 인생을 설계할 수 있도록 도와주기 위해서는 다양한 방향에서의 지원이 필요합니다. 또한, 취업 및 고용에 대한 단순 지원금만 확대하기보다는 고용안정화를 위한 지속적인 지원방안을 모색해야 합니다. 예를 들어 채용기간에 따라 지원금액에 차등을 두는 등의 방식으로 예산을 유연하게 활용할 필요가 있습니다.

고령화고용연구원 이석훈 수석연구원

중장년층과 고령층의 취업률이 높아지더라도 이들의 일자리 안정화를 위해서는 중장년·고령 친화적인 고용환경 조성이 중요합니다. 따라서 중장년층과 고령층 채용의 긍정적 효과에 대한 인식 공유가 더욱 중요하다고 생각합니다. 실제로 중장년 및 고령층의 고용이 기업이나 다른 구성원들에게 긍정적인 영향을 미친 우수사례 발굴 및 홍보 등을 통해 사회 전반적인 인식변화를 촉진시켜 이들이 재취업한 일자리에서 희망 연령까지 계속 일할 수 있도록 도와줄 필요가 있다고 봅니다.

📌 이 페이지의 핵심

- 중견기업 인사팀장

  - 중장년층 이상의 고용 활성화 위해서는 회사에서 원하는 역량을 갖출 수 있도록 지원함이 필요

- 중장년 일자리 지원센터장

  - 다양한 교육프로그램 운영 인력 부족, 관련 전문인력 채용·양성 예산 투입 필요

  - 교육과정에 중장년층 전문가 직접 채용 및 전문 인력에 대한 풀 확보

- 행정학과 교수

  - 정책 대상을 40세까지 확대할 필요

  - 고용 안정화 위한 지속적 지원방안 모색(예, 채용 기간에 따라 지원금액에 차등 방식 등)

- 고령화 고용연구원 수석연구원

  - 중장년 고령 친화적인 고용환경 조성, 긍정적 효과에 대한 인식 공유(우수사례 발굴 및 홍보), 재취업한 일자리에서 희망연령까지 계속 일할 수 있는 환경 마련

핵심의 활용

✔ 위의 핵심 내용을 해결방안에 적용하기

위 핵심은 일자리지원센터 사업운영에 있어서의 구직자와 기업의 매칭, 고용장려금 지원방법의 효율성 제고, 세대 간 일자리 인식 개선 방안 등의 대안으로 활용될 수 있으며, 적용하여 구성하면 다음과 같을 것임(밑줄 친 것이 삽입된 것).

해결방안

- 사업운영 방법의 개선

  - 일자리지원센터 운영사업

    ① 전문직업 교육과정 수 확대 및 온라인 교육 개발 및 전환

※ 신규 교육과정 개발 또는 현행 교육과정 온라인으로 전환

② 센터 내부 상담 컨설팅 인력 및 운영 전문인력 확충

③ 구직자와 기업 간 니즈 매칭 방안 모색– 회사에서 원하는 역량을 갖출 수 있도록 지원(해당 회사의 도움, 중장년층 전문가 직접 채용 등)

④ 일반 역량교육과정 다양화

⑤ 강사 품질 제고 위한 상시 관리시스템 구축

- 적합 직무 고용장려금 지원사업

① 중장년층 전문가 인재은행 등 전문가 DB 구축 및 일자리센터를 통해 매칭 진행

② 고용장려금 지원요건 조정– 고용 기간 1년 이상으로 강화, 채용직무별 근무시간 유연화, 채용 기간에 따라 지원 금액 차등화

- 창업지원 사업

① 컨설팅 전문인력 확충

② 창업 사후관리 기간 확대

• 중장년층 일자리 안정화 정책의 인식 개선 등

- 중장년·고령 친화적인 고용환경 조성

① 긍정적 효과에 대한 인식 공유(우수사례 발굴 및 홍보)

② 재취업한 일자리에서 희망연령까지 계속 일할 수 있는 환경 마련

- 중장년층 일자리 정책이 청년층의 일자리를 잠식하는 것이 아니라는 사회적 인식 확대 위한 홍보

① 두 연령층의 취업분야가 상당히 분리되어 취업 경로가 각기 특정업종으로 편향됨(국가산업연구원의 분석)

② 중장년층과 고령층의 주된 취업분야는 부가가치가 낮은 단순노무직에 치중되어 있음이 문제임

- 중장년층과 청년층이 함께할 수 있는 일터문화·창업방안에 대한 대책 강구

- 상용직 일자리 비중을 높일 수 있는 방안 강구

- 중장년층 일자리 정책 대상자를 40대까지 확장 검토

자료 9. 해외 사례

A국

1. 중장년층 전문가 인재은행 운영

- 민간의 무료직업소개사업을 수행하는 비영리법인 또는 공익단체를 '중장년 전문가 인재은행'으로 지정하여 만 50세 이상의 중장년층 및 고령층에 고용 서비스 제공

- 중장년 및 고령층 전문인력을 활용하여, 중소기업 경영 컨설팅 및 청년 신규 채용자 교육 등을 담당할 수 있도록 매칭

- 빅데이터 기반 구직-구인 수요간 맞춤형 일자리추천시스템을 구축하여 일자리 매칭 효과성 제고
  - 시스템 구축에 시간 소요(12개월)
  - 시스템 구축 전에는 A국 일자리지원센터에서 해당 기능 제공(중장년 채용 희망 기업이 센터에서 진행하는 교육 등을 참관 또는 운영하여 직접 지원자와 기업 간 매칭 진행)

2. 퇴직전문인력을 활용한 고용지원센터 운영

- 고용지원센터에서 운영하는 교육과정에 퇴직 또는 은퇴한 중장년·고령층 전문가를 강사로 채용

- 관련 분야 청년층 강사와의 갈등 요소 해결을 위해 강의 커리큘럼을 분리하여, 중장년·고령층 강사의 경우 풍부한 현장 경험 기반 교육과정을 전담하고, 관련 교육과정 수 확대

B국

1. 세대융합 창업 지원

- 청년층의 초기 창업과 중장년·고령층의 생계형 창업으로 인한 실패 감소를 위해 기술과 경험을 보유한 고경력 퇴직인력과 청년의 아이디어를 매칭하는 세대융합 창업 지원 확대
  - 청년창업센터 및 중장년창업센터를 통해 세대융합 창업 기업에 인프라부터 사업화까지 일괄 지원(3년 이내)
  - 퇴직인력의 역량 및 경험, 청·장년의 창업 희망 분야, 청·장년 상호 협업 가능 분야를 DB화하여 온·오프라인 매칭 서비스 제공

    * (청년) 아이디어와 기술 등을 갖고 협업 창업을 희망하는 만 39세 이하의 자

    * (중장년) 10년 이상 경력의 숙련퇴직자로 만 40세 이상인 자

2. 찾아가는 창업 교육·멘토링 프로그램 운영

- 퇴직(예정) 우수인력의 역량과 경험이 사장되지 않고 산업 현장으로 선순환되도록 '찾아가는 창업 교육·멘토링 프로그램'을 운영

- 해당 교육을 신청 및 운영한 기업에게 추후 정부지원사업 참여시 우대(가점 부여)

A국: 중장년층 전문가 인재은행 운영, 퇴직 전문인력을 활용한 고용지원 센터 운영

- 중장년층 전문가 인재은행 운영
  - 인재은행의 전문인력 활용해 중소기업 경영컨설팅 및 청년 신규 채용자 교육 담당 매칭
  - 빅데이터 기반 맞춤형 일자리 추천시스템 구축
  - 채용 희망기업이 센터에서 진행하는 교육 등을 참관·운영하여 매칭
- 퇴직 전문인력을 활용한 고용지원센터 운영
  - 교육과정에 은퇴한 중장년·고령층 전문가를 강사로 채용
  - 관련 분야 청년층 강사와 강의 커리큘럼 분리 갈등 요소 방지
  - 중장년·고령층 강사는 경험 기반한 교육과정 전담

B국: 세대융합 창업지원, 찾아가는 창업 교육

- 세대융합 창업지원
  - 고경력 퇴직인력과 청년의 아이디어 매칭
  - 청년창업센터·중장년창업센터를 통해 세대융합 창업 기업에게 인프라부터 사업화까지 일괄지원(3년 이내)
  - 퇴직인력의 역량 및 경험, 청·장년의 창업희망 분야, 청·장년 상호협업 가능 분야 DB화 온·오프라인 매칭 서비스 제공
- 찾아가는 창업 교육·멘토링 프로그램 운영
  - 해당 교육 신청·운영한 기업에 추후 정부지원사업 참여시 가점 부여

✔ 위의 핵심 내용을 해결방안에 적용하기

　위 핵심은 창업지원 사업과 중장년층과 청년층이 함께할 수 있는 창업 방안 등의 정보로 활용함이 좋음. 적용된 안은 아래와 같으며 밑줄 친 부분이 적용된 부분임.

해결방안

- 사업운영 방법의 개선
  - 일자리지원센터 운영사업
    ① 전문직업 교육과정 수 확대 및 온라인 교육 개발 및 전환
    　※ 신규 교육과정 개발 또는 현행 교육과정 온라인으로 전환
    ② 센터 내부 상담 컨설팅 인력 및 운영 전문인력 확충
    ③ 구직자와 기업 간 니즈 매칭 방안 모색
    　※ 회사에서 원하는 역량을 갖출 수 있도록 지원(해당 회사의 도움, 중장년층 전문가 직접 채용 등)
    ④ 일반 역량교육과정 다양화
    ⑤ 강사 품질 제고 위한 상시 관리시스템 구축
  - 적합 직무 고용장려금 지원사업
    ① 중장년층 전문가 인재은행 등 전문가 DB 구축 및 일자리센터를 통해 매칭 진행
    ② 고용장려금 지원요건 조정: 고용 기간 1년 이상으로 강화, 채용직무별 근무 시간 유연화, 채용 기간에 따라 지원 금액 차등화
  - 창업지원 사업
    ① 찾아가는 창업 교육·멘토링 프로그램 운영
    　* 해당 교육 신청·운영한 기업에 추후 정부지원사업 참여시 가점 부여

② 컨설팅 전문인력 확충

　＊ 인재은행의 전문가 DB 적극 활용

③ 창업 사후관리 기간 확대

• 중장년층 일자리 안정화 정책의 인식 개선 등

－ 중장년·고령 친화적인 고용환경 조성

① 긍정적 효과에 대한 인식 공유(우수사례 발굴 및 홍보)

② 재취업한 일자리에서 희망연령까지 계속 일할 수 있는 환경 마련

－ 중장년층 일자리 정책이 청년층의 일자리를 잠식하는 것이 아니라는 사회적
인식 확대 위한 홍보

① 두 연령층의 취업 분야가 상당히 분리되어 취업 경로가 각기 특정업종으로
편향됨(국가산업연구원의 분석)

② 중장년층과 고령층의 주된 취업분야는 부가가치가 낮은 단순노무직에 치중
되어 있음이 문제임

－ 중장년층과 청년층이 함께할 수 있는 일터문화·창업방안에 대한 대책 강구

① 세대융합 창업 지원 벤치마킹

② 세대융합 창업 기업에 인프라부터 사업화까지 일괄 지원(3년 이내)

－ 상용직 일자리 비중을 높일 수 있는 방안 강구

－ 중장년층 일자리 정책 대상자를 40대까지 확장 검토

'중장년층 일자리 안정화 정책 개선안 수립'의 완성된 자료

배경 및 현황

• 고령화 사회 대비 중장년층 일자리 안정화 정책 시행 중이나 기존 정책의 실효
성 부족으로,

- 만족도·고용률이 감소하는 등 상반기 정책 만족도가 낮고,

- 정책과 관련된 이해관계자들 간의 갈등에 따른 불만요인 발생 등에 따라 개선이 필요함.

사업별 문제점

- 중장년 일자리지원센터 운영

  - 교육과정 수·내부 전문인력 부족

  - 구직자·기업 간 상이한 니즈, 교육 다양성 낮음

  - 강사 간 상이한 교육품질

- 중장년 적합 직무 고용장려금 지원

  - 직무 적합 지원자 모집 어려움

  - 지원요건이 기업 현실에 맞지 않음

- 중장년 창업지원

  - 창업 사후관리 기간이 짧음

  - 컨설팅 등 서비스 지원 전문인력 부족

- 정책실행에 따른 이해관계자들 간의 인식 격차

정책 추진 방향

- 중장년층의 노동시장 적극 참여 환경 조성

목 표

- 중장년층 일자리 질적 향상(단순직무 외 고용률 15% 달성)

- 정책별 수혜자 만족도 4.0 이상

해결방안

- 사업운영 방법의 개선

  - 일자리지원센터 운영사업

    ① 전문직업 교육과정 수 확대 및 온라인 교육 개발 및 전환

      ※ 신규 교육과정 개발 또는 현행 교육과정 온라인으로 전환

    ② 센터 내부 상담 컨설팅 인력 및 운영 전문인력 확충

    ③ 구직자와 기업 간 니즈 매칭 방안 모색

      * 회사에서 원하는 역량을 갖출 수 있도록 지원(해당 회사의 도움, 중장년층 전문가 직접 채용 등)

    ④ 일반 역량교육과정 다양화

    ⑤ 강사 품질 제고 위한 상시 관리시스템 구축

  - 적합 직무 고용장려금 지원사업

    ① 중장년층 전문가 인재은행 등 전문가 DB 구축 및 일자리센터를 통해 매칭 진행

    ② 고용장려금 지원요건 조정: 고용 기간 1년 이상으로 강화, 채용직무별 근무시간 유연화, 채용 기간에 따라 지원 금액 차등화

  - 창업지원 사업

    ① 찾아가는 창업 교육·멘토링 프로그램 운영

      * 해당 교육 신청·운영한 기업에 추후 정부지원사업 참여시 가점 부여

    ② 컨설팅 전문인력 확충

      * 인재은행의 전문가 DB 적극 활용

    ③ 창업 사후관리 기간 확대

- 중장년층 일자리 안정화 정책의 인식 개선 등

  - 중장년·고령 친화적인 고용환경 조성

    ① 긍정적 효과에 대한 인식 공유(우수사례 발굴 및 홍보)

② 재취업한 일자리에서 희망연령까지 계속 일할 수 있는 환경 마련

- 중장년층 일자리 정책이 청년층의 일자리를 잠식하는 것이 아니라는 사회적 인식 확대 위한 홍보

  ① 두 연령층의 취업 분야가 상당히 분리되어 취업 경로가 각기 특정업종으로 편향됨(국가산업연구원의 분석)

  ② 중장년층과 고령층의 주된 취업분야는 부가가치가 낮은 단순노무직에 치중되어 있음이 문제임

- 중장년층과 청년층이 함께할 수 있는 일터문화·창업방안에 대한 대책 강구

  ① 세대융합 창업 지원 벤치마킹

  ② 세대융합 창업 기업에 인프라부터 사업화까지 일괄지원(3년 이내)

- 상용직 일자리 비중을 높일 수 있는 방안 강구

- 중장년층 일자리 정책 대상자를 40대까지 확장 검토

장애요인 및 극복방안 (※기타의 장애요인 파악 및 극복방안 마련해 볼 것)

• 세대 간 갈등 발생(교육과정 강사 채용 등에 중장년층 우선 채용)

  - 관련 분야 청년층 강사와 강의 커리큘럼 분리 갈등 요소 방지

  - 중장년·고령층 강사는 경험 기반한 교육과정 전담

기대효과

• 모든 국민이 원하는 일자리에서 역량 발휘

※ 기타 점검 모니터링, 장·단기 등 우선순위 등을 구상하여 대응해 보기

두 번째 과제

'음식물쓰레기 감량 및 재활용 방안 수립' 요점 정리와 답안 만들어 보기

음식물 쓰레기 감량 및 재활용 방안 수립

본 과제의 내용은 교육 목적에 맞게 재구성한 것입니다. 과제의 내용이 실제 업무와 다소 상이하더라도 주어진 모의 과제에 맞게 수행에 임해 주십시오.

역할 및 배경 상황

역 할

 환경자원부
자원순환국
폐자원에너지과
김자원 과장

참가자 A

 보고

환경자원부
자원순환국
보고해 국장

참가자 B

배경상황

- 오늘은 2027년 11월 1일 수요일이며, 귀하는 환경자원부 김자원 과장입니다.

- 환경오염 유발의 주요 원인 중 하나인 음식물쓰레기가 줄어들지 않고 있으며, 처리에도 막대한 비용이 들고 있습니다.

- 음식물쓰레기는 식재료가 재배되고 유통·소비되는 모든 과정에서 다양한 형태로 발생하고 있으며, 선진국에서는 주로 소비단계에서, 개발도상국에서는 저장·운반 등 단계에서 발생하고 있습니다.

- 그러나 소비자가 직접 음식과 접촉하는 접점에서의 낭비가 가장 많아 국내 음식물쓰레기는 매일 1만 5,900톤 이상 발생하고 있으며, 가정과 소형 음식점에서 발생되는 음식물쓰레기가 전체 음식물쓰레기 발생량의 약 70%를 차지하고 있습니다.

- 환경자원부에서는 이와 같은 문제점을 해소하기 위해 해당 업무를 맡고 있는 귀하에게 현재 음식물쓰레기의 주요 현안 문제 및 이해관계자들을 파악하고, 이를 해결하여 환경오염과 막대한 비용을 감소시킬 수 있는 종합대책을 마련하여 보고하도록 하였습니다.

- 따라서 귀하는 내일 있을 자원순환국 회의에서 이에 대한 대책을 보고해야 합니다.

- 2027년 11월 1일 환경자원부 김자원 과장

- 환경오염 유발 원인인 음식물쓰레기가 줄어들지 않고 있어 처리에 막대한 비용이 소요됨

- 국내 음식물쓰레기는 매일 15,900톤 이상 발생되고 있으며, 가정·소형음식점의 발생량이 전체의 70%를 차지함

- 음식물쓰레기의 주요 현안 문제 및 이해관계자들을 파악, 이를 해결할 수 있는 종합대책 마련 보고지시(내일 자원순환국 회의에서)

핵심의 활용

✔ 역할 인식 및 해야 할 일 파악, 핵심의 내용을 답안의 배경 등으로 활용하기

핵심을 답안으로 적용해 보면 다음과 같음(밑줄 부분이 적용된 내용임)

배 경

- 환경오염 유발 원인인 음식물쓰레기가 줄어들지 않고 있어 처리에 막대한 비용이 소요됨

- 국내 음식물쓰레기는 매일 15,900톤 이상 발생되고 있으며, 가정·소형 음식점의 발생량이 전체의 70%를 차지함

자료 1. 조직 소개

1. 환경자원부 비전 및 목표

비 전	국민이 체감하는 성과, 미래를 준비하는 탄소 중립

목 표	**통 합** 환경–경제에 대한 통합적 접근 **포 용** 모든 국민이 누리는 더 나은 미래 **소통·참여** 폭넓은 소통·참여로 사회적 지지 확보

2. 조직도

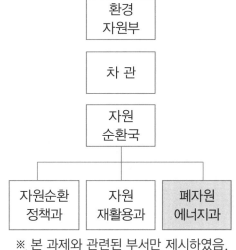

※ 본 과제와 관련된 부서만 제시하였음.

3. 폐자원에너지과 주요 업무 소개

폐자원에너지과	
주요 업무 내용	• 폐자원 에너지화 기본계획의 수립·운영에 관한 사항 • 생활폐기물 처리시설의 설치·운영·관리에 관한 사항 • 음식물류 폐기물 처리시설 설치·운영·관리 등에 관한 사항 • 음식물류 폐기물의 감량·자원화 및 기본계획의 수립·운영에 관한 사항 • 음식물류 폐기물 처리기술의 개발·보급 및 지원에 관한 사항

📌 **이 페이지의 핵심**

• 비전: 국민이 체감하는 성과, 미래를 준비하는 탄소 중립

• 목표: 환경, 경제에 대한 통합적 접근

핵심의 활용

✔ 조직도, 업무 내용 중 답안의 구성에 필요한 비전, 목표 등은 필요시 활용

자료 2. 자원순환국장의 이메일

▶ 보낸 날짜	2027 / 11 / 1 (수) 09:01:00	
▶ 보낸 이	보고해〈bogohae@korea.kr〉	+주소록에 추가 +자주쓰는 주소로
▶ 받는 이	김자원〈jawonkim@korea.kr〉	✕수신거부
▶ 제 목	대책 마련 보고 지시	

김 과장님 자원순환국장입니다.

음식물쓰레기 종량제 방식을 채택한 지 14년이 지나 어느 정도 성과가 있기는 하지만, 아직 국민들의 의식은 이에 미치지 못하고 있는 것으로 보입니다. 아시다 시피 음식물의 1/7이 쓰레기로 버려지므로 인해 연간 20조 원 이상의 경제적 손실이 발생하고 있고, 그 처리비용으로도 8천억 원이 소요되고 있는 실정입니다.

게다가 식재료의 생산·수입·유통·가공·조리단계에서도 폐기물이 발생함은 물론 많은 에너지가 소모되고, 온실가스 또한 배출되고 있어 음식물쓰레기로 인한 피해는 실로 막대한 것으로 판단됩니다.

김 과장님이 이와 같은 현실을 해결할 수 있는 방안을 준비해 주시기 바랍니다. 해결방안에는 음식물쓰레기로 인해 나타나는 문제점과 이를 해결하는 과정에서의 이해관계자들 간 충돌과 극복방안, 그리고 국민들의 인식을 새롭게 하기 위한 홍보방안 마련 등이 포함되었으면 합니다.

보고서는 내일 10시 자원순환국 회의 시 보고받을 수 있도록 해주시기 바랍니다. 그럼 수고하십시오.

✎ 이 페이지의 핵심

- 종량제 방식 채택 14년 경과, 음식물의 1/7이 쓰레기로 버려짐
- 연간 20조 원 이상의 경제적 손실, 처리 비용으로도 8천억 원 소요

- 폐기물은 모든 단계에서 발생됨, 에너지 소모 온실가스 배출 등 막대한 피해
- 해결방안 마련
  - 문제점, 해결 과정의 이해관계자 간 충돌·극복방안 마련
  - 국민인식 개선 위한 홍보방안 마련
  ※ 내일 회의 시 보고할 것

핵심의 활용

✔ 문제점을 답안으로 반영, 해결해야 할 사항 파악하여 대안 마련 준비하기

위의 핵심 중 문제점을 답안으로 적용해 보면 다음과 같을 것임(밑줄 친 부분이 보완된 것임)

문제점

- 국민인식 개선 부족
- 에너지 소모·온실가스 배출 등 경제적 손실

자료 3. 기사(1) <버려지는 음식물이 '온실가스' 발생으로 이어진다>

일간 환경

이온실 기자, 2027. 10. 14.

매년 전 세계적으로 약 13억 톤의 식량이 낭비되고 있다. 이는 인간이 소비하기 위해 생산되는 모든 음식의 1/3 수준이다. 이렇게 버려지는 음식의 값어치는 2조 6천억 달러에 이르며, 이는 지구상에서 굶주리는 815백만 명의 사람들에게 1년 치 식량을 4번씩 주고도 남는 양이다. 버려지는 음식물의 대부분은 전혀 상하지 않았으며, 즉각 섭취가 가능한 경우가 많다. 생각하면 할수록 기가 막힌 수치다. 음식물쓰

레기로 인해 매년 33억 톤의 이산화탄소가 발생한다. 식량을 생산하고 운송하는 데 화석 연료가 사용될 뿐만 아니라 음식물쓰레기 자체에서도 메탄가스가 배출된다. 국가로 치면 음식물쓰레기는 중국과 미국 다음으로 많은 양의 온실가스를 배출하는 셈이다.

음식물쓰레기가 발생하는 이유는 유통과정에 단계가 많아지면서 음식이 손실되거나 낭비되는 경우가 많아지기 때문이다. 특히 과일, 야채, 유제품 및 육류와 같은 신선 제품이 취약하다. 또한, 개인의 과소비 욕구로 인해 미국과 유럽의 소비자는 평균적으로 사 오는 식료품의 약 ¼ 이상을 버린다. 우리나라는 이보다도 많은 수준으로, 1인당 매년 평균 130kg의 음식물쓰레기를 배출한다. 그리고 슈퍼마켓은 생김새가 '완벽'하지 않은 농산물의 재고를 아예 거부하는 경우도 많다. 이와 같은 농산물은 소비자에게 도달하기 이전에 버려지게 되는 것이다. 생김새가 좋아도 마트의 진열대에서 기간이 지나 버려지기도 한다. 이보다 더한 경우는 유통 기한이나 판매 기한, 소비 기한 등의 날짜 표시를 잘못 해석해서 버리는 경우가 허다하다는 것이다. 유럽에서 연간 8,800만 톤의 음식물쓰레기 중 10%가 날짜 표시를 잘못 이해해서 버리는 경우라는 연구결과가 있을 정도이다.

우리나라에서는 하루 평균 약 15,900톤의 음식물쓰레기가 발생한다. 이는 전체 생활폐기물 하루 발생량 53,490톤의 30%를 차지한다. 버려지는 음식물쓰레기를 매립·소각 등의 처리비용으로만 1톤당 최소 15만 원, 연간 8천억 원에서 1조 원가량이 투입된다.

그럼에도 불구하고 풍부하고 다양한 식재료, 1인 가구의 증가, 그리고 생활 의식의 변화 등으로 인해 음식물쓰레기는 해가 갈수록 증가하고 있으며, 우리의 배출량은 북미와 유럽(95kg에서 115kg)보다 많은 수준이다 특히 반찬을 다양하게 늘어놓고 먹는 한국 고유의 식문화로 인해 낭비되는 음식의 양이 많은 것이 현실이다.

따라서 전문가들은 음식물쓰레기 자체를 줄이는 것이 가장 효과적인 방법이라고 한다. 다소 진부하고 원론적인 이야기일 수도 있지만, 이는 모든 쓰레기에 해당하는 방법이기도 하다. 정부나 지자체에서 아무리 쓰레기를 줄이자고 말해도 말만으로는 줄어들지 않는다. 음식물쓰레기 감량을 잘한 곳은 인센티브를, 못한 곳은 페널티를 주는 등 보다 실효적인 근본 대책이 필요하다.

정부 차원에서 음식물쓰레기 줄이기 활동을 지속적으로 추진하고 있음에도 불구하고 매년 발생량은 증가 추세에 있다. 이는 생활 수준 개선으로 인해 발생하는 요인도 있지만, 대부분 음식물쓰레기 발생량을 줄여야 하겠다는 인식이 부족한 요인이 크다. 이뿐만 아니라 배출부터 수집·운반·처리 과정에서 발생하는 온실가스 및 악취와 침출수로 인해 각 지역의 주민들로부터 생활민원 및 2차 환경오염이 우려되고 있다. 향후 기후온난화로 인해 환경적 여건이 점점 악화되어 가는 현 상황을 감안해 볼 때 음식물쓰레기는 계절적 요인의 골칫거리로 점점 대두 되어가고 있다.

✎ 이 페이지의 핵심

- 세계에는 매년 13억 톤의 식량이 낭비
  - 생산량의 1/3 수준임, 값어치로는 2조6천억 달러, 지구상 굶주리는 인구의 4년 치 식량보다 많음, 이로 인해 이산화탄소 33억 톤 발생
  - 모양이 좋지 않아서 또는 날짜 표시를 잘못 해석해서 버려지는 경우가 허다함
  - 유럽에서는 년 8,800만 톤의 음식물쓰레기 중 10%가 날짜 표시 잘못 이해로 발생됨
- 우리나라는 매년 1인당 평균 130kg의 음식물쓰레기 배출함, 우리의 배출량은 북미와 유럽보다 많음
- 하루 평균 15,900톤의 음식물쓰레기 발생됨(전체 생활폐기물의 30%임), 처리비용 톤당 15만 원 이상
- 다양한 식재료, 1인 가구 증가, 생활의식의 변화, 한국 고유의 식문화 등이 영향임

- 정부의 지속적 노력에도 발생량은 증가됨. 실효적인 근본대책 필요(인센티브, 페널티, 인식개선 확대 등)

핵심의 활용

✔ 배경 내용 보완, 목표 설정, 실행방안의 대안으로 활용하기

핵심이 적용된 답안의 구성은 다음과 같을 것임(밑줄 부분이 새로 적용된 것).

배 경

- 환경오염 유발 원인인 음식물쓰레기가 줄어들지 않고 있어 처리에 막대한 비용이 소요됨
- 국내 음식물쓰레기는 매일 15,900톤 이상 발생되고 있으며, 가정·소형 음식점의 발생량이 전체의 70%를 차지함
- 우리나라는 매년 1인당 130kg의 음식물쓰레기 배출, 북미와 유럽(95kg 115kg)보다 많음

목 표

- 향후 3년 이내 1인당 연간 배출량 20% 감소(1인 연간 평균 104kg)

실행방안

- 인식 개선: 반찬 가짓수 간소화(1식 3찬 이내), 적게 담아 남기지 않기
- 적극 행정 지도: 인센티브, 페널티

자료 4. 기사(2) <음식물쓰레기 무엇이 문제인가?>

환경지킴이

박음식 기자, 2027. 10. 4.

환경자원부 자료에 따르면 음식물쓰레기는 전체 쓰레기 발생량의 30% 이상을 차지하는 것으로 나타났다. 환경자원부에서 발행한 '전국 폐기물 발생 및 처리현황' 통계에 따르면 2025년 한 해 동안 약 500만 톤 이상의 음식물쓰레기가 발생한 것으로 나타났다. 하루 평균으로 환산해 보면 약 15,900톤에 달하는 수치이다. 비중으로 보자면 가정·소형음식점이 70%, 대형음식점이 16%, 집단급식 10%, 유통과정에서 먹지 않은 음식물이 4%에 달한다.

또한, 2025년 기준 음식물 폐기물 처리시설 현황을 보면 전국적으로 음식물처리기가 총 346개소에 설치되어 있는데, 하루 총 22,649톤을 처리하는 것으로 파악됐다. 분리배출 후 재활용되는 양은 발생량의 90%를 차지하고 있다. 특히 우리나라는 음식물쓰레기의 수분이 많기 때문에 자원화시설로 반입된 후에는 80% 내외의 양이 폐수로 처리되는 것으로 알려졌다. 음식물쓰레기 중 사료나 퇴비로 사용되는 양은 미미한 수준으로 전체 음식물쓰레기의 20~40%에 불과한 실정이다(자원화 비율: 퇴비화 38.1%, 사료화 36.2%, 바이오가스12.7%).

이에 정부와 지자체에서는 다양한 기술개발과 시범사업 등을 통해 음식물쓰레기를 줄이는 노력을 해왔다. 환경자원부 측은 시 이상의 지역에서 음식물쓰레기를 직매립하는 것을 금지했고, 소각하는 것은 법적으로는 가능하다고 밝혔다. 그러나 소각시설 주변 지역 주민 반대와 환경자원부의 지침에 의해서 음식물쓰레기를 소각하는 것은 여전히 용이하지 않다. 또한, 2016년 이후 감량과 자원화를 병행했으며, 자원화 회수시설에 대해 매물비용을 이유로 지원해 왔다. 지원액도 2026년까지 약 3조 1,000억 원에 달했지만, 음식물쓰레기 감량 실효성은 거의 없는 것으로 나타났다.

최근 들어 가정 내에서 하수구로 흘려보내는 오물 분쇄 방식이 문제로 대두되고 있다. 이 방식의 제품인 가정용 오물분쇄기 22건 가운데 19건이 불량제품으로 밝혀져 수질오염과 하수도 막힘 현상을 발생시키고 있어 하수처리 시설이 과부하가 걸릴 수 있으며, 처리시설을 확보하려면 몇십 년의 기간이 걸리기에 애로사항이 있다고 전문가는 지적한다.

업계 전문가에 따르면 "다량배출 사업장의 음식물쓰레기 배출량과 처리경로를 정확하게 파악할 수 있는 관리체계 구축은 물론 음식물쓰레기 처리방법의 다양화가 필요하다. 그러기 위해서는 우선 음식물쓰레기와 일반쓰레기를 분리 배출해 양을 줄여야 하고, RFID 기술을 이용하는 것은 물론 가급적 발생지에서 감량기기를 통해 최종 처리하고, 이동 시 양을 최소화하여 운송차량 배기가스를 줄여야 한다"고 밝혔다.
또한, "환경자원부에서도 당장 발등의 불을 끈다는 차원에서 대응하기보다는 지속적이고 다각적인 검토와 지원책이 필요하다"고 알렸다. 이와 같이 쉽게 답이 나오지 않을 '지구촌 탄소 배출의 세 번째 원인인 음식물쓰레기'의 효과적 해결방안은 음식물쓰레기의 양을 줄이고자 노력하는 것과 배출된 음식물쓰레기의 효율적인 활용만이 최선의 방책인 것만은 자명하다.

※ RFID: 중량 단위 전자태그 기술을 이용해 배출자별로 쓰레기 무게를 자동 측정, 무게에 따라 배출 수수료를 부과하는 방식

🖈 이 페이지의 핵심

- 배출 비중: 가정·소형 음식점 70%, 대형 음식점 16%, 집단 급식 10%, 유통과정 4%
- 음식물 폐기물 처리
  - 음식물 처리기 전국 346개소에 설치됨, 하루 22,649톤 처리
  - 분리배출 후 재활용은 발생량의 90% 차지(자원화 시설 반입 후 80%가 폐수 처리됨)
  - 사료·퇴비로 사용은 전체의 20~40%에 불과함
  - 직매립 금지, 소각은 법적 가능하나 용이하지 않음
  - 자원화회수시설에 지원액이 적지 않지만, 감량 실효성은 거의 없음
  - 가정용 오물분쇄기 불량 제품 많아 수질 오염과 하수도 막힘 현상 발생
- 해결방법
  - 다량 배출 사업장의 배출량과 처리 경로 파악 위한 관리체계 구축, 처리 방법의 다양화가 필요
  - 분리배출 철저, 감량 기기 통해 처리, 이동 시 양의 최소화로 자동차 배기가스 절감

핵심의 활용

✔ 문제점 일부 보완, 해결방안으로 제시된 핵심들을 대안으로 활용하기

제시된 해결방안 등을 답안으로 적용하면 다음과 같을 것임(밑줄 부분은 새로 보완된 것).

문제점

- 국민인식 개선 부족
- 에너지 소모·온실가스 배출 등 경제적 손실
- 정부의 적극적 지도 감독 부족

실행방안

- 인식 개선: 반찬 가짓수 간소화(1식 3찬 이내), 적게 담아 남기지 않기

- 처리 방법의 다양화

  - 다량 배출 사업장의 배출량과 처리 경로 파악 위한 관리체계 구축

  - 이동 시 양의 최소화로 자동차 배기가스 절감

- 적극 행정 지도

  - 분리배출 우수 가정에 인센티브 제공, 미준수 가정에 페널티 적용

  - 부적격 기기 등 감독 및 품질 인증 제품 대여 또는 지원

자료 5. 쓰레기 분리에 대한 인식 및 실태조사(음식물쓰레기 중심 분석)

표본: 만 18세 이상 남녀 1,000명

음식물쓰레기 분리배출 기준 지식 100점 만점에 68점 수준, 그러나 쓰레기의 양을 줄여야 한다는 생각은?

가구의 재활용 및 음식물 쓰레기 분리배출은 주로 누가 하나?

● 가구원 한명이 주로 담당 | ● 모든 가구원이 함께

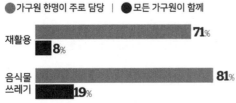

음식물쓰레기를 일반쓰레기와 혼합 배출하는 행위는 과태료 부과 대상으로, 분리배출 기준 준수는 도덕적 기대가 아니라 엄연히 법규 위반에 해당한다는 인식의 확산과 배출량을 최소화하기 위한 인식이 보편화 할 수 있는 방안에 대한 범국가적 홍보가 절실한 상황임

재활용 및 음식물 쓰레기를 올바른 분리배출 기준에 따라 분류해 왔다고 생각하나

재활용 쓰레기 및 음식물쓰레기 분리배출 기준 미준수 경험이 있나

📎 이 페이지의 핵심

- 분리배출을 위해 노력하고 있으며, 폐기물을 줄임에 도움이 된다고 생각함이 75% 이상임

- 그러나 분리배출 기준을 지키지 않은 경험 있음이 87% 이상으로 나타나, 분리배출 기준 준수 위한 인식 확산과 배출량 최소화가 보편화 될 수 있도록 범국가적 홍보 절실함

핵심의 활용

✔ 인식 개선 위한 방안을 대안으로 활용하기(밑줄 부분이 적용된 것임)

실행방안

- 인식 개선
  - 반찬 가짓수 간소화(1식 3찬 이내), 적게 담아 남기지 않기
  - 분리배출 기준 등 홍보 활성화: 지상파 방송 등 홍보, 전단지 각 가정 배포
- 처리 방법의 다양화
  - 다량 배출 사업장의 배출량과 처리 경로 파악 위한 관리체계 구축
  - 이동 시 양의 최소화로 자동차 배기가스 절감

- 적극 행정 지도

  – 분리배출 우수 가정에 인센티브 제공, 페널티 적용

  – 부적격 기기 등 감독 및 품질 인증 제품 대여 또는 지원

자료 6. 감량기 및 자원화 관련 보고서 요약

감량 기기 (음식물류 쓰레기를 감량시키는 시설 및 장치)	자원화 방안의 문제점
1. 처리방식 • 분쇄방식, 건조방식, 미생물방식 2. 기기의 장단점 • 분쇄방식 – 장점: 싱크대에 설치로 사용하기 쉽고 간편함 – 단점: 분리배출을 다시 한 번 해야 하는 번거로움 ※ 뼈 등의 분쇄에 주의 • 건조방식 – 장점: 수분이 많은 쓰레기의 양을 획기적으로 줄임 – 단점: 별도 공간에 보관 건조방식으로 냄새 제거 위한 필터 교환 비용이 주기적으로 발생함 • 미생물방식 – 장점: 음식물 처리 후 사용자가 별도로 처리해야 할 점이 적으며, 다른 방식보다 잔여물이 적게 발생하고, 사용이 간편하며 유지비가 가장 저렴함 – 단점: 미생물을 이용함으로 투입되는 음식물의 종류가 제한적이며, 처리시간이 길어 처리용량을 꼭 확인해야 함 ※ 기기의 적격 여부 확인과 지속적 관리 감독이 관건임	1. 경제적 문제: 자원화 최종 제품의 빈약한 시장 가치 • 제품: 팔리지 않아 재고로 남고 농가에 헐값에 팔고 있음 • 퇴비·사료: 품질이 낮아 시장에서의 경쟁력이 없음 ※ OO시 퇴비 자원화 업체 연간 운영비 36억 원, 수익금 6백만 원 2. 기존 자원화 방안의 제도 및 문화적 한계 • 자원순환법의 순환자원에 음식물쓰레기는 원천적 제외됨 • 음식물쓰레기 자원순환에 필수적인 인식 교육의 부재 – 쓰레기에 대한 이해와 줄이는 습관에 집중됨 – 다양한 방법으로 재활용할 수 있는지에 대한 교육과 이와 관련된 활동들은 부족하며, 사고의 전환을 위한 교육 관련 연구도 전무함 3. 시사점 • 자원순환 사회로 발돋움하기 위해서는 지속 가능한 개발 또는 산업에 대한 정부의 재정적·행정적 지원이 필요함 • 지속 가능한 산업이 활성화되려면 이러한 산업을 시작하고자 하는 기업들에게 자원순환과 업사이클링 등에 대한 교육을 제공하는 단계도 필요할 것으로 보임 • 해외의 효율적 제도 등의 연구 및 벤치마킹이 필요함

✑ 이 페이지의 핵심

- 감량기 처리방식: 분쇄 방식, 건조 방식, 미생물 방식

  - 분쇄 방식: 사용 간편, 분리배출 번거로움

  - 건조 방식: 수분을 획기적 감량, 별도 공간 필요, 필터 교환 비용 발생

  - 미생물 방식: 사용 간편, 유지비 가장 저렴, 잔여물 가장 적음, 처리 가능 음식물 종류가 제한적임, 처리시간 길어 용량 확인 필수

- 자원화 문제점

  - 경제적 문제: 빈약한 시장 가치(재고 남고, 경쟁력 없음)

  - 제도·문화적 한계: 순환 자원에 음식물쓰레기는 원천적 제외됨, 인식적 교육의 부재(교육 관련 연구 포함)

  - 정부의 재정적·행정적 지원 필요, 기업에 자원 순환과 업사이클링 등 교육 제공 단계 필요, 해외의 효율적 제도 및 연구 벤치마킹

핵심의 활용

- ✔ 감량기(건조 방식, 미생물 방식) 적극 활용 및 정부의 적격 심사

- ✔ 자원화된 생산물의 경쟁력 제고 방안 마련 등, 음식물쓰레기도 순환자원에 포함되도록 규정 정비

- ✔ 정부의 재정적·행정적 지원: 기업들에 자원순환과 업사이클링 교육 제공, 해외의 효율적 제도 연구 벤치마킹

  ⇒ 대안으로 적극 활용하기(인식 개선의 보완, 적극 행정 지도)

위의 핵심을 답안으로 적용하면 다음과 같을 것임(밑줄 부분이 보완된 것임).

실행방안

- 인식 개선

- 반찬 가짓수 간소화(1식 3찬 이내), 적게 담아 남기지 않기
- 분리배출 기준 등 홍보 활성화: 지상파 방송 등 홍보, 전단지 각·가정 배포
- 자원화된 생산물의 경쟁력 제고 방안 마련: 교육 관련 연구 등을 보고서 형식으로 국민들에게 안내 등

• 처리 방법의 다양화
  - 다량 배출 사업장의 배출량과 처리 경로 파악 위한 관리체계 구축
  - 이동 시 양의 최소화로 자동차 배기가스 절감

• 적극 행정 지도
  - 분리배출 우수 가정에 인센티브 제공, 페널티 적용
  - 부적격 기기 등 감독 및 품질 인증 제품 대여 또는 지원
    ① 건조 방식과 미생물 방식의 감량기 활용: 생산된 퇴비 자가 사용 또는 수거하여 농경지에 지원
  - 정부의 재정적·행정적 지원
    ① 순환자원 규정 정비로 음식물쓰레기의 효율적 활용에 도움
    ② 기업들에 자원순환과 업사이클링 교육 제공
    ③ 해외의 효율적 제도 연구 벤치마킹

자료 7. 회의록

회 의 록	
일시 및 장소	2027. 10. 25. / 본관 6층 중회의실
참석자	폐자원에너지과장, 수거운반업체 대표, 폐기물협회 대표, 한국 환경정책연구소장

안 건	음식물쓰레기 처리의 주요 현안 관련 회의
내 용	• 양질의 음식물쓰레기가 수집·운반 업체에 의해 농장으로 유입되거나, 자원으로 활용되지 못하고 사업장 등에서 배출되는 음식물쓰레기와 혼합되어 처리장에서 처리되고 있음 ※ 농장 유입 금지 위한 신고센터(1522-2679)를 운영하나 예산과 관련 기관의 지원 부족으로 어려움을 겪고 있음 • 음식물쓰레기 수집·운반 업계의 배출업소 확보 위한 경쟁체계에 의해 국가적 차원의 에너지 손실과 온실가스 배출이 심각하게 나타나고 있음 ※ 등록 수집 운반차량은 2,684대로, 등록 지역과 상관없이 전국적 수집 운반 가능, 적절히 조정할 수 있는 시스템 필요 • 처리장에서 처리 후 발생되는 음폐수와 찌꺼기 재활용 방안이 부족함 ※ 해외사례 등의 연구와 벤치마킹 및 정부의 적극적 시설설비 등 지원책 필요 • 음식물쓰레기 처리의 효율적 감독 역량을 강화할 필요 있음 ※ 음식물쓰레기의 효율적 처리와 자원화 관련 도식 참조 • 가정이나 업소에 설치된 음식물처리기의 적합성에 대한 관리감독이나 행정조치가 부족함

✐ 이 페이지의 핵심

• 음식물쓰레기 관리의 주요 현안 과제는

 – 양질의 음식물쓰레기가 사업장 등에서 배출되는 음식물쓰레기와 혼합되어 처리

 – 양질의 음식물쓰레기가 농장 등에 유입되는 사례

 – 수집·운반 업계의 경쟁으로 에너지 손실과 온실가스 배출이 심각

- 음폐수와 찌꺼기 재활용 방안 부족

- 음식물쓰레기 처리 효율적 감독 역량 강화 필요

- 가정 등에 설치된 음식물처리기의 관리감독·행정조치 부족

핵심의 활용

✔ 해결하여야 할 사항 추출하여 대안으로 보완하기(밑줄 부분이 보완된 것)

실행방안

• 처리 방법의 다양화

- 다량 배출 사업장의 배출량과 처리 경로 파악 위한 관리체계 구축

- 이동 시 양의 최소화로 자동차 배기가스 절감

- 음폐수 재활용 위한 노력 강구

① 음폐수 자원화 생산시설의 효율적 활용: 증축 또는 타 자원화 시설(기능 미흡한) 재설비

• 적극 행정 지도

- 분리배출 우수 가정에 인센티브 제공, 페널티 적용

- 부적격 기기 등 감독 및 품질 인증 제품 대여 또는 지원

① 건조 방식과 미생물 방식의 감량기 활용: 생산된 퇴비 자가 사용 또는 수거하여 농경지에 지원

- 정부의 재정적·행정적 지원

① 순환자원 규정 정비로 음식물쓰레기의 효율적 활용에 도움

② 기업들에 자원순환과 업사이클링 교육 제공

③ 해외의 효율적 제도 연구 벤치마킹

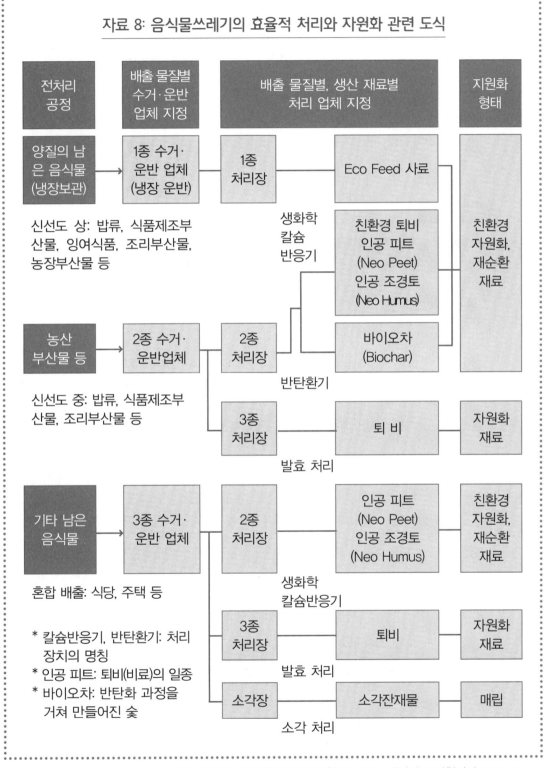

자료 8: 음식물쓰레기의 효율적 처리와 자원화 관련 도식

※ 출처: 기고문, 남은 음식물의 자원화로 탄소 네거티브 실현하자. 2021. 11. 4.

- 양질의 남은 음식물(냉장보관) ⇒ 1종 수거운반업체(냉장보관) ⇒ 1종 처리장 ⇒ 사료
- 농산부산물 등 ⇒ 2종 수거운반업체 ⇒ 2종 처리장 ⇒ 친환경 퇴비, 인공 조경토 등

  ↘ 3종 처리장 ⇒ 퇴비
- 기타 남은 음식물 ⇒ 3종 수거운반업체 ⇒ 2종 처리장 ⇒ 친환경 퇴비, 인공 조경토 등

  ↘ 3종처리장 ⇒ 퇴비

  ↘ 소각장 ⇒ 소각 잔재물

핵심의 활용

✔ 음식물쓰레기의 효율적 처리방안을 대안으로 적용, 정부의 감독 등에 활용

도출된 핵심 방안들을 적용한 답안은 다음과 같음(밑줄 부분은 보완된 것).

실행방안

- 처리 방법의 다양화
  - 다량 배출 사업장의 배출량과 처리 경로 파악 위한 관리체계 구축
  - 이동 시 양의 최소화로 자동차 배기가스 절감
  - 음폐수 재활용 위한 노력 강구
    ① 음폐수 자원화 생산시설의 효율적 활용: 증축 또는 타 자원화 시설(기능 미흡한) 재설비
  - 음식물쓰레기의 효율적 처리 실행
    ① 양질의 음식물쓰레기는 냉장보관하여 1종 수거운반업체가 1종 처리장으로 운반: 사료로 자원화
    ② 농산부산물 등은 2종 수거운반업체에서 2, 3종 처리장으로 운반: 친환경 퇴비, 인공 조경토·퇴비 등으로 자원화
    ③ 기타 남은 음식물은 3종 수거운반업체에서 2, 3종 처리장과 소각장으로 운반: 퇴비, 조경토 등으로 자원화

자료 9. (칼럼) 폐기물(음식물) 처리정책

[정책 토론] 음식물쓰레기 처리정책의 문제는?

김승원 기자 | 기사 입력 2027. 10. 2.

- 음식물쓰레기 시장의 비합리성

  ① 배출되는 수거통이 제각각이어서 정량 체크가 어려움

  ② 수기로만 기록되어 배출자가 지난 관리 이력을 찾아보기 어려움

  ③ 단순히 수거만 하고 있음(용기 세척, 주변 환경 관리 안 됨)

  ④ 폐기물 처리가 적법하게 이뤄지는지 확인할 방법이 없음

  ⑤ 신뢰할 만한 폐기물 수거·처리 업체를 쉽게 찾기 어려움

- 음식물쓰레기 자원화의 명암

  - 축산농가의 사료로 사용되거나 소각과 매립 방식으로 처리되던 음식물쓰레기는 동물들에게 나타날 수 있는 2차적 질병 방지와 환경오염 방지, 님비현상에 의해 매립금지 제도화, 침출수 해양투기 금지 등으로 인해 감량화와 에너지화 방안으로 전환되고 있으나 그다지 효과를 보지 못하고 있는 실정이다. 우리의 음식물쓰레기는 염분과 수분함량이 많아 음폐수 비중이 높고 자원화가 쉽지 않은 특성을 지녀 자원화에 어려움이 많다.

    ※ 음폐수를 바이오가스로 재생산해 폐기물의 자원화, 신재생 에너지의 사용, 화석연료 절감이라는 세 마리 토끼를 모두 잡은 OOO 매립지의 성공사례도 있으며, 미국 EAT사는 음폐수 활용 바이오수소 생산 전문 회사임

- 과감한 정책 변화가 시대의 흐름이다

  - 음식물쓰레기 문제를 해결하기 위한 패러다임이 변하고 있다. 종전까지 이미 발생한 음식물쓰레기를 효과적으로 자원화, 재활용하는 방법이 주를 이루었다면 앞으로는 음식물쓰레기 발생을 최소화하는 방향으로 바뀌고 있다. 기존 음식물쓰레기 처리방법이 정부 중심의, 문전 수거 형태로 진행되며, 외부 시설에 의해 처리되었다면 향후에는 발생자 부담 원칙이 더욱 강화된다는 의미이다.

따라서 배출자에 의한 음식물쓰레기의 원천 감량이 선택이 아닌 필수인 시대가 도래할 전망이다.

그러나 정부의 정책은 홍보에만 치중하고 있는 것 같아 아쉬움이 많다. 발생된 음식물쓰레기를 처리하기 위해서는 배출자가 비용을 부담하게 되고, 그 비용부담을 줄이기 위해서는 어쩔 수 없이 배출량을 줄이지 않을 수밖에 없을 것이라는 안일한 생각은 미래의 전략으로 합당해 보이지 않는다. 배출량을 즐겁게 줄이기 위한 정책(가령 인센티브 제공 등)이 곁들여질 때 효과적인 정책으로 자리매김을 하리라 보여진다.

• 중장기적 관점에서 바라봐야 한다
 – 아울러 배출된 음식물쓰레기는 철저하게 자원화할 수 있는 방안 연구와 노력에 박차를 가하여야 할 것이다. 특히 음폐수를 자원·에너지화할 수 있는 기술을 상용화할 수 있도록 관련 시설을 증설하여, 늘어나고 있는 음식물쓰레기를 효과적으로 처리토록 해야 함이 정부의 과제임을 잊어서는 안 된다.

✒ 이 페이지의 핵심
 • 수거 시의 문제
  – 수거통이 제각각이라 정량 체크 안 됨, 수기로 기록돼 관리 이력 확인 어려움, 단순 수거만 함
  – 적법하게 처리되는지 모름, 신뢰할 업체 찾기 어려움
 • 음식물쓰레기 감량·에너지화의 효과 낮음(염분·수분 함량 많아)
 • 음폐수 활용 성공사례: OOO 매립지, 미국 EAT사의 음폐수 활용(바이오수소 생산)
 • 음식물쓰레기 해결의 패러다임 변화: 자원화·재활용 ⇒ 발생 최소화(필수인 시대 도래 전망)

- 정부에서는 홍보에 치중만 하지 말고 배출량을 즐겁게 줄이기 위한 정책 적극 시행 필요
- 배출량은 최소화하고 배출된 것은 철저히 자원화하기 위한 연구·노력에 힘쓸 것

> **핵심의 활용**

- ✔ 수분·염분 줄이기, 해외 모범사례 등을 대안으로 적극 활용하기(밑줄 부분이 보완된 내용임)

실행방안

- 인식 개선
  - 반찬 가짓수 간소화(1식 3찬 이내), 적게 담아 남기지 않기, <u>짜지 않게 섭취하기</u> 홍보
  - 분리배출 기준 등 홍보 활성화: 지상파 방송 등 홍보, 전단지 각 가정 배포
  - <u>수분·염분 줄이기 적극 시행: 감량기 활용</u>
  - 자원화된 생산물의 경쟁력 제고 방안 마련: 교육 관련 연구 등을 보고서 형식으로 국민들에게 안내 등
- 처리 방법의 다양화
  - 다량 배출 사업장의 배출량과 처리 경로 파악 위한 관리체계 구축
  - 이동 시 양의 최소화로 자동차 배기가스 절감
  - 음폐수 재활용 위한 노력 강구
    - ① 음폐수 자원화 생산시설의 효율적 활용: 증축 또는 타 자원화 시설(기능 미흡한) 재설비
      - ※ <u>OOO 매립지의 성공사례 참고</u>
    - ② <u>미국 바이오가스 생산회사 등과 제휴</u>
  - 음식물쓰레기의 효율적 처리 실행

① 양질의 음식물쓰레기는 냉장보관하여 1종 수거운반업체가 1종 처리장으로 운반: 사료로 자원화

② 농산부산물 등은 2종 수거운반업체에서 2, 3종 처리장으로 운반: 친환경 퇴비, 인공 조경토·퇴비 등으로 자원화

③ 기타 남은 음식물은 3종 수거운반업체에서 2, 3종 처리장과 소각장으로 운반: 퇴비, 조경토 등으로 자원화

자료 10. 사례 소개와 정책 제안

제목: 음식물쓰레기 시장에 합리성을 더하자

먼 미래 환경자원연구소장 | 기사 입력 2027. 10. 28.

- 먼저 다가가는 경영 전략의 노하우 시행(유한회사 리코)

다수의 사람이 눈살을 찌푸리는 음식물쓰레기의 시장 규모는 엄청나다. 치열한 시장에서 생존하기 위해서는 먼저 다가가는 경영 전략을 마련하여 시행하는 것이 제일 좋은 방법이라고 생각된다. 따라서 규격화된 음식물쓰레기 통을 마련하여 내부에 눈금을 만들어 수거통의 뚜껑을 열면 폐기물의 부피를 확인할 수 있도록 하고, 배출자들이 관리 이력을 쉽게 알아볼 수 있도록 고객용과 수거 기사용의 디지털 앱을 만들어 배출량을 앱에 올림으로 얼마나 수거되었는지 비용은 얼마인지 확인할 수 있게 한다. 아울러 수거된 용기는 업체의 현장사무소에서 세척하여 청결을 유지한다. 또한, 자신이 배출한 쓰레기가 현재 어느 위치에 있는지 확인할 수 있게 하여 수거차량이 불법 매립지 등으로 갈 확률을 없앤다. 그리고 개인사업자들이 폐기업체를 찾으려 할 경우를 대비하여 서로를 연결하는 중개 플랫폼을 만들어 업체를 선정하는 등 신뢰와 편의를 함께 제공한다.

- 정부 당국의 보다 더 적극적인 정책 시행을 요구한다

우리나라의 음식물쓰레기에 대한 재활용과 처리는 세계적으로 각광 받을 수준으

로 효율적인 편이다. 정부는 종량제 정책으로 음식물쓰레기를 많이 배출한 사람이 처리비용을 더 많이 부담하게 하는 '오염자 부담의 원칙'을 따르면서, 이전보다 음식물쓰레기의 양이 10%가량 줄기도 했었다. 그러나 감량화 정책이 효과를 내기 위해서는 정부의 적극적인 정책 시행이 요구된다. 첫째, 감량화에 노력을 기울이도록 하기 위한 배출자 부담 원칙의 가격 현실화 또는 배출량 누진제 도입, 그리고 줄인 만큼 인센티브를 받을 수 있는 시스템과 체계 구축, 아울러 저소득층에 대해 일정량의 음식물쓰레기 무료 배출권 지급과 수거용기를 모두 RFID 방식으로 전환할 필요가 있다(감량을 돕기 위한 기기 등 지원 포함). 둘째, 버려진 음식물쓰레기를 활용하기 위해 다른 나라의 성공적 처리기법을 벤치마킹할 필요가 있다. 셋째, 부적격 기기를 판매하거나 시행되고 있는 음식물쓰레기 정책을 어기는 사람들에게는 과감한 행정조치를 할 필요가 있다. 마지막으로 민관 합동으로 추진 중인 '남은 음식물 전자관리시스템' 구축의 조속한 시행이 필요하다.

📌 이 페이지의 핵심

- 먼저 다가가는 경영전략 노하우 시행(유한회사 리코)
  - 규격화된 회수통 사용(내부에 눈금)
  - 고객용·수거기사용 디지털 앱 만들어 관리 이력 확인
  - 수거된 음식물쓰레기의 현재 위치 확인: 디지털 앱
  - 수거된 용기는 현장사무소에서 세척 활용
  - 업체 연결 가능한 중개 플랫폼 설치
- 정부의 적극적 정책 시행 요구
  - 배출자 부담 원칙의 가격 현실화, 배출량 누진제, 감량 인센티브 시스템 구축, 저 소득층에 무료 배출권 지급
  - 수거용기 모두 RFID로 전환, 감량기기 지원 확대

– 해외사례 벤치마킹

– 위반자에 대한 과감한 행정조치

– '남은 음식물 전자관리시스템' 조속 구축(민관합동 추진 중)

핵심의 활용

✔ 위의 사례들을 적극 행정 지도 등의 대안으로 보완하기(밑줄 부분이 보완된 것)

처리 방법의 다양화

• 다량 배출 사업장의 배출량과 처리 경로 파악 위한 관리체계 구축

– '남은 음식물 전자관리시스템' 구축: 민관합동

• 이동 시 양의 최소화로 자동차 배기가스 절감

• 음폐수 재활용 위한 노력 강구

– 음폐수 자원화 생산시설의 효율적 활용: 증축 또는 타 자원화 시설(기능 미흡한)

재설비

※ OOO 매립지의 성공사례 참고

① 미국 바이오가스 생산회사 등과 제휴

• 음식물쓰레기의 효율적 처리 실행

– 양질의 음식물쓰레기는 냉장보관하여 1종 수거운반업체가 1종 처리장으로 운

반: 사료로 자원화

– 농산부산물 등은 2종 수거운반업체에서 2, 3종 처리장으로 운반: 친환경 퇴

비, 인공 조경토·퇴비 등으로 자원화

– 기타 남은 음식물은 3종 수거운반업체에서 2, 3종 처리장과 소각장으로 운반:

퇴비, 조경토 등으로 자원화

• 적극 행정 지도

– 분리배출 우수 가정에 인센티브 제공, 페널티 적용

- 모범업체·업소에 세금감면 등 인센티브 부여
- 배출자 부담원칙의 가격 현실화 및 배출량 누진제 시행
- 위반자에 대한 과감한 행정조치
- 부적격 기기 등 감독 및 품질 인증 제품 대여 또는 지원
  ① 건조 방식과 미생물 방식의 감량기 활용: 생산된 퇴비 자가 사용 또는 수거
     하여 농경지에 지원
  ② 수거 용기 모두 RFID로 전환
- 정부의 재정적·행정적 지원
  ① 순환자원 규정 정비로 음식물쓰레기의 효율적 활용에 도움
  ② 기업들에 자원순환과 업사이클링 교육 제공
  ③ 해외의 효율적 제도 연구 벤치마킹
  ④ 저소득층에 무료 배출권 지급

자료 11. 해외사례 소개(음식물쓰레기 활용에 대한)

• 해외 모범사례의 특징
 - 정부에서 적극적으로 지원하고 있는 점, 개선을 위한 연구에 폭넓은 노력을 기
   울이고 있다는 것. 또한, 국민들 스스로도 감량화에 발벗고 나서고 있다는 것임

• 호 주
 - 식량구호 자선단체인 Food Bank(2,600개 이상) 네트워크를 통해 해결
 - 품질에는 이상 없는 흠집 농산물 판촉전략 시행
 - 애벌레를 활용해 사료·비료로 바꾸는 자동화 시스템 설치
 - 음식물쓰레기 처리기를 정부에서 지원
   ※ 2030년까지 음식물쓰레기를 절반 이상 감소 목표

• 말레이시아

　– 녹색 Bio Regen 식품 가공장치를 활용해 액상 토양강화제로 만들어 사용

• 일 본

　– 시민들이 참여하는 운영위원회가 소각장을 운영

　– 음식물쓰레기 리사이클 실천 모니터 제도 시행으로 적극성 유지

　– 지자체가 음식물쓰레기의 퇴비화 및 재자원화에 적극 동참

• 영 국

　– 식품 사용 기간 표시제 개선– Use by와 Best before로 구분 기한 지났다고
　　버리는 사례 방지

　– 음식물쓰레기 관련 조사와 연구결과를 보고서 형태로 대중에게 알림

• 독 일

　– 가정에 저가의 자가용 발효조를 보급·사용하여 퇴비화

　– 수분 함량이 높은 것은 가스화 추진–전국 6개 시설 운영 중

• 스위스

　– 자가수거하여 자가퇴비로 개인 정원 관리

　– 퇴비가 필요한 곳 찾아주는 서비스인 퇴비캠페인 실시
　　※ 우수자 선정 후 표창 수여

• 오스트리아

　– 랜드마크가 된 소각장(발생되는 전력과 난방이 주변 가구에 보급됨)

• 콜롬비아

　– 녹색 Bucket에 담겨있는 웜 벌레에 의해 퇴비화시킴으로 연간 총량의 20% 이
　　상 처리, 재활용률 30%

- 해외사례 벤치마킹

  - 특징: 정부의 적극적 지원, 개선·연구에 노력 집중, 국민 스스로 감량화 노력

  - 감량화

    ① 품질 이상 없는 흠집 농산물 판촉 전략 시행

    ② 감량기기 정부에서 지원

    ③ 식품 사용 기간 표시제 개선

  - 퇴비화

    ① 애벌레로 사료·비료 전환 시스템 설치(자가용 발효조 보급·사용)

      ※우수자 선정 표창

    ② 지자체 등 정부기관의 퇴비화·재자원화 적극 동참

  - 연구 등 지원

    ① 시민 참여 운영위원회가 소각장 운영: 발생 전력·난방을 주변 가구에 보급

    ② 관련 조사·연구 결과를 대중에게 알리기

    ③ 수분 함량 높은 것은 가스화 추진 – 시설 증설

핵심의 활용

  ✔ 위의 사례들을 대안으로 적극 보완하기(밑줄 부분이 개선 보완된 것)

  적시된 핵심들을 대안으로 보완하여 답안을 완성하고 장애요인과 극복방안 그리고 점검 모니터링 방안을 구상하여 추가하면 다음과 같을 것임

  (장애요인 극복방안 점검 모니터링 방안은 하나의 예시임. 다른 방안들이 있을 것이므로 추출하여 답안으로 구성하면 됨).

실행방안

- 인식 개선
  - 반찬 가짓수 간소화(1식 3찬 이내), 적게 담아 남기지 않기, 짜지 않게 섭취하기 홍보
  - 분리배출 기준 등 홍보 활성화: 지상파 방송 등 홍보, 전단지 각 가정 배포
  - 품질에 이상 없는 흠집 농산물 판촉 전략 시행
  - 수분·염분 줄이기 적극 시행: 감량기 활용
  - 식품 사용 기간 표시제 개선
  - 자원화된 생산물의 경쟁력 제고 방안 마련: 교육 관련 연구 등을 보고서 형식으로 국민들에게 안내 등
- 처리 방법의 다양화
  - 다량 배출 사업장의 배출량과 처리 경로 파악 위한 관리체계 구축
    ① '남은 음식물 전자관리시스템' 구축: 민관합동
  - 이동 시 양의 최소화로 자동차 배기가스 절감
  - 음폐수 재활용 위한 노력 강구
    ① 수분 함량 높은 것은 가스화 추진
    ② 음폐수 자원화 생산시설의 효율적 활용: 증축 또는 타 자원화 시설(기능 미흡한) 재설비
      ※ OOO 매립지의 성공사례 참고
    ③ 미국 바이오가스 생산회사 등과 제휴
  - 음식물쓰레기의 효율적 처리 실행
    ① 양질의 음식물쓰레기는 냉장보관하여 1종 수거운반업체가 1종 처리장으로 운반: 사료로 자원화
    ② 농산부산물 등은 2종 수거운반업체에서 2, 3종 처리장으로 운반: 친환경 퇴비, 인공 조경토·퇴비 등으로 자원화

③ 기타 남은 음식물은 3종 수거운반업체에서 2, 3종 처리장과 소각장으로 운반: 퇴비, 조경토 등으로 자원화

④ 애벌레로 사료·비료 전환 시스템 설치(자가용 발효조 보급·사용)

※ 우수자 선정 표창

- 적극 행정 지도
  - 분리배출 우수 가정에 인센티브 제공, 페널티 적용
  - 모범업체·업소에 세금감면 등 인센티브 부여
  - 배출자 부담원칙의 가격 현실화 및 배출량 누진제 시행
  - 위반자에 대한 과감한 행정조치
  - 지자체 등 정부기관의 퇴비화·재자원화 적극 동참
  - 부적격 기기 등 감독 및 품질 인증 제품 대여 또는 지원
    ① 건조 방식과 미생물 방식의 감량기 활용: 생산된 퇴비 자가 사용 또는 수거하여 농경지에 지원
    ② 수거용기 모두 RFID로 전환
  - 정부의 재정적·행정적 지원
    ① 순환자원 규정 정비로 음식물쓰레기의 효율적 활용에 도움
    ② 기업들에 자원순환과 업사이클링 교육 제공
    ③ 해외의 효율적 제도 연구 벤치마킹
    ④ 저 소득층에 무료 배출권 지급
    ⑤ 시민 참여 운영위원회가 소각장 운영: 발생 전력·난방을 주변 가구에 보급

장애요인

- 기본적 장애요소: 예산, 인력
- 법규 정비 등에 이해관계자 간 갈등 발생
  - 음식물쓰레기를 순환자원으로 인정

- 식품 사용 기간 표시제 개선에 제조업체의 반대
- 수거운반업체의 관리 감독 어려움
  - 1, 2, 3종 수거업체 분류
  - 해당 업체들의 반발: 상위 등급으로 분류되지 않음에 대한

극복방안

- 정책의 필요성과 타당성을 관련 부서와 지속적 협의 및 이해 촉구
- 늘어나는 음식물쓰레기의 문제 해결과 온실가스 감소를 위해 필수적 과제임을 설득
  - 공청회, 범국민 홍보, 감량으로 인한 인센티브 부여 등
- 시설용량, 처리 방법, 처리량 등 일정 자격을 갖춘 업체에 폐기물 전문업·등급 인증제 시행
  - 인증제 시행을 위한 세부사항을 관련 단체와 공청회 등으로 설정

점검 모니터링

- 반기 1회 설문조사: 수집운반업체, 무작위 선별 전화설문 등
- 수집운반업체의 수집량 분석 보고(분기 1회)
- 단속 기관의 단속 실적 보고 분석
- 정부기관의 교육 및 홍보 실적 월별 제출 분석

기대효과

- 음식물쓰레기 발생량 감소로 환경오염 방지 및 비용 절감
- 탄소 중립 국가 목표 달성에 이바지

배 경

- 환경오염 유발 원인인 음식물쓰레기가 줄어들지 않고 있어 처리에 막대한 비용이 소요됨
- 국내 음식물쓰레기는 매일 15,900톤 이상 발생되고 있으며, 가정·소형 음식점의 발생량이 전체의 70%를 차지함
- 우리나라는 매년 1인당 130kg의 음식물쓰레기 배출, 북미와 유럽 (95kg에서 115kg)보다 많음

문제점

- 국민인식 개선 부족
- 에너지 소모·온실가스 배출 등 경제적 손실
- 정부의 적극적 지도 감독 부족

목 표

- 향후 3년 이내 1인당 연간 배출량 20% 감소(1인 연간 평균 104kg)

실행방안

- 인식 개선
  - 반찬 가짓수 간소화(1식 3찬 이내), 적게 담아 남기지 않기, 짜지 않게 섭취하기 홍보
  - 분리배출 기준 등 홍보 활성화: 지상파 방송 등 홍보, 전단지 각 가정 배포
  - 품질에 이상 없는 흠집 농산물 판촉 전략 시행
  - 수분·염분 줄이기 적극 시행: 감량기 활용

- 식품 사용 기간 표시제 개선
- 자원화된 생산물의 경쟁력 제고 방안 마련: 교육 관련 연구 등을 보고서 형식으로 국민들에게 안내 등

  ① 자원화 제품의 자체 브랜드 개발, 자원순환 제품 판매장 설치

- 처리 방법의 다양화
  - 다량 배출 사업장의 배출량과 처리 경로 파악 위한 관리체계 구축

    ① '남은 음식물 전자관리시스템' 구축: 민관합동

  - 이동 시 양의 최소화로 자동차 배기가스 절감
  - 음폐수 재활용 위한 노력 강구

    ① 수분 함량 높은 것은 가스화 추진

    ② 음폐수 자원화 생산시설의 효율적 활용: 증축 또는 타 자원화 시설(기능 미흡한) 재설비

      ※ OOO 매립지의 성공사례 참고

    ③ 미국 바이오가스 생산회사 등과 제휴

  - 음식물쓰레기의 효율적 처리 실행

    ④ 양질의 음식물쓰레기는 냉장보관하여 1종 수거운반업체가 1종 처리장으로 운반: 사료로 자원화

    ⑤ 농산부산물 등은 2종 수거운반업체에서 2, 3종 처리장으로 운반: 친환경 퇴비, 인공 조경토·퇴비 등으로 자원화

    ⑥ 기타 남은 음식물은 3종 수거운반업체에서 2, 3종 처리장과 소각장으로 운반: 퇴비, 조경토 등으로 자원화

    ⑦ 애벌레로 사료·비료 전환 시스템 설치(자가용 발효조 보급·사용)

      ※ 우수자 선정 표창

- 적극 행정 지도
  - 분리배출 우수 가정에 인센티브 제공, 페널티 적용
  - 모범업체·업소에 세금감면 등 인센티브 부여
  - 배출자 부담원칙의 가격 현실화 및 배출량 누진제 시행
  - 위반자에 대한 과감한 행정조치
  - 지자체 등 정부기관의 퇴비화·재자원화 적극 동참
  - 부적격 기기 등 감독 및 품질 인증 제품 대여 또는 지원
    ① 건조 방식과 미생물 방식의 감량기 활용: 생산된 퇴비 자가 사용 또는 수거하여 농경지에 지원
    ② 수거용기 모두 RFID로 전환
  - 정부의 재정적·행정적 지원
    ① 순환자원 규정 정비로 음식물쓰레기의 효율적 활용에 도움
    ② 기업들에 자원순환과 업사이클링 교육 제공
    ③ 해외의 효율적 제도 연구 벤치마킹
    ④ 저소득층에 무료 배출권 지급
    ⑤ 시민 참여 운영위원회가 소각장 운영: 발생 전력·난방을 주변 가구에 보급

장애요인

- 기본적 장애요소: 예산, 인력
- 법규 정비 등에 이해관계자 간 갈등 발생
  - 음식물쓰레기를 순환자원으로 인정
  - 식품 사용 기간 표시제 개선에 제조업체의 반대
- 수거운반업체의 관리 감독 어려움
  - 1, 2, 3종 수거업체 분류
  - 해당 업체들의 반발: 상위 등급으로 분류되지 않음에 대한

극복방안

- 정책의 필요성과 타당성을 관련 부서와 지속적 협의 및 이해 촉구
- 늘어나는 음식물쓰레기의 문제 해결과 온실가스 감소를 위해 필수적 과제임을 설득
  - 공청회, 범국민 홍보, 감량으로 인한 인센티브 부여 등
- 시설용량, 처리 방법, 처리량 등 일정 자격을 갖춘 업체에 폐기물 전문업·등급 인증제 시행
  - 인증제 시행을 위한 세부사항을 관련 단체와 공청회 등으로 설정

점검 모니터링

- 반기 1회 설문조사: 수집운반업체, 무작위 선별 전화설문 등
- 수집운반업체의 수집량 분석 보고(분기 1회)
- 단속기관의 단속실적 보고 분석
- 정부기관의 교육 및 홍보 실적 월별 제출 분석

기대효과

- 음식물쓰레기 발생량 감소로 환경오염 방지 및 비용 절감
- 탄소 중립 국가 목표 달성에 이바지

위와 같이 답안이 마련될 것이나 이것은 하나의 예시임. 내용이 방대하다고 생각되면 발표(5분) 시에는 핵심 골자 위주로 발표를 하고, 질의응답 시에 과제를 참고하며 세부사항을 답변하면 됨.

※각 페이지 중에 참고의 횟수가 많을 페이지는 옆에 비치하고 활용함이 좋음

2. 1:1 역할수행

첫 번째 과제

'주거복지지원과장의 부하직원 면담' 이슈 파악 및 해결방법 제시

주거복지지원과장의 부하 직원 면담

본 과제의 내용은 교육 목적에 맞게 재구성한 것입니다. 과제의 내용이 실제 업무와 다소 상이하더라도 주어진 모의 과제에 맞게 과제 수행에 임해주십시오.

과제 안내

1. 과제 배경 상황

- 오늘은 2027년 12월 29일(월)입니다.
- 귀하는 국토부 주택정책실 주거복지정책관 주거복지지원과 김주거 과장입니다.
- 국토부는 노인 인구의 가파른 증가에 노년층의 생활 안정성을 높이기 위해 '노인층 생활 안정화 정책'을 지속 추진하고 있습니다.
- 특히, 2027년 국정조사에서는 노인층 생활환경 개선 요구로 '노인층 주거환경 개선 사업'의 예산을 10% 증액하는 등 노년층의 주거 생활 안정을 위한 노력을 하고 있습니다.
- 주거복지지원과는 이와 관련하여 강이수 주무관이 해오던 '노인층 주거환경 개선 사업'에 대해 적극적이고 구체적인 업무 지시를 해야 하며, 이지우 사무관의 어려움을 파악하여 적절한 면담을 진행해야 합니다.

2. 교육생·퍼실리테이터 역할 및 해결 과제

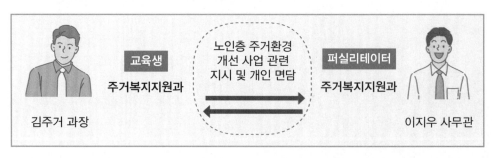

✎ 이 페이지의 핵심

- 2027년 12월 29일 (월) 주택정책실 주거복지정책관 주거복지지원과장 김주거
- 노인층 주거환경 개선사업 예산 10% 증액 등 노년층 주거생활 안정 노력
- 강이수 주무관이 해오던 '노인층 주거환경 개선사업'의 구체적 업무 지시, 어려

움 겪는 이지우 사무관 면담

위와 같은 핵심 정보들을 도출하여 해결해야 할 이슈를 명확히 함

핵심의 활용

✔ 해결해야 할 이슈 파악

① 노인층 주거환경 개선사업의 구체적 업무 지시

② 어려움 겪고 있는 이지우 사무관 면담

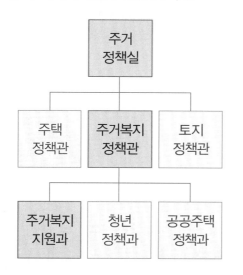

자료 1. 국토부 조직도 및 담당 업무

균형 있는 국토 발전과 보편적 주거복지를 통한 '서민 주거 안정 실현'

1. 주거복지지원과 관련 조직도

- 주거 정책실
  - 주택 정책관
  - 주거복지 정책관
  - 토지 정책관
    - 주거복지 지원과
    - 청년 정책과
    - 공공주택 정책과

※ 본 조직도는 과제를 위해 가상으로 구성됨

2. 주거복지지원과 주요 업무

주거복지지원과 주요 업무
• 주거복지지원 업무 총괄
• 세대별 주택 환경 개선 사업
• 전세임대주택, 긴급지원주택, 공공주택 매입임대 정책
• 매입임대(청년, 신혼부부)

3. 과원 정보 및 담당 업무

성 명	경 력	담당 업무 및 특이사항
이지우 사무관	12년	• 노인 주거 지원 계획 및 추진 사항 • 주무 사무관
박동현 주무관	9년	• 취약계층 긴급지원주택 계획 수립 및 관리 • 3월부터 2개월간 육아휴직 예정
곽동원 주무관	8년	• 청년 주거 정책 관련 종합계획 수립 및 조정
한영훈 주무관	8년	• 중장년 종합 주거 공급 계획 수립에 관한 사항
양수진 주무관	7년	• 공공주택 관련 관리 및 상담 • 28년 2~4월 전국 주거복지 지원센터 TF팀 참여 예정
마정식 주무관	6년	• 전세임대주택 공급 및 관리 계획 수립 및 조정

📌 이 페이지의 핵심

• 국토부 미션: 서민 주거 안정

• 과의 업무

• 각 개인의 업무와 특이점

 – 박동현은 3월부터 2개월간 육아휴직 예정, 양수진은 2~4월 TF 참여 예정

핵심의 활용

✔ 사업의 구체적 지시(업무 분장·면담 피드백 포함)에 미션·개인의 업무와 특이점을 분석하여 활용하기(곽동현과 양수진은 지원이 어려운 기간 참고)

위와 같은 핵심 정보들을 업무 분장 등에 활용해야 함. 이 페이지는 쓰임새가 많아 옆에 비치하여 참고함이 좋음.

자료 2. 주거복지지원과 전임 과장의 이메일

≫받은 편지함

回 답 장	전체답장	전 달	× 삭 제		스팸신고	인 쇄

제　　　목: 안녕하세요. 주거복지지원과 전임 과장입니다.

보낸 사람: 전임 주거복지지원과 과장

보낸 시간: 2027년 12월 28일 (일) 16:12

받는 사람: 주거복지지원과 김주거 과장

　김주거 과장님 안녕하세요. 주거복지지원과 전임 과장입니다.

　제 갑작스러운 장기 병가로 인하여 급히 주거복지지원과로 오신 것에 매우 송구스럽게 생각합니다.

　최근 우리 과에 개인적인 사정으로 12월 초에 갑작스럽게 퇴사를 한 강이수 주무관 때문에 문제가 있어 연락을 드립니다. 아시다시피 현재 우리 부에서는 국민의 주거 안정화에 집중하고 있으며, 최근 노인 인구 증가에 관심을 두고 있습니다. 이에 맞춰 '노인층 생활 안정화 정책'의 일환으로 '노인층 주거환경 개선 사업'을 과에서 추진하고 있습니다. 특히 내년에는 예산이 10% 증가하는 등 주요 관심 사업이기도 합니다. 그런데 작년부터 사업을 맡아 오던 강이수 주무관의 부재로 해당 업무를 이지우 사무관에게 임시로 맡으라고 했으나 계속 본인이 맡아 진행하는 데 어려움이 있다고 합니다. 따라서 사업의 주부 담당자 선정이 시급해 보입니다.

　그리고 해당 사업을 살펴보니 사업의 전반에 대한 달성 목표 및 방향성, 민원, 사업 관리 측면에서 개선이 필요해 보였습니다. 해당 사업에 대한 전면적인 검토를 하셔서 이지우 사무관에게 명확히 지시를 해주신다면 사업 추진에 많은 도움이 될 것 같습니다. 제가 급히 자리를 비우게 되어 처리하지 못한 업무를 부탁드리는 것 같아 마음이 무겁습니다. 다들 능력이 뛰어난 과원들이니 잘 챙겨 주시면 좋은 성과를 낼 것입니다. 감사합니다.

✎ 이 페이지의 핵심

- 작년부터 사업을 맡아오던 강이수 주무관이 퇴직하여 이지우 사무관에게 임시 분장함
- 이지우 사무관은 업무 계속 진행에 어려움 호소해 사업의 주·부 담당자 선정이 시급함
- 노인층 주거환경 개선사업의 개선 필요점: 사업의 달성 목표 및 방향성, 민원, 사업관리 측면

핵심의 활용

✔ 사업의 주·부 담당자 선정 및 사업에서의 개선 필요 점을 인식하고 개선방안을 마련하는 데 참고하는 것은 물론, 해결해야 할 이슈가 늘어났음을 반영해야 함(밑줄 부분이 새로 보완된 것임)

해결해야 할 이슈 파악

① 노인층 주거환경 개선사업의 구체적 업무 지시
② 노인층 주거환경 개선사업 담당자 선정(주, 부)
③ 어려움 겪고 있는 이지우 사무관 면담

자료 3. 2028년 사업 추진 계획(안)

2028년 노인층 주거환경 개선 사업 추진 계획(안)

주거복지지원과, 2027. 11.

1. 사업 목적

- 노인층 중 주거약자에게 안전하고 편리한 주거생활을 지원하여 생활 의욕 고취와 삶의 희망과 동기를 부여함으로써 사회적 통합에 기여

2. 사업 구성 및 예산(총: 34억 원*)

- 농어촌 노인층 주택개선사업: 10억 원

- 도시 노인층 주택개선사업: 24억 원

  * 2028년 증액된 금액

3. 세부 목표

- 수혜자 만족도: 4.5점 이상(5.0점 만점)

- 수혜자 생활 행복도: 80점 달성(100점 만점)

4. 지원 자격

- 농어촌 노인층 주택개선사업: 전국 농어촌 지역 거주 만 65세 이상

  * 전년도 도시 근로자가구 월평균 소득액 이하인 자(2인 가구 기준 월 456만 원)

- 도시 노인층 주택개선사업: 만 60세 이상

  * 우선 지원: 만 80세 이상(자립생활가능자)

5. 사업 내용 및 예산

사업명	사업 내용
농어촌 노인층 주택개선사업	농어촌 읍면에 거주하는 노인층의 주택 내외부 수리 및 개조를 통해 주거환경을 개선하는 사업이며, 내부 편의시설(출입문, 싱크대 등) 지원이 포함됨 * 가구당 7,000천 원(약 140가구 이상) * 임대주택의 경우 임대인이 편의시설 설치에 동의한 경우에 한하여 지원 가능(4년 이상 거주 필수)
도시 노인층 주택개선사업	도시(동 이상)에 거주하는 노인층의 주택의 내부 수리 및 개조를 통해 주거환경을 개선하는 사업이며, 내부 편의시설(출입문, 싱크대 등) 지원은 제외됨 * 가구당 9,000천 원(약 260가구 이상) * 임대주택의 경우 임대인이 편의시설 설치에 동의한 경우에 한하여 지원 가능 (2년 이상 거주 필수)

6. 사업 진행 절차

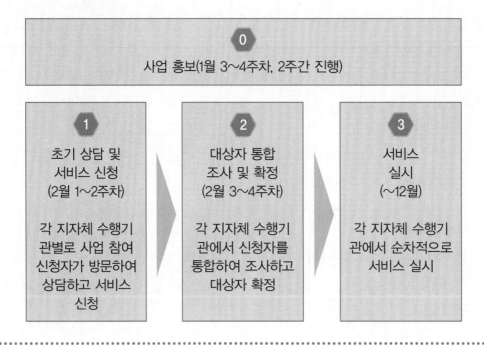

0
사업 홍보(1월 3~4주차, 2주간 진행)

1
초기 상담 및
서비스 신청
(2월 1~2주차)

각 지자체 수행기
관별로 사업 참여
신청자가 방문하여
상담하고 서비스
신청

2
대상자 통합
조사 및 확정
(2월 3~4주차)

각 지자체 수행기
관에서 신청자를
통합하여 조사하고
대상자 확정

3
서비스
실시
(~12월)

각 지자체 수행기
관에서 순차적으로
서비스 실시

✏️ **이 페이지의 핵심**

- 사업구성 및 예산: 농어촌 노인층 주택개선사업 10억 원, 도시 노인층 주택 개
  선사업 24억 원

  ※ 2028년 증액된 금액임

- 목표: 수혜자 만족도 4.5점 이상, 수혜자 생활행복도 80점 달성

- 지원자격

  - 농어촌 노인층 주택개선 사업: 전국 농어촌 지역 거주 만 65세 이상

  - 도시 노인층 주택개선 사업: 만 60세 이상 ※80세 이상 우선 지원

- 사업 내용

  - 농어촌 노인층 주택개선사업: 주택 내 외부 수리·개조, 내부 편의시설 지원 포

함, 가구당 700만 원(약 140가구 이상), 임대주택의 경우 4년 이상 거주 필수

- 도시 노인층 주택개선사업: 주택 내부 수리·개조, 내부 편의시설 지원 제외,
  가구당 900만 원(약 260가구 이상), 임대주택의 경우 2년 이상 거주 필수

• 사업진행 절차

- 사업 홍보: 1월 3~4주차 2주간 진행

- 초기 상담 및 서비스 신청: 2월 1~2주차, 지자체 수행기관별로 참여 신청자가
  방문 상담·신청

- 대상자 통합조사 및 확정: 2월 3~4주차, 지자체별 신청자를 통합조사하고 대
  상자 확정

- 서비스 실시: ~12월, 지자체 수행기관에서 순차적으로 실시

핵심의 활용

✔ 위의 계획안에서 개선해야 할 사항이 무엇인지 이어서 제시되는 자료를 분석하며
대안을 마련하고, 쓰임새 많은 페이지임으로 옆에 비치하여 활용

자료 4. 2027년 사업 추진 결과(1/2)

2027년 노인층 주거환경 개선 사업 결과 보고서

주거복지지원과, 2027. 12

1. 사업별 수혜자 수

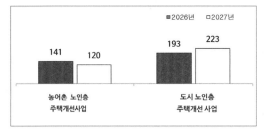

• 농어촌 노인층 주택개선사업의 수
혜자 수는 줄어드는 추세이며, 초기
신청자 중 6개월 이내 포기가 다수 발
생(긴 대기 시간으로 중도 포기)

- 도시 노인층 주택 주거환경개선사업의 경우 전반적으로 증가했으며, 내부 수리 비용 상승에 따른 부담 증가로 신청자가 늘어남
- 두개 사업 모두 사전 홍보 방식 문제 및 기간 부족으로 사업 인지도가 낮다는 의견이 있음

2. 사업 수혜자 설문조사

- 개 요
  - 대상: 2027년 사업 수혜자 및 일반 국민 약 2,000명
  - 일시: 2027년 11월 1일 ~ 11월 30일

3. 사업 목표 달성률

세부 목표 구분	결 과(점)	목표 달성률(%)
수혜자 만족도(4.5점)	2.2	48.9%
수혜자 생활 행복도(80점)	64.0	80.0%

4. 사업 인식률(%)

- 사업 내용에 대한 정보를 신청 일정이 다 돼서야 알 수 있었음
- 홍보 기간이 너무 짧아 신청자 접수를 1~2회 연장해야 하는 상황이 과거에도 반복적으로 있었음
- 수혜자들은 지역 행복지원센터 등을 통해 정보를 취득했으나 직접 가야만 확인이 가능했음

📌 이 페이지의 핵심

- 농어촌 노인층 주택개선사업: 수혜자 감소 추세, 초기 신청자 중 6개월 이내 포기 다수 발생(대기시간이 길어서)
- 도시 노인층 주택개선사업: 전반적 증가, 내부 수리비용 상승의 부담으로 신청자가 늘어남
- 두 사업 모두 사전 홍보 방식 문제 및 기간 부족으로 사업 인지도 낮음
- 목표달성률: 수혜자 만족도 2.2점(48.9%), 수혜자 생활행복도 64.0점(80.0%)
- 사업인식률: 알았다 26%, 몰랐다 74%
  - 신청 일정이 다 돼서야 알 수 있었다.
  - 홍보 기간이 짧아 신청자 접수를 1~2회 연장해야 하는 상황이 과거에도 반복적으로 있었음
  - 정보를 취득했으나 직접 가야만 확인이 가능했음
※ 도표의 내용은 해설 자료를 참조하며 파악할 것

핵심의 활용

- ✔ 위의 만족도 결과를 개선방안으로 준비하기
- ✔ 개선방안에 포함할 사항: 목표? 홍보 방법, 사업 진행절차 기간 연장 등
  - ※ 목표 재설정은 어떻게 하는 것이 가장 합리적인지를 검토하며 논리를 준비해야 함

다음과 같은 개선방안이 마련될 수 있겠음.

개선방안 제시

- 목표 조정: 만족도 3.5점, 행복도 70점
  - ※ 목표를 수정함으로 인해 업무 동기, 사업 및 과 성과 점수제고 등의 효과를 높일 수 있음을 설명함

- 홍보: 지역별 행복지원센터 등의 의견을 청취하여 효과성을 높임, 직접 오지 않아도 확인이 가능한 방법 병행
- 사업진행 절차
  - 홍보: 2월 2주차까지 1달간 진행
  - 초기 상담 및 서비스 신청 기간: 2월 3~4주차에 진행
  - 대상자 통합 조사 및 확정: 3월 1~2주차에 진행

자료 4. 2027년 사업 추진 결과(2/2)

5. 사업별 수혜자 만족도(5점 만점)

- 2027년 사업 수혜자 전체 인원을 대상으로 만족도 설문 실시

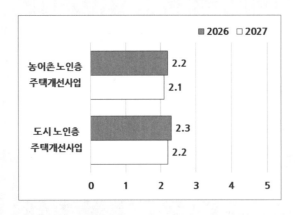

- 2026년에 비해 만족도가 떨어졌으며, 전반적으로 낮게 나타남
- 2026년 사업 추진 과정에서 민원을 넣었으나 대응이 늦었다는 불만이 있었으며, 특히 농어촌의 경우 신청 기간 및 공사 대기 기간 등에 대한 불만이 많았음
- 현장의 상황을 빠르게 피드백 받고 대응하는 시스템이 없어서 지원이 느리고 답답했다는 의견이 있었음

6. 사업별 주요 민원 사항

사 업	세부 내용
농어촌 노인층 주택 개선사업	– 실제 지원 액수에 비해 자기 부담금이 생각보다 크고(3,000~4,000천 원), 실제 수리를 하는데 대기하는 기간(5~6개월)이 너무 길었음 – 도시 지역과 다른 필수 거주 기간에 문제가 있다고 생각함
도시 노인층 주택 개선사업	– 1년 단위로 신청을 받다 보니 수리를 대기하는 기간 동안 공사 자재비가 증가하는 등의 문제가 있음 – 신청을 연중 1회만 받는 것은 장기간 주거해야 하는 입장에서 어려운 상황이므로 분할 신청이 필요함
기 타	– 공사별로 비용이 다른데 일괄적으로 비용을 지원하는 것은 문제가 있음 – 현장 지원 업체의 공사 능력에 편차가 커서 민원 발생 시 즉각적인 대응이 필요함

✏ 이 페이지의 핵심

• 만족도는 전반적으로 낮게 나타남

• 만족도에서 나타난 불만 의견

  – 사업추진과정의 민원에 대한 대응이 늦음

  – 공사 대기기간 등에 대한 불만 많음(농어촌)

  – 현장 상황 피드백·대응 시스템 부재로 지원이 느리고 답답함

• 사업별 주요 민원

  – 농어촌 노인층 주택개선사업: 지원 액수에 비해 자기 부담금이 큼(3~4백만 원), 수리 대기간이 길다(5~6개월), 도시 지역과 다른 필수 거주 기간 적용

  – 도시 노인층 주택개선사업: 1년 단위 신청으로 수리·대기 기간 동안 자재비 증가, 연중 1회 신청보다는 분할 신청 필요

  – 기타: 공사별 비용이 다름에도 일괄적 비용 지원의 불합리, 민원 발생 시 즉각

대응 필요(현장 지원업체의 공사능력 편차가 크므로)

※ 도표의 내용은 해설 자료를 참조하며 파악할 것

핵심의 활용

✔ 위의 만족도 결과를 개선방안으로 준비하기

✔ 개선방안에 포함할 사항: 필수 거주 기간 통일, 늘어난 예산 반영, 사업진행 절차 개선, 서비스 등의 개선

개선점을 반영하여 다음과 같은 개선방안이 마련될 수 있겠음(밑줄 부분이 보완된 것임).

개선방안 제시

• 목표 조정: 만족도 3.5점, 행복도 70점

※ 목표를 수정함으로 인해 업무 동기, 사업 및 과 성과 점수제고 등의 효과를 높일 수 있음을 설명함

• 지원자격: 농어촌과 도시의 거주 필수 기간을 2년 이상으로 통일함

　　　　　　 대상가구수를 늘리기 보다는 지원액을 높이도록 함

• 홍보: 지역별 행복지원센터 등의 의견을 청취하여 효과성을 높임, 직접 오지 않아도 확인이 가능한 방법 병행

• 사업진행 절차(상·하반기로 나눠 진행)

　- 홍보: 2월 2주차까지 1달간 진행(하반기는 8월 2주차까지)

　- 초기 상담 및 서비스 신청 기간: 2월 3~4주차와 8월 3~4주차 등 상·하반기로 나눠 모집

　- 대상자 통합 조사 및 확정: 3월 1~2주차에 진행(하반기는 9월 1~2주차)

　- 서비스 등 실시: 지자체별 전담팀을 구성하여 의견을 수렴하고 즉각적 피드백 및 대응, 공사 비용 및 대기 기간을 사전에 안내하고 주기적 상황 전달

자료 5. 2027년 사업 전문가 공청회 의견

2027년 사업 전문가 공청회 의견

주거복지지원과, 2027. 12.

1. 개 요
- 일시: 2027년 12월 11일 (14:00~18:00)
- 참석자: 복지 관련 분야별 대표자 20인 및 수혜자, 사업 실무자 등

2. 주요 논의사항
- 2027년 노인층 주거환경 개선사업 개관
- 각 사업별 종합 의견

3. 종합 의견
- '초기 상담 및 서비스 신청' 단계에서 신청 일정에 여유(최소 1개월)가 필요함
- 사업을 진행하는 과정에서 주기적으로 점검하는 시스템이 필요함
  - 월 및 분기 단위 민원 점검 및 사업 점검 필요
- 사업의 목표치를 조정하여 담당자들의 사업 추진에 대한 동기부여가 병행돼야 함

4. 분야별 전문가 의견

사업명	세부 내용
농어촌 노인층 주택 개선사업	- 지원 사업 수혜자 만족도를 높이기 위해서는 지원금을 확정하기보다 상한선을 두고 비율로 정하는 것이 합리적임 - 필수 거주 기간의 형평성 문제에 대한 대응이 필요함 (B국의 경우 2년을 기준으로 함)
도시 노인층 주택 개선사업	- 노인층을 대상으로 하므로 신청 기간을 1달 이상으로 연장하고, 그들이 쉽게 접할 수 있도록 홍보를 강화해야 함 - 연중 다회 신청으로 하되 관리 방안이 필요함
기 타	- 홍보와 신청을 하는 데 있어서 적절한 지원이 필요함 - 공사 및 관리 업체 등에 대한 적절한 피드백 관리가 필요함

✎ 이 페이지의 핵심

- 종합 의견

  - 신청 일정에 여유가 필요

  - 주기적 점검시스템 필요: 월 및 분기 단위 민원·사업 점검 필요

  - 사업의 목표치 조정으로 담당자들의 동기부여 병행돼야 함

- 분야별 전문가 의견

  - 농어촌 노인층 주택개선사업: 지원금 확정보다는 상한선을 두고 비율로 정하는 것이 합리적임, 필수 거주 기간의 형평성 문제 대응 필요(B국은 2년 기준임)

  - 도시 노인층 주택개선사업: 신청 기간 1달 이상 연장, 쉽게 접할 수 있는 홍보 강화, 연중 다회 신청하되 관리방안 필요

  - 기타: 홍보와 신청에 적절한 지원 필요, 공사 및 관리업체 등에 대한 적절한 피드백 관리 필요

핵심의 활용

- ✔ 위의 의견을 개선방안에 포함하기

- ✔ 개선방안에 포함할 사항: 지원금 상한선 설정, 홍보와 신청의 지원, 공사 및 관리업체 점검

개선점을 반영하여 다음과 같은 개선방안이 마련될 수 있겠음(밑줄 부분이 보완된 것임).

개선방안 제시

- 목표 조정: 만족도 3.5점, 행복도 70점

  ※ 목표를 수정함으로 인해 업무 동기, 사업 및 과 성과 점수 제고 등의 효과를 높일 수 있음을 설명함

- 지원자격: 농어촌과 도시의 거주 필수기간을 2년 이상으로 통일함

  　　　대상 가구 수를 늘리기보다는 지원액을 높이도록 하고,

<u>지원금의 상한선을 두어 비율로 확정함</u>

- 홍보: 지역별 행복지원센터 등의 의견을 청취하여 효과성을 높임, 직접 오지 않아도 확인이 가능한 방법 병행
- 사업진행 절차(상·하반기로 나눠 진행)
  - 홍보: 2월 2주차까지 1달간 진행(하반기는 8월 2주차까지)
  - 초기 상담 및 서비스 신청 기간: 2월 3~4주차와 8월 3~4주차 등 상·하반기로 나눠 모집
  - 대상자 통합 조사 및 확정: 3월 1~2주차에 진행(하반기는 9월 1~2주차)
  - 서비스 등 실시: 지자체별 전담팀을 구성하여 의견을 수렴하고 즉각적인 피드백 및 대응, 공사 비용 및 대기 기간을 사전에 안내하고 주기적 상황 전달, 월 및 분기 단위 민원·사업 점검시스템 마련 및 시행, 홍보와 신청의 지원방안 강구 시행

위와 같은 개선방안을 사무관과의 면담 시 활용하면 됨.

자료 6. 이지우 사무관의 이메일

≫받은 편지함

| ✉ 답 장 | 전체답장 | 전 달 | × 삭 제 | | 스팸신고 | 인 쇄 |

제   목: 과장님 안녕하세요. 급히 요청드릴 것이 있습니다.

보낸 사람: 주거복지지원과 이지우 사무관

보낸 시간: 2027년 12월 29일 (월) 10:06

받는 사람: 주거복지지원과 김주거 과장

과장님 안녕하세요. 이지우입니다. 다름이 아니라 최근 업무에 어려움이 있어서 과장님께 염치 불고하고 도움을 요청드립니다.

아시다시피 강이수 주무관의 퇴사로 '2028년 노인층 주거환경 개선사업'에 대한

담당자 조정이 필요합니다. 현재 해당 사업의 담당자가 없어서 전임 과장님이 임시로 제게 맡겨서 준비는 하고 있으나 제가 계속 해당 업무를 맡을 상황이 아닌 것 같습니다. 하지만 과 전체 사업들이 지속적으로 진행되다 보니 서로 바쁘다고 미루기만 하고 있어 누구에게 맡겨야 할지 난감한 상황입니다. 그래서 과장님께서 살펴보시고 누구에게 사업을 맡겨야 할지 말씀해 주시면 감사하겠습니다. 그리고 해당 사업에 대한 제 생각은 작년에 기획하고 추진했던 부분을 그대로 유지해서 진행하면 어떨까 합니다. 담당자도 아닌데 당장 무엇을 새롭게 기획해서 추진한다는 것은 무리일 것 같고, 10% 늘어난 예산 만큼 대상자를 늘리도록 하겠습니다.

그리고 개인적으로 최근 성과평가 결과도 좋지 않고, 과원들이 제 말을 잘 듣지 않아 걱정이 많습니다. 제가 이 과에 온 지도 1년이 되었는데 업무처리 과정에서 설득이 잘 안 되어 마음이 많이 무겁습니다. 과장님의 조언을 부탁드립니다.

🖋 이 페이지의 핵심

- 강이수 주무관의 퇴직으로 2028년 노인층 주거환경개선사업 담당자 조정이 필요함
  - 현재는 임시로 내가 맡고 있으나 계속 해당 업무 수행은 어려움
  - 누구에게 맡겨야 할지 정해주시기 바람
  - 해당 사업의 진행은 지난해의 추진사업을 그대로 진행하고 늘어난 예산만큼 대상자를 늘리겠음
  - 성과평가도 좋지 않은데 과원관리가 걱정임. 업무처리 과정에 설득이 안 되어 마음이 무거움

핵심의 활용

- ✔ 해결해야 할 이슈 확인: 이지우 사무관 면담, 사업의 담당자 선정, 증액된 예산의 활용방안 제시해 주기

증액된 예산의 활용은 개선방안에 제시한 대로 안내

- 증액된 예산은 대상 가구 수를 늘리기보다는 지원액을 높이도록 하고, 지원금의 상한선을 두어 비율로 확정토록 함이 합리적임을 설명할 것
- 이지우 사무관 면담, 사업 담당자 선정 등은 제시된 자료가 부족함으로 이어 제시되는 자료를 참고하여야 함

자료 7. 과 업무 분장 및 사업 진행 상황

2028년 주거복지지원과 주요 추진 사업 특성 및 추진 일정 (상시 업무 미포함)

집중 업무 기간

주요 추진 사업	담당자	중요도 (1~7)	유형	1	2	3	4	5	6	7	8	9	10	11	12
2028년 노인층 주거환경 개선 사업	주: 미정 부: 미정	6	농어촌	기획 및 선정 (조사 기간 2주 포함)			일상 관리							종합 보고	
			도시	기획 및 선정		일상 관리								종합 보고	
상반기 중장년 주거 공급 사업	주: 한영훈 부: 양수진	5	✕			기획		보고회		보고					
취약계층 중장기 공급 사업	주: 박동현 부: 마정식	6	✕	기획					중간 보고 및 공청회					종합 보고	
신혼부부 특별공급 주택 사업	주: 한영훈 부: 양수진	5	✕	기획	조사					중간 점검 및 보수 시행					종합보고
사회 초년생 주택공급 사업	주: 곽동원 부: 마정식	7	✕				기획		중간 점검 및 보수 시행				종합 보고		

- 노인층 주거환경 개선사업은 1~3월과 11~12월이 업무 집중 기간임

- 업무의 중요도를 보면 한영훈, 양수진이 중요한 업무를 수행하고 있으며, 곽동원, 마정식의 업무 중요도가 가장 낮음(특히 곽동원이 낮음)

- 업무 여유 기간은 박동현, 곽동원, 마정식, 한영훈과 양수진 순으로 보임
  ※ 박동현(육아휴직 3~4월), 양수진(TF 참여 2~4월)을 참작해야 함

핵심의 활용

✔ 제시된 정보를 분석하며 사업 담당자 선정 구상하기

✔ 현재의 업무 일정과 업무 중요도를 보면 박동현, 곽동원, 마정식, 한영훈, 양수진의 순으로 보임

✔ 박동현과 양수진은 별도의 일정이 있음을 참작할 것
  ※ 쓰임새가 많은 페이지임. 옆에 비치하여 활용할 것

자료 8. 과원별 성격 및 업무 특성

성 명	업무 강도 (약1~강5)	업무 역량	세부 내용 및 기타 특성
박동현 주무관	3	업무 기획	사업 기획 수준은 보통이지만 새로운 아이디어를 제시하는 것에는 뛰어남
		추진 및 의사소통	내부 협업 업무를 잘 관리하지만, 민원과 같은 외부와의 의사소통에 부담을 느끼고 있음
		기 타	최근 출산으로 인해 업무를 축소한 상태이며, 점차 업무량을 늘이기를 희망함

곽동원 주무관	5	업무 기획	사업 기획에는 탁월하지만, 단독 업무 구상에 국한되는 경향이 있음
		추진 및 의사소통	협업 능력이 다소 떨어지며, 의사소통 과정에서 감정적인 언행은 주의해야 함
		기 타	업무의 완성도가 높으며 책임감 있게 업무 수행, 상대적으로 업무 관리는 떨어짐
한영훈 주무관	5	업무 기획	세부적인 기획안을 구성하고 제시하는 것에는 뛰어남
		추진 및 의사소통	업무 추진 과정에서 중간 관리 및 민원 대응과 같은 소통 업무에는 다소 약함
		기 타	새로운 업무에 적응이 빠르지만 여러 업무가 동시에 있을 경우 완성도가 떨어짐
양수진 주무관	4	업무 기획	새로운 사업 기획 능력은 약하며, 기존 업무를 유지·관리하는 것에는 안정적임
		추진 및 의사소통	협업에는 강점이 있으며, 대인 관계가 좋음(여러 업무 동시 진행 시 업무 지연이 발생함)
		기 타	업무 처리에 신중하여 업무 지연이 발생하는 경우가 있어 관리가 필요함
마정식 주무관	5	업무 기획	기획력은 낮은 수준이나 기획안 관련 자료 준비 등의 지원에는 능숙함
		추진 및 의사소통	안정적인 지원 업무와 관리에 능숙하며, 민원에 대한 대응도 원활함
		기 타	업무 과부하로 야근이 잦으며, 새로운 업무 적응에 시간이 걸려 지원이 필요함

✎ 이 페이지의 핵심

- 업무 강도: 박동현, 양수진, 곽동원·한영훈·마정식의 순임

- 업무 기획: 한영훈, 곽동원, 박동현의 순

- 추진 및 의사소통: 마정식, 양수진, 박동현의 순

- 기타는 과원 모두가 장단점이 있음

  ※ 박동현과 양수진의 별도 일정 참조 필요

✔ 제시된 과원들의 정보·담당 업무(2, 9, 10페이지)를 참작하여 사업의 담당자 선정

✔ 해당 사업은 기획(중간 피드백 등을 반영)과 안정적인 운영이 필수적임

　※ 이 페이지는 쓰임새가 많으니 옆에 비치하여 활용하면 도움이 됨

따라서 다음과 같이 업무를 분담시킬 수 있겠으나 이것은 하나의 방법임.

(누구를 담당자로 할 것인지를 정하고, 선정된 담당자의 약점을 보완할 수 있는 방법을 제시해야 함.)

• 해당 사업의 담당자로 아래의 직원을 선정함

　– 곽동원 주무관: 사업 기획에 탁월, 업무 완성도 높음

　　　　　　　　　협업 및 의사소통·업무관리 측면의 단점을 보완할 필요

　– 마정식 주무관: 기획력 낮으나 지원업무에 능숙, 민원 대응에 원활

　　　　　　　　　새로운 업무에 대한 적응은 관리가 필요

• 곽동원 주무관은 '사회초년생 주택공급사업'을 마정식과 담당, 마정식 주무관은

　2개 업무 함께 진행(취약계층 중장기 공급사업 포함)

　– 곽동원은 기획(주), 마정식은 관리(부) 업무로 분담

　– 박동현 주무관은 곽동원의 '사회초년생 주택공급사업' 업무를 중간 점검 기간

　　(6월)부터 지원함

• 마정식의 업무에 대한 적응 지원은 이지우 사무관이 직접 관리, 본 사업의 소통

　관련 부분에 대해서는 주기적 점검 시스템을 마련하여 확인·지도할 것임

• 박동현 주무관의 경우 출산휴가 복귀 이후 업무를 늘이기 희망, 이에 맞춰 업

　무를 늘이며, 업무의 배분과 재분장은 각각의 업무 특성 및 성격을 고려함

※ 양수진을 관리(부) 업무로 분담: 협업 대인관계 강점, 업무 강도 4, 중요도 5,

　기존 업무는 한영훈이 전담하다가 박동현의 복귀 이후에는 업무를 분담함.

　다만, 양수진은 별도의 수행 일정이 있음을 참고하며 대안을 제시해야 함

자료 9. 과원들의 대화 내용

한영훈 주무관과 박동현 주무관의 대화

한영훈 주무관

박 주무관님, 올해 사업도 잘 진행돼야 하는데 걱정이네요. 강 주무관이 맡았던 사업의 담당자가 아직 결정이 안 된 상황이라 참 걱정이네요. 업무도 다 뒤죽박죽이라 정신도 없는데, 새로 오신 과장님이 좀 정리를 해주셨으면 좋겠어요.

박동현 주무관

네, 맞아요. 특히 강 주무관이 맡았던 '노인층 주거환경 개선사업'은 기획도 중요하지만, 사업 관리 능력이 필요한데 그럴만한 사람이 과에 있나 모르겠어요.

한영훈 주무관

과장님께서 잘 파악해서 결정해 주시겠죠. 그나저나 이지우 사무관님은 어때요? 요즘 너무 힘들어 하는 것 같아서 걱정이 되더라구요.

박동현 주무관

추진력이 좋은 분이니 조만간 회복하시겠죠.

박동현 주무관과 공공주택정책과 김태구 사무관

공공주택정책과 김태구 사무관

박 주무관님. 잘 지내고 있죠? 혹시 이지우 사무관에게 무슨 일이 있어요? 연락을 해도 도통 답이 없고…. 나쁜 일이 있나 해서 물어봐요.

박동현 주무관

특별한 일은 없습니다. 다만 과 내에 업무가 많아서 그런 것 같습니다. 본인 일에 집중하면 저희도 말 걸기가 어려워서요. 평소에 좀 친해지면 좋을 텐데, 업무적으로는 잘 챙겨주지만 인간적인 면은 잘 모르겠네요.

공공주택정책과 김태구 사무관

이 사무관님도 참 여전하네요. 좀 답답한 면이 있지만 그래도 꼼꼼하게 일을 처리하니 믿고 따르면 성과는 잘 나올 겁니다.

박동현 주무관

네. 저도 그렇게 생각은 하지만 소통에 적극적이지 않은 부분은 참 아쉽습니다.

✎ 이 페이지의 핵심

- 노인층 주거환경개선사업은 기획·사업관리능력 모두 필요

- 이지우 사무관에 대한 이야기

  - 일이 많아 힘들어 하는 것 같아 걱정임

  - 일에 집중하면 말 걸기 어려움

  - 업무적으로는 잘 챙겨주지만, 인간적인 면은 잘 모르겠음

  - 소통에 적극적이지 않은 부분은 아쉬움

  - 일 처리를 꼼꼼하게 하니 성과는 잘 나올 것임

핵심의 활용

- ✔ 위의 특성들을 참고하여 이지우 사무관에게 피드백할 준비하기

자료 10. 이지우 사무관 종합평가서

종합평가서

1. 평가 대상

성 명	소 속	직 급	현직급 임용일
이지우	주거복지지원과	사무관	2027. 01.

2. 성과평가 결과

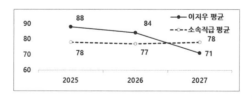

업무 특성

- 최근 낮아진 성과에 불만이 있으며, 협업과 소통에 어려움을 느끼는 것으로 보임
- 자신의 판단에 기초해서 지시한다거나 기획을 하는 데 익숙하며, 기존에 하던 업무를 유지 관리하는 데 능숙함
- 다양한 정보를 취합하여 적합한 목표를 제시하고 관리하는 데 어려움이 있음

3. 역량평가 결과(100점 만점, 2027년 11월)

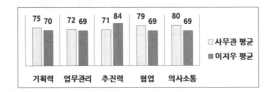

- 협업과 의사소통 역량이 상대적으로 낮게 나타나 보완이 필요하며, 적극적인 의사소통 노력이 필요함
- 업무 추진력이 높아 관련 업무에 집중시켜 동기부여를 할 필요가 있다고 판단됨

종합 의견
• 사무관 임용 이후 성과 점수가 크게 낮아져 개인적으로 부담이 있어 이에 대한 적절한 피드백이 필요함   • 개인의 성과에 집중하지만, 전체 과의 성과 및 업무 관리에서는 부담이 큰 것으로 판단됨   • 전반적으로 업무 동기가 많이 떨어져 있으며, 사무관으로서 리더십을 키울 수 있는 방안이 필요함

✎ 이 페이지의 핵심

- 성과평가 결과: 사무관 승진 시점부터 평균보다 낮아지고 있음
- 업무 특성
  - 낮아진 성과에 불만
  - 협업과 소통에 어려움
  - 자신의 판단에 의한 지시·기획에 익숙
  - 하던 업무 유지관리 능숙
  - 다양한 정보취합·적합한 목표제시 관리에 어려움
- 역량평가 결과

- 협업과 의사소통 역량 보완 필요
- 적극적인 의사소통 노력 필요
- 업무추진력 높으니 관련 업무에 집중시켜 동기를 부여할 필요 있음
- 종합 의견
  - 사무관 이후 성과점수의 적절한 피드백 필요
  - 전체 과의 성과 및 업무관리에 부담이 큰 것으로 판단됨
  - 업무 동기가 저하되어 있어 사무관으로서 리더십 키울 수 있는 방안 필요

핵심의 활용

✔ 위의 특성 등(11, 12페이지)을 참고하며 이지우 사무관에게 피드백해 주기

✔ 과원 관리, 개인 성과, 기타 리더로서의 업무 태도 등 제시해 줄 것

다음과 같은 피드백을 제시해 줄 수 있겠으나 하나의 방법임을 참고할 것.

과원 관리 문제

- 종합평가서 등을 종합해 봤을 때,
  - 27년 승진 이후 성과가 떨어졌음을 확인함
  - 현재 지원부서의 업무에 적응이 잘 안 되어 성과도 좋지 않고 스트레스가 많은 것으로 보임
  - 역량평가 결과를 기반으로 강점과 보완점을 언급하고, 의사소통 역량의 보완을 제안함
  - 경험 등에 기반하여 적절한 예시를 통해 의사소통 역량의 개발을 위한 설득을 하고, 추가적으로 내부 소통 환경의 조성을 위해 과장이 함께 참여하여 업무와 개인적인 논의가 가능하도록 대안을 적극적으로 제시함

개인 성과 문제

- 이지우 사무관이 승진하는 과도기에 성과평가 결과가 떨어졌음을 인지하고, 이지우 사무관의 어려움에 공감을 표함
- 현재 국토부의 업무 방향에서는 지원 및 협업이라는 업무 변화가 갈수록 더 늘어날 수 있으므로, 이를 긍정적으로 받아들이고 업무 방식의 변화를 이끌어내 볼 것을 제안함
- 성과평가 결과의 등락 변화는 얼마든지 발생할 수 있는 일이며, 이로 인한 스트레스보다는 어떻게 개선해 나갈지에 대한 고민을 같이하면 좋겠음
- 과의 성과도 함께 고민하는 것은 이지우 사무관의 책임감에 의한 것이며, 이는 본인(과장)과 함께 고민하자는 제안을 함

재발 방지 프로세스 제안 및 실행하기

- 월 1회씩 업무 점검회의 등을 마련하여 업무의 추진 상태와 개인의 어려운 점을 같이 보완해 볼 것을 지시함

'주거복지지원과장의 부하직원 면담' 시 활용할 핵심 정리 포인트

해결해야 할 이슈

1. 노인층 주거환경 개선사업의 구체적 업무 지시
2. 노인층 주거환경 개선사업 담당자 선정
3. 어려움 겪고 있는 이지우 사무관 면담

이슈1. 노인층 주거환경 개선사업의 구체적 업무 지시

- 개선방안 제시

- 목표 조정: 만족도 3.5점, 행복도 70점 ※ 목표를 수정함으로 인해 업무 동기, 사업 및 과 성과 점수제고 등의 효과를 높일 수 있음을 설명함
- 지원자격: 농어촌과 도시의 거주 필수기간을 2년 이상으로 통일함

  대상 가구 수를 늘리기보다는 지원액을 높이도록 하고, 지원금의 상한선을 두어 비율로 확정함
- 홍보: 지역별 행복지원센터 등의 의견을 청취하여 효과성을 높임

  직접 오지 않아도 확인이 가능한 방법 병행
- 사업 진행 절차(상·하반기로 나눠 진행)

  ① 홍보: 2월 2주차까지 1달간 진행(하반기는 8월 2주차까지)

  ② 초기 상담 및 서비스 신청 기간: 2월 3~4주차와 8월 3~4주차 등 상·하반기로 나눠 모집

  ③ 대상자 통합 조사 및 확정: 3월 1~2주차에 진행(하반기는 9월 1~2주차)

  ④ 서비스 등 실시: 지자체별 전담팀을 구성하여 의견을 수렴하고 즉각적인 피드백 및 대응, 공사 비용 및 대기 기간을 사전에 안내하고 주기적 상황 전달, 월 및 분기 단위 민원·사업 점검시스템 마련 시행, 홍보와 신청의 지원 방안 강구 시행

이슈2. 노인층 주거환경 개선사업 담당자 선정

• 해당 사업은 기획과 안정적인 운영(소통, 협력 등)이 필수적임
• 해당 사업의 담당자로 아래의 직원을 선정함
- 곽동원 주무관: 사업 기획에 탁월, 업무 완성도 높음

  협업 및 의사소통·업무 관리 측면의 단점을 보완할 필요
- 마정식 주무관: 기획력 낮으나 지원업무에 능숙, 민원 대응에 원활

  새로운 업무에 대한 적응은 관리가 필요
• 곽동원 주무관은 '사회초년생 주택공급사업'을 마정식과 담당, 마정식 주무관은

2개 업무 함께 진행(취약계층 중장기 공급사업 포함)

- 곽동원은 기획(주), 마정식은 관리(부) 업무로 분담

- 박동현 주무관은 곽동원의 '사회초년생 주택공급사업' 업무를 중간 점검 기간
  (6월)부터 지원함

• 마정식의 업무에 대한 적응 지원은 이지우 사무관이 직접 관리, 본 사업의 소통
  관련 부분에 대해서는 주기적 점검시스템을 마련하여 확인·지도할 것임

• 박동현 주무관의 경우 출산휴가 복귀 이후 업무를 늘이기 희망, 이에 맞춰 업
  무를 늘이며, 업무의 배분과 재분장은 각각의 업무 특성 및 성격을 고려함

※ 양수진을 관리(부) 업무로 분담: 협업 대인관계 강점, 업무 강도 4, 중요도 5,
  기존 업무는 한영훈이 전담하다가 박동현의 복귀 이후에는 업무를 분담함
  다만, 양수진은 별도의 수행 일정이 있음을 참고하며 대안을 제시해야 함

이슈3. 개인 고충 해결

• 과원 관리 문제

- 종합평가서 등을 종합해 봤을 때,

① 27년 승진 이후 성과가 떨어졌음을 확인함

② 현재 지원부서의 업무에 적응이 잘 안 되어 성과도 좋지 않고 스트레스가
  많은 것으로 보임

③ 역량평가 결과를 기반으로 강점과 보완점을 언급하고, 의사소통 역량의 보
  완을 제안함

④ 경험 등에 기반하여 적절한 예시를 통해 의사소통 역량의 개발을 위한 설
  득을 하고, 추가적으로 내부 소통 환경의 조성을 위해 과장이 함께 참여하
  여 업무와 개인적인 논의가 가능하도록 대안을 적극적으로 제시함

• 개인 성과 문제

- 이지우 사무관이 승진하는 과도기에 성과평가 결과가 떨어졌음을 인지하고,

이지우 사무관의 어려움에 공감을 표함

- 현재 국토부의 업무 방향에서는 지원 및 협업이라는 업무 변화가 갈수록 더 늘어날 수 있으므로, 이를 긍정적으로 받아들이고 업무 방식의 변화를 이끌어내 볼 것을 제안함

- 성과평가 결과의 등락 변화는 얼마든지 발생할 수 있는 일이며, 이로 인한 스트레스보다는 어떻게 개선해 나갈지에 대한 고민을 같이하면 좋겠음

- 과의 성과도 함께 고민하는 것은 이지우 사무관의 책임감에 의한 것이며, 이는 본인(과장)과 함께 고민하자는 제안을 함

• 재발 방지 프로세스 제안 및 실행하기

- 월 1회씩 업무 점검회의 등을 마련하여 업무의 추진 상태와 개인의 어려운 점을 같이 보완해 볼 것을 지시함

두 번째 과제

'건강증진과장의 부하직원 면담' 이슈 파악 및 해결방법 제시

건강증진과장의 부하 직원 면담

본 과제의 내용은 교육 목적에 맞게 재구성한 것입니다. 과제의 내용이 실제 업무와 다소 상이하더라도 주어진 모의 과제에 맞게 수행에 임해 주십시오.

역할 및 배경 상황

역 할

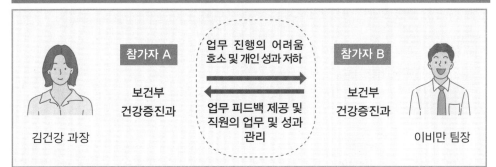

참가자 A

보건부
건강증진과

김건강 과장

업무 진행의 어려움
호소 및 개인 성과 저하

업무 피드백 제공 및
직원의 업무 및 성과
관리

참가자 B

보건부
건강증진과

이비만 팀장

배경상황

- 오늘은 2027년 5월 10일 월요일입니다. 귀하는 보건부 건강정책국 건강증진과 장 김건강입니다.

- 건강증진과는 국민의 영양관리, 비만 및 흡연 예방 등에 관한 정책을 총괄하고 있는 부서입니다.

- 기대수명이 늘어나는 상황에서 실질적인 삶의 질 향상을 위해 적극적인 비만 관리가 필요해짐에 따라 건강증진과에서는 국가 비만관리 종합대책을 수립·시행하고 있으며, 정책의 효율적 실행을 위해 TFT를 운영하고 있습니다.

- 그러나 종합대책 TF의 팀장을 맡고 있는 이비만 팀장은 현재 팀 업무를 총괄하면서 어려움을 느끼고 있으며, 팀원 관리에 고충을 호소하며 귀하에게 면담을 요청하였습니다.

- 귀하는 이비만 팀장이 현재 겪고 있는 어려움을 잘 해결할 수 있도록 면담을 진행해야 합니다.

- 국가 비만 관리 종합대책 T/F 운영 중

- 이비만 팀장 애로사항: 팀 업무 어려움(팀원 관리 포함), 개인 성과 하락

✔ 해결해야 할 이슈 파악

자료 1. 건강증진과 소개

1. 건강증진과 조직도

2. 건강증진과 주요 업무

- 국민 식생활·영양 정책 수립 및 총괄

- 비만 예방 관련 제도의 수립 및 운영

- 흡연 예방 및 금연에 대한 계획 수립, 제도 개선 및 홍보

- 건강검진에 관한 종합계획의 수립 및 조정

- 맞춤형 방문 건강관리에 관한 제도의 수립과 운영

3. 건강증진과 업무 분장

이 름	직 급	담당 업무
김건강	과장	과 업무 총괄
최검진	서기관	국민 식생활과 영양 정책 수립 및 총괄
이비만	사무관	비만 예방 관련 제도의 수립 및 운영
김증진	사무관	흡연 예방 및 금연에 대한 계획 수립, 제도 개선 및 홍보

오영양	사무관	건강검진에 관한 종합계획의 수립과 조정
정예방	주무관	맞춤형 방문 건강관리에 관한 제도의 수립과 운영
이방문	주무관	비만 예방 및 건강식생활 교육 및 홍보 사업
최민지	주무관	신체활동 활성화를 위한 건강증진 사업
고재훈	주무관	건강검진기관의 질 관리 및 평가
지현정	주무관	기타 사항 및 과 서무 업무

📌 이 페이지의 핵심

- 조직도와 과의 업무, 개인의 업무

핵심의 활용

✔ 담당 업무 등을 업무 분장 시 활용(쓰임새 많은 페이지임으로 옆에 비치)

자료 2. 신문기사

비만, 더 이상 개인 문제 아니다

고진수 기자(『우리건강신문』, 2027년 3월 22일 자)

비만은 새롭게 부각된 건강 위험요인으로 만성질환 발생의 중요 원인으로 꼽히고 있다. 비만은 가공식품 섭취의 증가와 영양 과잉 섭취, 신체활동의 부족 등으로 발생한다. 비만은 생활습관인 흡연이나 음주와 달리 경제발전과 생활방식의 변화와 맞물려 발생하는 구조적인 현상이기 때문에 개선이 쉽지 않다.

우리나라의 비만율은 최근 10년간 큰 변화 없이 30%를 상회하는 수준을 유지하고 있다. 성별로는 남자가 여자보다 높다. 현재 남자는 41.8%이고, 여자는 25.0%이다. 비만율은 나이가 들수록 대체로 높아지다가 70대에 들어 낮아진다.

세계보건기구와 미국 의사협회는 '비만은 질병'이라고 규정하고 있다. 비만이 당뇨병, 고혈압, 이상지질혈증, 지방간, 혈관 질환, 심장 질환 등 다양한 합병증을 일으키기 때문이다. 또한 천식, 수면무호흡증, 위·식도 역류 질환, 불임, 우울증 등도 생긴다. 특히 비만 합병증으로 인해 사망률이 20%가량 늘어난다.

대한비만학회는 비만을 6단계로 구분하는데 BMI* 35 이상이 3단계 비만(고도비만)이다. 고도비만은 체중 감량을 위해 다양한 방법이 동원되지만, 치료 효과를 제대로 거두기 힘들고 지속적이지도 않다.

안○○ 강남세브란스병원 비만대사외과 교수는 고도비만을 치료하는 데에는 비만대사 수술이 가장 효과적이라고 했다. 고도비만 환자는 스스로 치료하기 힘든 만큼 고도 비만과 비만 합병증을 치료하기 위해 비만 대사 수술을 우선적으로 고려해야 한다고 말했다.

* 체질량지수(BMI): 몸무게를 키의 제곱으로 나눈 값(kg/㎡)

고도비만은 정상 체중보다 4배 많은 의료비 쓴다

김의학 기자(『의학신문』, 2027년 3월 22일 자)

비만이 만병의 근원이라는 말이 사실로 확인됐다. 한국대 비만센터 박○○ 교수 연구팀은 최근 고도비만 환자들이 정상 체중인 사람보다 동반 질환이 많고, 의료비 지출도 훨씬 많다는 연구 결과를 공개했다.

우리나라는 고도비만 인구가 서구권 국가보다 상대적으로 적다고 알려졌다. 그러나 박○○ 교수 연구팀이 12년 간(40~70세 대상 2010년~2023년 ○○○○ 공단 기준) 고도비만 환자를 추적 조사한 결과 급속히 증가하고 있고, 이들은 정상 체중인 사람보다 많은 질환을 앓고 있었다. 고도비만이란 아시아 태평양 지역을 기준으로 BMI(체질량지수) 35 이상을 의미한다.

연구 결과, 최근 12년 사이 고도비만 환자군의 동반 질환은 평균 1.88에서 평균

3.6개로 약 2배 증가했다. 같은 기간 의료 비용은 연평균 42만 원에서 172만 원으로 약 4배가 증가했다. 특히, 60세 미만 고도비만 환자군의 사망 위험이 컸다.

고도비만 환자의 위험성을 검증한 박OO 교수는 "이번 연구를 통해 고도비만 성인이 65세까지 생존할 수 있는 확률은 정상 체중 성인의 1/3에 불과하다는 연구 결과에 주목해야 한다"고 강조했다.

박 교수에 따르면, 고도비만 환자는 건강한 일반인 대비 사망률은 55%, 심혈관 질환의 발병 위험은 70%, 뇌졸중은 75% 증가하며, 제2형 당뇨의 경우 400%까지 발생위험이 상승한다. 25세부터 35세 사이의 비만인 남성이 정상 체중의 남성에 비해 사망할 위험은 12배 높다고 주장했다.

✎ **이 페이지의 핵심**

- 비만은
  - 질병이다. 합병증으로 사망률이 20% 늘어남, 개선이 쉽지 않음, 개인의 문제를 넘어섬
  - 고도비만: BMI 35 이상이 고도비만임. 수술 외에 치료 효과 거두기 힘듦, 급속히 증가하고 있음
  - 정상 체중보다 의료비 4배 씀, 동반 질환(최근 12년 사이 2배 증가)이 많음
  - 60세 미만 환자군의 사망 위험이 높으며 65세까지 생존확률 정상 체중의 1/3
  - 25~35세 사이 비만 남성은 정상 체중에 비해 사망 위험이 12배 높음

핵심의 활용

- ✔ 비만 관리의 중요성 제시, 특히 고도비만 위험성 제시: 25~35세 사망 위험 12배, 60세 미만 사망 위험 높음

⇒ 협조 기관에 중요성 피력 시 활용, 위험군에 대한 효과적 대안 마련 시 활용

- 상황 인식시키기
  - 비만 관리 종합대책의 중요성 설명, 비만은 질병이므로 국가가 해결해야 할 필요 등 심각성 제시
  - 사업의 목표 달성 위해 다각적 노력 필요

자료 3. 종합대책 소개

국가 비만관리 종합대책

건강증진과, 2027. 5.

1. 추진 배경 및 목적
- 비만은 막대한 경제적 손실과 계층 양극화 유발의 원인으로,
- 사회 경제적 손실은 최근 10년 사이 11조 5천억 원으로 2배 이상 증가하였으며,
- 특히, 남자 아동·청소년의 비만율은 26.0%로 OECD 평균 25.6%보다 높아 적극적인 비만 관리가 필요함

2. 목표
- 2030년 41.5%로 추정되는 비만율을 2024년 수준인 34.8% 유지

3. 사업 추진 전략
- 올바른 식습관 형성 교육강화 및 건강한 식품 소비 유도
- 신체활동 활성화 및 건강 친화적 환경 조성
- 고도 비만자 적극 치료 및 비만 관리 지원 강화
- 대 국민 인식 개선 및 과학적 기반 구축

4. 올바른 식습관 형성을 위한 교육 강화 및 건강한 식품 소비 유도

- 영양교육 및 식품 지원 강화
  - 영유아·임산부에게 영양플러스 사업 확대
  - 건강한 돌봄 놀이터 사업 확대
  - 유치원·어린이집 표준교육과정 개편
- 건강한 식품 선택 환경 조성
  - 음주, 폭식 조장 미디어 광고에 <u>가이드라인 개발</u> 보급
  - 모니터링 체계 구축
  - 영양 표시 의무화 식품 및 자율영양표시 대상 업종 확대
  - 가공식품의 당류 저감 지침 개발 보급 및 나트륨 저감 참여 급식소 및 음식점 확대

5. 신체활동 활성화 및 건강 친화적 환경 조성

- 아동·청소년 체육 활동 강화
  - 학생 주도의 학교스포츠클럽을 우수 학교에 지원 확대
  - 우수 건강증진 프로그램 전국 학교로 보급
  - 저소득층·소외계층 청소년에게 스포츠강좌 이용권 확대 지원
  - 국민 체력인증센터 및 건강생활지원센터 등 확충
- 성인 및 노인 대상 비만 예방 관리
  - 전 국민 대상 건강 인센티브 제도 도입: 우수자 인센티브 제공
  - 근로자들의 건강 행동 지원 위한 '근로자 건강센터' 확충
  - 모바일 기반 맞춤형 건강관리 지원 사업 확대
  - 노인 표준 신체활동 프로그램을 경로당 등에 확대 보급
- 생활 속 신체활동 환경 조성
  - 직장 내 건강 친화적 환경 조성 우수기업에 '건강 친화기업 인증제도' 도입
    ※ 건강보험료 감면, 저리 융자, 인재 확보, 공공조달 입찰 시 가점 부여 방안 검토

- 지자체의 '건강도시 활성화' 추진
- 생활밀착형 '국민체육센터' 설립, 다양한 프로그램 제공

6. 고도비만자 적극 치료 및 비만 관리 지원 강화

- 일부에서 자율 운영 중인 '비만운동클리닉'을 분석, 표준화된 사업모델 개발 전국 보건소로 확대 보급
- 병적 고도비만자의 고도비만 수술에 건강보험 적용
- 수술 전 단계의 고도비만자에 대한 교육·상담비용 건강보험 적용 검토
- 비만 학생 건강검진 항목에 '대사증후군 선별검사' 추가
- 비만인의 식생활·영양, 신체활동 등 집중관리 가이드라인 개발 보급

7. 대국민 인식개선 및 과학적 기반 구축

- 민관 합동으로 비만 슬로건 및 주제 개발
- 비만예방의 날(10월11일) 행사와 연계 범국민 캠페인 추진
- 지자체에서 주도적·맞춤형 비만 예방·관리 사업 추진 가능토록 생활 단위(읍면 동 및 사업장)별 비만 정보 제공 시스템 구축
- 이를 통해 지자체별 비만율, 의료비 지출, 비만 결정요인 등 비교·평가 가능한 정보 제공
- 국민건강증진정책심의위원회 산하 '영양·비만전문위원회'의 위원 구성 및 기능 확대,
- 국가 비만관리 종합대책을 통합·조정하고 이행 실태 점검 관리

✍ **이 페이지의 핵심**

- 종합대책의 내용이 제대로 이행되고 있는지에 대한 확인 필요, 특히, 아래의 사항들은 어떻게 할 것인가에 대한 대안이 필요함

- 음주·폭식 조장 미디어 광고 가이드라인 개발

- 비만인의 식생활·영양·신체활동 집중관리 가이드라인 개발

- 생활단위별 비만 정보 제공시스템 구축

핵심의 활용

✔ 국가 비만 관리 종합대책의 가이드라인, 플랫폼을 어떻게 할 것인가를 마련하여야
함. 현재로는 과제로 제시된 정보들이 없는 상황이므로 뒤에 제시되는 자료를 참고
한 후 대안을 마련하기

자료 4. 민원 게시판

| 홈 | 국민의 소리 | 민원 게시판 | 보건부 |

오늘의 방문자 수: 123050

ID: 소상공인 A

저는 작은 술집을 경영하고 있으며, 3남매를 부양하고 있는 가장입니다. 얼마 전 뉴스에서 정부가 국가 비만관리 종합대책을 발표하는 것을 보았습니다. 세계적으로 비만 문제가 심각하고, 국가 차원에서 비만을 관리하려는 의도에는 공감하고 있습니다. 그런데 음주에 대한 가이드라인을 만들어 국민들에게 대대적으로 홍보를 한다는 내용에 대해서는 걱정이 앞섭니다. 우리나라 음주문화가 좋다는 것은 아니지만, 우리 같이 하루 벌어서 먹고사는 영세업자들이 피해를 보지 않을까요? 무슨 제도든지 급진적인 것은 좋은 결과를 낳기보다 시행착오를 많이 겪는 것이 세상살이인데 어떠한 가이드라인을 만들 건지 궁금합니다. 공무원들이 가이드라인을 직접 만드는 건가요? 아니면 관련 단체들 의견도 수렴하여 만드는 건가요? 걱정이 앞서 민원이라도 남겨봅니다.
└RE: (ID: 업주1) 나도 같은 업종에 종사하고 있는 사람입니다. 도대체 정부에서 국민 비만까지 관리해야 하는 이유가 무엇이냐구요?
게다가 술 좀 마신다고 비만이 되는 겁니까? 국가에서 간섭이 너무 심한 것은 아닌가요?
└RE: (ID: 업주2) 정말 공감해요. 이 정책은 국민 자유를 침해하는 것 아닌가요? 이런 일 말고도 할 일들이 많을 텐데 과도한 규제가 아닐는지요? 사회적 합의도 없이 공무원들이 책상머리에 앉아 이것저것 궁리하는 것 아닌가요? 제발 많은 국민들이 공감할 수 있는 더 급한 일들을 바로잡아야 하는 것 아닐까요?

ID: 시청자 B

안녕하세요. 저는 지방 소도시에서 평범하게 살고 있는 국민입니다. 너무 답답해서 민원이라도 남겨봅니다. 과식이나 폭식을 조장하는 광고라는 게 어떤 것인가요? 저는 먹는 것을 좋아하고, 방송에 나오는 먹방 프로그램을 보면서 어떤 것이 좋을지 또 어떻게 요리를 해야 맛이 좋을지 관심 있게 보고 있는데, 이 프로그램이 비만을 조장한다고 해서 규제를 하겠다는 건가요? 저와 같은 취미를 가진 사람들은 무슨 재미로 하루를 살아야 하죠?
ㄴRE: (광고업주1) 깊이 공감합니다. 저도 천신만고 끝에 '식욕'에 관한 방송 광고 한 건을 만들었는데… 방송일을 접어야 할 것 같습니다. 너무 심하지 않나요? 제발 먹고살 길을 막지는 말아주세요. 우리도 좀 삽시다!

📌 이 페이지의 핵심

- 가이드라인 개발을 어떻게 할 것인가, 지나친 규제 아닌가 등에 대한 국민들의 불만 민원

핵심의 활용

- ✔ 가이드라인을 개발하거나 플랫폼을 구축할 때는 폭넓은 의견 수렴 절차가 필요함을 인식하고, 이를 반영하여야 함을 알기

자료 5. 인터뷰

송궁금 기자
(『건강일보』)

> 오늘 인터뷰는 보건부 건강증진과장님을 모셨습니다. 현재 시행 중인 국가 비만관리 종합대책의 세부적 사항이 어떻게 진행되고 있습니까?

김건강 과장
(보건부 건강증진과)

> 우리나라는 부처별로 비만 관련 정책을 수립 시행해 왔으나 지난 2025년 국가의 전략 과제로 접근하기 위해 5개년 사업으로 정책을 마련하고 시행 중에 있습니다.
> 정책 중에는 가이드라인을 마련하는 것과 플랫폼을 마련해야 하는 사항들이 포함되어 있습니다. 따라서 정부에서 가이드라인을 마련함에 소홀함이 없도록 하고, 플랫폼 개발도 효과적으로 할 예정입니다. 이는 국민건강증진정책심의위원회 산하 '영양·비만전문위원회'에서 마련할 것입니다. 또한, 동 위원회에서는 각 부처에서 시행 중이던 비만 관리 대책들을 통합·조정하고 이행 실태를 점검·관리하고 있습니다.
> 아울러 정책 효과를 제고하기 위해 다른 나라 모범사례 등을 벤치마킹하려고 합니다. 물론 타국의 모범사례를 참고하려면 우리나라 상황과 국민 정서가 어떠한지 살펴봐야 할 것입니다. 따라서 의견을 수렴하는 절차 등에 소홀함이 없도록 하고, 국민 모두가 같은 방향으로 나아가기 위한 홍보 또한 게을리하여서는 안 될 것이라 생각됩니다.

송궁금 기자
(『건강일보』)

> 그렇다면 과장님께서는 가이드라인 등을 어떤 방향으로 마련하는 것이 바람직하다고 생각하시나요? 또 위원회의 구성은 어떻게 되는지요?

김건강 과장
(보건부 건강증진과)

> 위원회에는 유관 학회 전문가들이 참여해야 한다고 봅니다. 예를 들자면, 비만학회, 소화기학회, 영양학회, 운동관련학회 등의 전문가들과 교육 전문가들, 그리고 국민 의견을 반영할 수 있는 여러 단체의 참석 또한 필요하다고 봅니다. 이는 사회적 합의가 없이는 정책을 효과적으로 집행할 수가 없기 때문입니다.
> 이렇게 가이드라인이 마련되고 비만 예방 관련 다양한 플랫폼이 개발되면 국민들의 비만에 대한 인지도는 상승하게 될 것이며, 정책 효과 또한 높아질 것이라 생각합니다.

- 가이드라인·플랫폼 개발은 영양·비만 전문위원회에서 마련
  - 해외사례 벤치마킹, 폭넓은 의견 수렴 절차 필요, 홍보 강화
  - 위원회 구성: 유관학회(비만, 소화기, 영양, 운동 관련 학회) 전문가, 교육 전문가, 국민 의견 반영 위한 단체 등
  - 위원회 기능: 각 부처의 비만 관련 대책 통합·조정, 이행 실태 점검·관리

핵심의 활용

✔ 팀장과의 면담 시 해결과제의 대안을 어떻게 마련함이 효과적일까를 설명하는 데 도움이 되는 정보들이므로 이를 적극적으로 활용할 것

위의 핵심들을 반영한 피드백 자료를 구성해 보면 다음과 같을 것임.

- 가이드라인·플랫폼 개발은 영양·비만 전문위원회에서 마련
  - 해외사례 벤치마킹
  - 폭넓은 의견 수렴 절차 활용
  - 홍보 강화
- 영양·비만 전문위원회 위원 구성 및 기능 확대
  - 위원회 구성
    ① 유관학회(비만, 소화기, 영양, 운동 관련) 전문가
    ② 교육전문가
    ③ 국민 의견 반영 위한 단체(대표단체 2개)
  - 위원회 기능
    ① 각 부처의 비만 관련 대책 통합·조정
    ② 이행 실태 점검·관리

자료 6. 해외사례 소개

- 해외 모범사례의 특징
  - 현재 45개국에서 비만을 유발하는 식품에 세금을 부과하고 있음
  - 비만 유발 식품에 대한 광고 금지와 건강관리에 인센티브를 부여하는 등 정부가 적극적으로 나서고 있음

- 영 국
  - 2018년부터 설탕세 도입
  - 대중교통에 나트륨, 지방, 설탕 함유량 많은 음식 광고 금지
  - 당 저감화 참여 기업들은 서약서에 서명하고 진행사항을 정부에 보고
  - 민간 영역에서의 비만 예방 활동('스타 셰프 올리버가' 프로그램)
  - 왕립의학협회 의사들의 국민 동참 요구(10가지 행동계획)

- 프랑스
  - 2012년 비만세 도입
  - 학교 자판기에 음료 음식 추방
  - 소금과 당 함량이 높은 음료의 대중광고 규제
  - 에어프랑스에서는 비만 고객에 항공료 2배 부과

- 독 일
  - 건강생활에 '건강보너스' 인센티브 부여
  - 모든 계층에 자전거 타기 장려 프로그램 시행
  - IN FORM을 통해 건강한 식단과 신체활동 촉진 캠페인 전개
  - 청소년 운동 장려 사업인 '스포츠 배지' 프로그램 지속 시행

- 미 국
  - 질병통제센터: 신체활동·식습관 관련 6가지 가이드라인 제시
  - 농무부: 식생활 가이드라인 제정 배포
  - 렛츠 무브 캠페인으로 2030년까지 아동 비만율 5%까지 감소

※ 학교에 정크푸드 광고 금지, 가공식품의 칼로리 표시 제도 강화

• 캐나다
  – 설탕세 부과, 설탕 음료에 대한 광고와 마케팅 제한
  – 영양 가이드라인 제작 보급
  – 신체활동 놀이 프로그램, 도보 등교(Trottibus) 프로그램 시행

• 멕시코
  – 설탕 음료에 세금 부과, 짜고 단 과자와 디저트를 학교 급식에서 추방
  – 버스정류장, 지하철역에 운동기구 설치, 지시대로 스쿼드를 하면 지하철 및 버스 무료 탑승권 제공

• 칠 레
  – 위해성분 전면경고 표시제도 시행, 비만 유발식품 광고 규제
  – ※ 도입 6개월 만에 가당음료 섭취량 60% 감소

• 일 본
  – 비만금지법(기업·공무원 대상, 40세 이후 복부비만 시 회사와 정부기관이 벌금) 시행, 건강 포인트 인센티브 시행

📌 **이 페이지의 핵심**

• 비만 유발 식품 세금 부과: 설탕세, 비만세 등
• 광고 금지: 소금과 당 함량 높은 음료의 대중광고 규제, 학교 자판기에 음료 음식 추방
• 건강관리 인센티브 시행: 건강 포인트 인센티브 부여, 도보 등교 프로그램, 자전거 타기 장려 프로그램 시행, 당 저감화 참여 기업들에 인센티브 부여 및 진행사항 보고

✔ 해외의 사례 중 대안으로 활용함에 도움될 사례 추출 피드백 시 활용하기

해외사례 중 벤치마킹할 정보들로 피드백 대안을 마련하면 다음과 같을 것임.

- 비만 유발 식품 세금 부과: 설탕세, 비만세 등
- 광고 금지: 소금과 당 함량 높은 음료의 대중광고 규제, 학교 자판기에 음료 음식 추방 등
- 건강관리 인센티브 시행: 건강 포인트 인센티브 부여, 도보 등교 프로그램, 자전거 타기 장려 프로그램 시행, 당 저감화 참여 기업들에 인센티브 부여 및 진행사항 보고

자료 7. 이비만 팀장의 이메일

≫받은 편지함

답 장	전체답장	전 달	✕ 삭 제		스팸신고	인 쇄

제　　목: 국가 비만관리 종합대책 운영팀 관련 건

보낸 사람: 이비만 팀장 (건강증진과 국가 비만관리 종합대책운영팀)

받은 시간: 2027년 5월 7일, 09:32:54

받는 사람: 김건강 과장 (건강증진과)

과장님, 이비만 팀장입니다. 다름이 아니라, 최근 업무 처리에 여러 가지 어려운 점이 많아 과장님께 도움을 구합니다.

비만관리 종합대책을 시행한 지 벌써 3년째입니다. 국가적 사업인 비만관리 종합대책에 속도를 내야 할 때라 생각되어 나름 최선의 노력을 경주하고 있습니다만, 대안을 마련하면서 팀원들과의 의견이 맞지 않아 후속 세부 계획이 마련되지 못하고 있는 실정입니다.

저는 대책안의 효과적 추진을 위해 후속 대안들(가이드라인 마련, 플랫폼 개발 등)을 빨리 마련하여야 한다는 입장인데, 팀원으로 있는 김증진 사무관은 폭넓은 의견을 수렴해야 한다면서 후속 대안들의 마련을 차일피일 미루고 있어 난감한 상황입니다.

과장님께서도 아시겠지만 범국가적 사업인 비만관리 종합대책을 훌륭히 운영하여 성과도 인정받아 승진을 하는 데도 도움이 되었으면 하는 것이 저의 생각입니다만, TFT 업무가 마음과 뜻대로 되지 않고, 정책 추진도 제자리걸음을 하고 있어 불안하기만 합니다. 어떻게 하면 사업이 성과를 제고함에 도움이 될 것인지에 대한 과장님 고견을 듣고 싶습니다.

그리고 현 팀원들로서는 방대한 정책을 집행함에 어려움이 많이 있습니다. 팀원을 더 충원해 주실 수는 없겠습니까? 과장님의 전폭적인 지지와 조언을 부탁드립니다.

📌 이 페이지의 핵심

- 후속 대안 마련에 대한 이견 발생
  - 신속(이비만 팀장) VS 폭넓은 의견 수렴(김증진 사무관)
- 종합대책의 성공적 실행으로 승진에 도움 희망
- 팀원 충원 요청

핵심의 활용

- ✔ 대안 마련을 어떻게 하는 것이 도움이 될 것인가를 피드백하기
- ✔ 업무성과 향상을 위해서 개선되어야 할 사항들을 정리하여 제시할 준비
- ✔ 인원 보충 시 누구를 지원하여야 할 것인가를 특성을 보면서 선정·추천하고 후속 업무 분장을 제시하기

신속함만이 좋은 결과를 내는 것은 아님을 설명하고, 특히 국민적 합의가 필요한 사항이므로 폭넓은 의견수렴이 있어야 하며, 다음과 같은 실행방안을 제시할 수 있음.

의견수렴 절차

• 범국민적 공청회로 의견 도출

• 위원회에서 방향·방법 등 세부사항 마련

 ※ 해외사례 등 벤치마킹 가능한 자료 제공

 – 비만 유발 식품 세금 부과: 설탕세, 비만세 등

 – 광고 금지: 소금과 당 함량 높은 음료의 대중광고 규제, 학교 자판기에 음료 음식 추방 등

 – 건강관리 인센티브 시행: 건강 포인트 인센티브 부여, 자전거 타기 장려 프로그램 시행, 도보 등교 프로그램, 당 저감화 참여 기업들에 인센티브 부여 및 진행사항 보고

• 관련 기관의 의견조회

• 후속 사업 확정 실행

업무성과 향상을 위해 팀원들과의 협력이 절대적으로 필요한 이유를 설명

• 팀원의 관리

 – 부하 직원에게 비전을 제시해 줄 필요 있음

 – 상대의 의견 경청, 수용 노력 필요함을 일깨우기

 – 명확한 지시, 철저한 확인 필요

 ※ 확인 등을 위한 프로세스 마련 시행

• 업무 처리

 – 조직의 업무 성과 관심 유도(협업·소통으로 조직의 성과가 나타남을 일깨워 주기)

 – 정보와 아이디어 공유 필요

 – 우선순위를 정하여 일하기

인원 보충과 관련하여서는 이어서 제시되는 직원들의 특성과 업무 내용을 참작하며 선정

자료 8. 건강증진과 직원별 근무성적 평정결과

2027년 건강증진과 근무성적 평정자료

2027. 2. 15.

성 명	근속 년수	근무 평가	개인 특성	현재 및 과거 업무 내용 등
김건강 과장	20년	–	–	• 현) 건강증진과 업무 총괄
최검진 서기관	18년	A	• 과 내 서기관으로서 구성원을 아우르는 능력 보유	• 현) 국민 식생활과 영양정책 수립 ·총괄 • 전) 비만 예방 관련 제도 수립 및 운영
이비만 사무관	17년	B	• 국민 건강증진 정책에 대한 높은 이해도 • 독단적인 일 처리 경향이 있어 협업 다소 미흡	• 현) 비만 예방 관련 제도의 수립 및 운영 • 현) 국가 비만관리 종합대책 TFT 팀장
김증진 사무관	15년	B	• 과의 정책에 대한 높은 이해도 • 동료들에게 인기가 있고 협업 업무에 강점을 가짐	• 현) 흡연 예방 및 금연 대책 수립과 홍보 • 현) 국가 비만관리 종합대책 TFT 팀원
오영양 사무관	15년	–	• 꼼꼼하여 모든 업무에 뛰어난 능력을 보유, 성과가 좋음 • 구강정책과에서 신규 발령	• 현) 건강검진에 관한 종합계획의 수립과 조정 • 전) 구강정책과 청소년 구강정책 수립
정예방 주무관	10년	A	• 비만 관련 정책에 대한 높은 이해와 신속한 업무 처리 • 변화에 대한 적응력이 부족	• 현) 맞춤형 방문 건강관리에 관한 제도 수립 • 전) 신체활동 활성화를 위한 건강증진 사업
이방문 주무관	8년	A	• 담당 업무에 대한 책임 의식 • 외향적인 성격으로 협업 업무에 강점을 가짐	• 현) 비만 예방 및 건강식생활 교육과 홍보 • 현) 국가 비만관리 종합대책 TFT 팀원
최민지 주무관	5년	B	• 꼼꼼하고 성실하지만, 업무처리가 미숙함(처리속도가 늦어 업무 진행에 차질 발생 종종 있음)	• 현) 신체활동 활성화를 위한 건강증진 사업 • 전) 비만 예방 및 건강식생활 교육과 홍보

고재훈 주무관	4년	B	• 수동적인 업무 처리 경향 • 건강증진교육을 전공하여 사업 전반에 이해가 높음	• 현) 건강검진 기관의 질 관리 및 평가 • 전) 기타 사항 및 과 서무 업무
지현정 주무관	3년	A	• 신속한 업무처리 능력 • 개인주의 성향이 다소 강해 과원 간 교류가 부족함	• 현) 기타 사항 및 과 서무 업무

✎ 이 페이지의 핵심

- 현재 팀원: 이비만 사무관, 김증진 사무관, 이방문 주무관
- 과원들의 근속년수, 특성, 업무 내용 등을 참작하며 증원 인원을 모색

핵심의 활용

✔ 과원들의 특성을 분석하고 업무 분장 등에 활용하기(쓰임새가 많은 페이지이므로 옆에 비치함이 좋음)

직원들의 특성과 보완점을 분석하며 선정하여야 하며, 다음과 같은 분석을 할 수 있겠음.

- 오영양 사무관: 뛰어난 업무 수행, 성과에 강점 있어 적격자임. 팀 내 사무관이 다수라서 원활한 업무 추진이 어려울 수도 있음
- 정예방 주무관: 비만 정책의 높은 이해도, 신속 업무 처리 강점 있으나 변화 적응력 부족으로 설득 및 확인이 필요함
- 고재훈 주무관: 전공과목(건강증진교육)이라 이해도 높음. 수동적 업무 처리 경향으로 구체적 지시와 이행 실태 확인 필수임

  ※ 적격자를 선정하고 약점 보완 논리를 명쾌하게 제시할 것

자료 9. 비만관리 종합대책 운영팀원들의 대화 내용

김증진 사무관

어제 영양·비만전문위원회 간사님께서 전화를 주셨었는데요. 그분은 저와 같이 근무를 한 적이 있고, 허물없는 사이거든요. 그런데 저희 팀장님이 업무 협조를 하는 과정에서 마치 상급자라도 되는 양 지시 일변도의 말씀을 하시더라는 거예요. 가이드라인 마련에 포함시킬 전문가들 관련 의견이었는데 무슨 전문가들이 그렇게 많이 필요하냐면서, 또 그렇게 머뭇거리다 언제 가이드라인이 만들어지겠느냐고…. 국가 정책이 속도만 낸다고 되는 것이 아닌데 말예요.

다음 주에 이비만 팀장님과 함께 업무 협조 차 타 기관을 가는 데 걱정이 앞서네요. 팀원들은 왜 스스로 알아서 일을 하지 않는지 모르겠다며 모두가 자기처럼 열심히 해주면 팀 업무에 상당한 진전이 있을 거라는 등의 말을 틈만 나면 이야기했거든요. 그런 이야기를 혼자서, 또 들어야 한다고 생각하니 가슴이 답답하네요. 회의 때도 의견을 묻기는 하지만 구체적인 지시는 없고, 의견을 제시해도 반영은 안 되고… 참 어렵네요.

이방문 주무관

김증진 사무관

그것뿐이 아녜요. 오늘 나는 팀장님과 의견이 달라 섭섭한 마음이 많았어요. 시행 중인 대책에는 가이드라인이나 플랫폼 개발이 있는데요. 제 의견은 국민들 의견을 폭넓게 수렴해야 정책 효과가 크게 나타날 것이라는 입장인데, 팀장님은 속도를 내려면 신속한 후속안 마련이 필요하다고 하면서 제 의견은 평가절하해 버리더라구요. 얼마나 씁쓸했던지…. 국가 정책에는 사회적 합의가 중요하다는 것을 왜 모르시는지….

저도 팀장님과 업무를 하기 전까지는 좋게 생각했어요. 그런데 막상 같이 업무를 하려니 여간 힘든 것이 아니더군요. 나름 심사숙고하여 좋은 안건이라고 생각되는 의견을 제시하면 자신의 생각과 맞지 않을 경우 마땅치 않다는 표정을 보이며 사기를 떨어뜨리는 말을 하니…. 어쩌면 모든 것을 자기 뜻대로만 하려고 하는 것인지…. 업무 추진력이나 열심히 하려고 하는 모습은 좋지만요.

이방문 주무관

- 이비만 팀장의 특성

  - 정책의 신속 처리 특성, 유관부서와의 협력관계 구축 시 일방향성 성격

  - 의견은 묻되 반영은 뒷전

  - 업무 추진력과 열심히 노력함은 좋음

핵심의 활용

  ✔ 위의 성격 특질들을 순기능·역기능 측면의 예를 들어가며 이슈 해결에 활용하기

- 성격 특성으로 인해 조직의 성과에 좋지 않은 결과를 초래할 부분을 일깨우기

  - 신속함만이 좋은 결과를 내는 것은 아님 등

  - 단점 보완 가능한 교육 및 도서 등 소개

- 업무성과 향상을 위해 팀원들과의 협력이 절대적으로 필요한 이유를 설명(자료 7

  의 대안제시와 중복되기도 하니 참고할 것)

  - 팀원의 관리

    ① 부하 직원에게 비전을 제시해 줄 필요 있음

    ② 상대의 의견 경청, 수용 노력 필요함을 일깨우기

    ③ 명확한 지시, 철저한 확인 필요

      ※ 확인 등을 위한 프로세스 마련 시행

  - 업무처리

    ① 조직의 업무 성과 관심 유도(협업·소통으로 조직의 성과가 나타남을 일깨워 주기)

    ② 정보와 아이디어 공유 필요

    ③ 우선순위를 정하여 일하기

자료 10. 이비만 팀장 인사기록

성 명	이비만	
생년월일	1982. 3. 25.	
현 직급 임용 연도	2019	
소 속	보건부 건강증진과	

학 력	학 교	전 공	학 위
	OO대학교	보건정책과	학 사

근무성적	
	26년 89 / 75
	25년 92 / 82
	24년 96 / 90
	■ 근무실적 ■ 다면진단

직무역량	전략적 사고	우선순위를 고려한 선택과 집중의 전략을 수립하고 발생 가능한 문제를 사전에 예측, 대비하는 역량	점 수
			3.5/5
	성취 지향성	업무를 훌륭히 수행하거나 훌륭한 성과를 달성하는 데 관심을 갖고 시도하는 역량	점 수
			4.5/5
	정보수집 및 관리	담당 업무수행에 필요한 정보를 효과적으로 수집하여 적시에 활용하도록 분류, 정리하는 능력	점 수
			4/5
	자기 조절	과도한 업무량, 외부 스트레스 등에 대한 중압감을 스스로 조절하여 업무의 중심을 잃지 않는 능력	점 수
			2.5/5

참고사항	• 2024년 업무평가 부서 내 최우수 직원 선정 • 2025년 국민건강영양조사 시스템 구축 • 2026년 인사 평가 결과 서기관 승진심사에서 탈락

다면 평가 보고서	Individual Characteristic Progressive Report

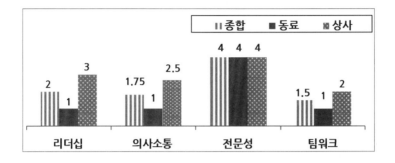

항 목	평가 의견
리더십	• 부하 직원의 성장 및 동기부여에 다소 무관심함 • 개인의 성과와 조직의 성과를 연계하여 부하 직원에게 비전을 제시해 주는 노력을 할 필요가 있음
의사소통	• 자신의 의견에 과도하게 확신이 있어, 다른 이의 의견에 관심이 없음 • 상대방 의견을 경청하고 수용하는 노력이 필요함
전문성	• 자신 업무에 대해 지속적으로 학습하여 수행 능력을 함양 • 맡은 일과 연관된 지식, 스킬 등에 대해 충분히 숙지하고 있음
팀워크	• 조직 전체적인 업무 성과에 관심이 부족함 • 구성원 간 유용한 정보와 아이디어 공유가 안 되어 협동이 어려움

📌 **이 페이지의 핵심**

• 이비만 팀장의 특성

 – 근무 성적이 해마다 하락하고 있음, 직무역량 중 자기조절 점수가 낮음

- 다면평가에 리더십, 의사소통, 팀워크 점수가 낮음

  * 부하 직원에게 비전 제시해 줄 필요

  * 상대 의견 경청 수용 노력 필요

  * 조직 업무 성과 관심 부족, 정보와 아이디어 공유 필요

위의 특성 들을 활용하며 피드백할 준비하기(쓰임새 많은 페이지이므로 옆에 비치하여 활용)

위의 특성들을 반영하며 동기부여 요소를 정리해 보면 다음과 같을 것임(앞에 제시된 내용들과 중복되니 참고할 것).

승진 탈락에 결정적으로 작용하는 요인 설명

- 다면평가의 중요성 인식시키기

  - 다면평가는 동료와의 관계가 중요함

  - 다면평가 점수가 낮아 승진심사에 통과하지 못하고 있음

  - 동료와의 관계 개선을 위해 노력할 것

- 팀원의 관리

  - 부하 직원에게 비전을 제시해 줄 필요 있음

  - 상대의 의견 경청, 수용 노력 필요함을 일깨우기

  - 명확한 지시, 철저한 확인 필요

  ※ 확인 등을 위한 프로세스 마련 시행

- 업무 처리

  - 조직의 업무 성과 관심 유도(협업·소통으로 조직의 성과가 나타남을 일깨워 주기)

  - 정보와 아이디어 공유 필요

  - 우선순위를 정하여 일하기

'건강증진과장의 부하 직원 면담' 이슈 파악 및 해결방법 제시

해결해야 할 이슈

- 종합관리대책의 후속 세부계획 마련
- 팀원 증원 및 관리 등
- 개인 고충 해결

이슈1. 종합관리대책의 후속 세부계획 마련

- 상황 인식시키기
  - 비만 관리 종합대책의 중요성 설명, 비만은 질병이므로 국가가 해결해야 할 필요 등 심각성 제시
  - 사업의 목표(2030년 비만율 34.8% 유지) 달성 위해 다각적 노력 필요
- 후속 사업 필요과제
  - 가이드라인 개발
    - ① 음주, 폭식 조장 미디어 광고, 비만인의 식생활·영양·신체활동 등 집중 관리
  - 시스템 구축
    - ① 생활단위별 비만 정보 제공(비만율, 의료비 지출, 비만 결정요인 등)
- 영양·비만 전문위원회 위원 구성 및 기능 확대
  - 위원회 구성
    - ① 유관학회(비만, 소화기, 영양, 운동 관련) 전문가
    - ② 교육전문가
    - ③ 국민 의견 반영 위한 단체(대표단체 2개)
  - 위원회 기능
    - ① 각 부처의 비만 관련 대책 통합·조정
    - ② 이행 실태 점검·관리

- 의견수렴 절차
  - 범국민적 공청회로 의견 도출
  - 위원회에서 방향·방법 등 세부사항 마련
    ※ 해외사례 등 벤치마킹 가능한 자료 제공
    ① 비만 유발 식품 세금 부과: 설탕세, 비만세 등
    ② 광고 금지: 소금과 당 함량 높은 음료의 대중광고 규제, 학교 자판기에 음료 음식 추방 등
    ③ 건강관리 인센티브 시행: 건강 포인트 인센티브 부여, 자전거 타기 장려 프로그램 시행, 도보 등교 프로그램, 당 저감화 참여 기업들에 인센티브 부여 및 진행 사항 보고
  - 관련 기관의 의견조회
  - 후속 사업 확정 실행

이슈2. 팀원 증원 및 관리 등

- 팀원 증원
  - 필요성 분석
    ① 영양·비만 전문위원회에 일임하고 네트워크·소통으로 보완
    ② 후속 사업 결정 후 이행과정에 인원이 투입됨이 바람직
  - 적격자 분석
    ① 오영양 사무관: 뛰어난 업무 수행, 성과에 강점 있어 적격자임. 팀 내 사무관이 다수라서 원활한 업무 추진이 어려울 수도 있음
    ② 정예방 주무관: 비만 정책의 높은 이해도, 신속 업무처리 강점 있으나 변화 적응력 부족으로 설득 및 확인이 필요함
    ③ 고재훈 주무관: 전공과목(건강증진교육)이라 이해도 높음. 수동적 업무 처리 경향으로 구체적 지시와 이행 실태 확인 필수임
    ※ 적격자를 선정하고 약점 보완 논리를 명쾌하게 제시할 것

- 팀원 관리 및 업무 처리
  - 후속 사업 선정: 사회적 합의가 특히 필요한 사업이므로 충분한 의견 수렴이 필요함
  - 팀원의 관리
    ① 부하 직원에게 비전을 제시해 줄 필요 있음
    ② 상대의 의견 경청, 수용 노력 필요함을 일깨우기
    ③ 명확한 지시, 철저한 확인 필요
    ※ 확인 등을 위한 프로세스 마련 시행
  - 업무 처리
    ① 조직의 업무 성과 관심 유도(협업·소통으로 조직의 성과가 나타남을 일깨워 주기)
    ② 정보와 아이디어 공유 필요
    ③ 우선순위를 정하여 일하기

이슈3. 개인 고충 해결

- 이비만 사무관의 강점 칭찬 등
- 성격 특성으로 인해 조직의 성과에 좋지 않은 결과를 초래할 부분을 일깨우기
  - 신속함만이 좋은 결과를 내는 것은 아님 등
  - 단점 보완 가능한 교육 및 도서 등 소개
- 승진 탈락에 결정적으로 작용하는 요인 설명
  - 다면평가의 중요성 인식시키기
    ① 다면평가는 동료와의 관계가 중요함
    ② 다면평가 점수가 낮아 승진심사에 통과하지 못하고 있음
    ③ 동료와의 관계 개선을 위해 노력할 것
- 과장으로서 조직원들이 협업에 탄력을 보이도록 하기 위한 방안 구상 제시 등
  - 워크샵 등
  - 재발 방지 프로세스 마련 및 시행 철저

'생활체육진흥과장의 업무 관리' 요점정리 및 답안으로 구성해 보기

생활체육진흥과장의 업무 관리

본 과제의 내용은 교육 목적에 맞게 재구성한 것입니다. 과제의 내용이 실제 업무와 다소 상이하더라도 주어진 모의 과제에 맞게 과제 수행에 임해주십시오.

과제 안내

1. 과제 배경 상황

- 오늘은 2027년 12월 7일입니다.

- 귀하는 체육정책국 생활체육진흥과 이재영 과장이며, 전임 과장의 갑작스러운 휴직으로 12월 1일에 생활체육진흥과장으로 부임하였습니다.

- 생활체육진흥과는 국민들의 건강한 일상생활 지원과 생활체육을 활성화하기 위해 다양한 업무를 추진하고 있습니다.

- 귀하는 내일부터 일주일간 해외 출장이 예정(12월 8일~14일)되어 제시된 현안들을 신속히 처리해야 합니다.

- 귀하는 앞으로 50분 동안 주어진 자료를 검토하여 업무가 차질 없이 진행될 수 있도록 적절한 조치를 취하십시오.

- 귀하가 해결해야 할 과업은 다음과 같습니다(과업의 순서는 업무 추진 우선순위가 아닙니다).

  - 2028 청소년 생활체육활성화 사업 개선안 수립

  - 신규 업무 담당자 선정 및 업무 조정

  - 농어촌지역 체육시설 확충에 따른 갈등 조정

2. 교육생·FT 역할 및 해결 과제

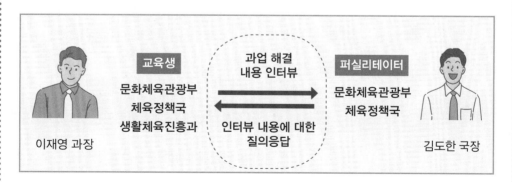

✎ 이 페이지의 핵심

- 2027년 12월 7일 체육정책국 생활체육진흥과 이재영 과장, 전임 과장 휴직으로 12월 1일 부임

- 해결 과제
  - 2028 청소년 생활체육 활성화 사업 개선안 수립
  - 신규 업무 담당자 선정 및 업무 조정
  - 농어촌지역 체육시설 확충에 따른 갈등 조정

핵심의 활용

✔ 역할 인식 및 해결 과제 숙지하기

자료 1. 조직도

체육정책국

1. 체육정책국 비전 및 정책 추진 방향

비 전	국민들이 건강한 생활을 할 수 있는 체육강국
정책 추진 방향	1. 스포츠 활동을 통한 건강한 일상 지원 2. 지역별 생활체육 접근 격차를 해소하기 위한 정책 추진 3. 국민 건강권 제고를 위한 타 부처 협력 강화

2. 조직도 및 과 업무

1. 생활체육 진흥을 위한 계획 수립·시행 및 관련 단체의 육성·지원
2. 직장 및 지역생활체육의 진흥과 스포츠클럽의 육성·지원
3. 공공체육시설 확충 계획의 수립 및 추진 업무 총괄
4. 생애주기별 생활체육 활성화 관련 정책 전반 등

3. 과원 정보(과장 제외)

성 명	담당 업무	특 성
김유진 사무관	연령별·지역별 생활 체육 진흥·스포츠클럽 육성 및 지원관련 업무	① 성과가 우수하며, 특히 신규 업무에 대한 적응이 빠름 ② 협업 업무 시 주도성이 낮아 관계자 의견 수용도가 매우 높음
최성주 사무관	공공체육시설·생애주기별 생활체육 활성화 관련 업무	① 주변 사람과의 관계 형성·관리에 뛰어나며, 외부 협업에 대한 부담이 적음 ② 현재 업무 성과가 저조하며, 새로운 업무에 적응하는 것을 어려워함
박지훈 주무관	연령별·지역별 생활 체육진흥 지원	① 기획 업무에 탁월하며, 업무 완결성이 높음 ② 의사소통이 직설적이어서 대외 업무 관련 갈등이 종종 발생함
유영화 주무관	스포츠클럽 육성 및 지원	① 대인관계 역량이 높고, 협업 업무에서 성과가 높음 ② 업무 조직화 역량이 다소 부족하여, 업무가 많아지면 우선순위 결정에 어려움을 겪음
도희원 주무관	공공체육시설 운영 관리 및 지원	① 신규 업무 적응력과 협업역량이 높지만, 수치 관리 등 세심하고 꼼꼼함이 필요한 업무 성과는 낮음 ② 현재 병가 중 (28년 2월 복귀 예정)
민정현 주무관	생애주기별 생활체육 활성화 업무	① 업무를 꼼꼼하게 처리하며 실수가 적음 ② 업무 처리 시간이 긴 편이어서, 업무가 많아지면 업무 기한 맞추기를 어려워함

✎ 이 페이지의 핵심

- 과원들의 장단점별 특성 파악
  - 도희원 주무관은 병가 중으로 27년 2월 복귀 예정

핵심의 활용

✔ 업무, 조직도와 비전, 과원의 업무와 특성 등을 파악하여 업무 분장 등에 활용

✔ 쓰임새가 많은 페이지이므로 옆에 비치 활용하기

자료 2. 김도한 국장의 메일 ①

≫받은 편지함

| ☒ 답 장 | 전체답장 | 전 달 | × 삭 제 | 스팸신고 | 인 쇄 |

제 목:	생활체육진흥과 추진 정책 및 사업 개선안 수립 건
보낸 사람:	체육정책국 김도한 국장
보낸 시간:	2027년 12월 7일 (월) 08:30
받는 사람:	생활체육진흥과 이재영 과장

이재영 과장, 부임한 지 얼마 되지 않아 여러모로 바쁘겠지만 급히 요청할 일이 있습니다.

이 과장도 알고 있겠지만, 생활체육진흥과에서는 올해 생활체육 활성화를 위한 다양한 지원정책을 추진했고, 2028년에도 동일한 지원정책을 지속적으로 추진할 계획이었습니다. 그런데 지난주 국장급 회의에서 2027년 과별 핵심정책에 대해 1차적으로 검토한 결과, 생활체육진흥과에서 지속적으로 추진했던 '2027년 청소년 생활체육 활성화 사업'의 성과가 특히 낮아 개선이 필요하다고 결정했습니다. 게다가 해당 사업의 경우 내년에 5억 원의 예산 감축이 예정되어 있기 때문에 내년 사업의 효과성 제고를 위한 개선 방향 결정이 급히 필요한 상황입니다. 따라서 이 과장이 직접 '2027년 청소년 생활체육 활성화 사업 결과 보고서'를 분석하여 핵심 문제점을 파악한 후, 이를 해소할 수 있는 내년 사업 개선방향을 결정해 주세요. 그리고 개선방향에 기반하여 필요시 사업 성과목표를 재설정하고, 그에 따른 사업 추진안 및 사업 추진 시 모니터링 방안 등을 마련하여 보고해 주십시오.

출장 때문에 바쁠 줄은 알지만, 매우 중요한 사안이라 불가피하게 요청하게 되었으니 양해 부탁합니다.

그럼 수고하십시오.

첨부 파일: 2027년 청소년 생활체육 활성화 사업 결과 보고서.hwp

- 생활체육진흥과의 핵심정책인 '청소년 생활체육 활성화 사업'의 성과도 낮고, 예산도 5억 원 감축 예정되어 개선이 필요함
- 개선방향에 기반해 사업 성과목표 재설정(필요시) 및 사업추진안과 모니터링 방안 등을 마련 보고할 것

✔ 해결해야 할 과제의 개선점 등을 파악하여 보고해야 함을 인식하기

✔ 필요시 목표 재설정, 예산 감축, 추진안과 모니터링 방안이 필수적임

  ※위와 같은 제시문은 해결안을 꼭 마련하여야 함을 잊지 말 것

자료 3. 2027년 청소년 생활체육 활성화 사업 결과 보고서 (1/2)

2027년 청소년 생활체육 활성화 사업 결과 보고서

생활체육진흥과, 2027. 12.

1. 추진 배경
- 청소년들의 건강관리와 만성질환 예방을 위해 학교 및 청소년 체육시설에 청소년 생활체육 활성화를 위한 인적 기반을 구축함으로써 청소년들이 다양한 생활체육 프로그램을 향유할 수 있도록 하기 위함

2. 지원 대상
- 전국 초·중·고교 및 지역 청소년 체육시설 중 신청 기관

3. 세부 사업 계획
- 사업 내용
  - 생활체육지도사 양성(1인당 최소 3개 프로그램 지도 가능)

- 생활체육프로그램 개발 및 운영 지원

- 신청 학교 및 청소년 체육시설에 생활체육지도사 배치 및 프로그램 지원

• 목 표

- 26년 대비 신청학교 20% 증가(26년 1,025개 학교 지원)

- 정책수혜자 만족도 4.0 이상 달성(5점 만점, 25년 3.8점)

• 사업 추진 기간: 2027년 1월~12월

• 사업 예산: 25억 원(28년 20억 원으로 감축 예정)

- 생활체육프로그램 개발: 5억 원

- 신청학교에 생활체육프로그램 운영 지원: 10억 원

- 생활체육지도사 양성 및 신청학교 배치지원: 7억 원

- 생활체육 프로그램 운영 지원(장소, 교구 등 지원): 3억 원

• 사업 추진 절차 및 내용

1 단계	• 생활체육 프로그램 개발(1월~2월)─ 수영, 배드민턴, 요가, 필라테스, 방송댄스 등 청소년들의 흥미가 높은 20개 분야 프로그램 개발 • 분야별 생활체육지도사 양성(1월~2월)
2 단계	• 사업 홍보 및 신청 기관 모집(2월) ─ 교육청 홈페이지 및 인터넷 SNS 홍보 진행 ─ 온라인으로 신청 기관 모집
3 단계	• 생활체육 프로그램 지원 운영 (3~12월) ─ 학교당 학기별 최대 2개 프로그램 신청 가능 ─ 학기별(1학기·여름방학·2학기) 신청 프로그램 변경 가능 ─ 학교당 생활체육지도사 최대 2명 지원 가능(프로그램 변경 시 전공에 따라 지도사 변경 가능)
4 단계	• 사업 만족도 조사(11~12월) ─ 생활체육지도사, 학생 및 학부모를 대상으로 프로그램 만족도 조사 및 결과 분석

📌 이 페이지의 핵심

- 생활체육지도사 1인당 최소 3개 프로그램 지도 가능
- 목 표
  - '26년 대비 신청학교 20% 증가, 정책 수혜자 만족도 4.0 이상 달성
- 사업 예산
  - 25억 원('28년은 20억 원으로 감축 예정)
- 사업 추진 절차
  - 1단계: 프로그램 개발 및 분야별 생활체육지도사 양성(1~2월)
  - 2단계: 사업 홍보 및 신청 기관 모집(2월)
  - 3단계: 프로그램 지원 운영(3~12월)
    - ① 학교당 학기별 최대 2개 프로그램 신청 가능
    - ② 학기별 프로그램 변경 가능
    - ③ 학교당 생활체육지도사 최대 2명 지원 가능(프로그램 변경 시 지도사 변경 가능)
  - 4단계: 사업 만족도 조사(11~12월)

핵심의 활용

✔ 위 핵심을 개선안 마련 시 어떻게 적용하는 것이 좋을지 이어지는 과제를 확인하며 개선하기

자료 3. 2027년 청소년 생활체육 활성화 사업 결과 보고서 (2/2)

사업 추진 결과

1. 사업 목표별 평가 결과

구 분	2027년 목표	달성 결과	성 과
신청 학교 수	1,230개 ('26 대비 20% ▲)	1,179개 ('26 대비 약 15% ▲)	B
수혜자 만족도(5점 만점)	4.0점	2.9점	C

- 신청 학교 수 분석
  - 초등학교는 증가하였으나 중·고교는 감소함, 입시 위주 교육으로 체육활동 체감 중요도가 낮은 것이 원인임

- 만족도 분석

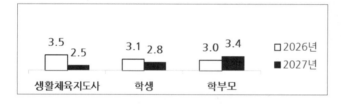

2. 사업 수혜자별 불만족 원인 분석(중복 응답)

- 생활체육지도사

구 분	불만족 이유
1순위	이수 프로그램이 너무 많음(41.2%)
2순위	이수 프로그램 대비 교육 기간이 너무 짧음(35.1%)
3순위	비교적 비인기 프로그램 이수 시 미배치 기간이 발생함(33.7%)

  - 지도사 1인당 이수 가능 프로그램은 최대 5개(최소 3개)지만, 교육 기간은 2개월로 한정되어, 교육 기간이 더 길거나 상시로 운영되었으면 좋겠다는 의견이 많았음.

또한, 20개 프로그램 중 비교적 인기 없는 프로그램을 이수한 경우 학교에 배치되지 않는 기간이 발생하여 불만이 발생함

- 학 생

구 분	불만족 이유
1순위	원하는 프로그램이 개설되지 않음(48.5%)
2순위	생활체육지도사에 따라 프로그램 운영에 편차가 큼(36.5%)
3순위	지원되는 프로그램 수가 적음(23.7%)

- 방송댄스, 필라테스, 축구, 농구, 수영 등 10개 프로그램에 대한 요구가 많았으나 지도사가 부족하여 선착순으로 개설됨
- 지도사 역량에 대한 주기적인 관리와 학교별 지원 프로그램 확대를 원하는 의견이 많았음

- 학부모

구 분	불만족 이유
1순위	생활체육지도사에 따라 프로그램 운영에 편차가 큼(58.2%)
2순위	생활체육 활동에 필요한 운영(장소, 교구 등) 지원 부족(45.7%)
3순위	지원 프로그램 수가 적음(15.3%)

- 지도사의 역량 관리와 생활체육 활동 관련 운영 지원(예: 수영장·테니스장 등 장소, 필라테스 교구·요가 매트 등 관련 교구)에 대한 요구가 많았음

✎ 이 페이지의 핵심

- 신청 학교 수: 1,179개('26년 대비 15% 증가)

  초등학교는 증가하였으나 중·고교는 감소

  ※ 입시 위주 교육으로 체육활동 체감 중요도 낮음이 원인

- 만족도: 학부모 이외 생활체육지도사·학생 만족도 하락함
- 불만족 원인
  - 생활체육지도사: 이수 가능 프로그램 최대 5개지만 교육 기간은 2개월로 한정. 교육 기간 더 길거나 상시 운영 필요. 비인기 프로그램 이수 시 학교에 배치되지 않는 기간 발생
  - 학생: 원하는 프로그램 지도사 부족으로 선착순으로 개설됨. 지도사 역량에 따라 프로그램 운영 편차가 큼. 지도사 역량 주기적 관리. 학교별 지원프로그램 수가 적음으로 확대 요망
  - 학부모: 지도사 역량에 따라 프로그램 운영 편차가 큼. 활동에 필요한 운영 지원 부족. 지원 프로그램 수가 적음

핵심의 활용

✔ 위의 핵심을 반영하여 개선방안 마련하기
✔ 쓰임새가 많은 페이지이므로 옆에 비치 활용하기

분석된 사업 결과보고서의 핵심(4, 5페이지)을 적용하면 다음과 같은 개선안이 마련될 것이나 다른 방법의 개선안도 마련될 수 있음.

과업 1 청소년 생활체육 활성화 사업 개선(안)

1. 목표 재설정
- '28년 목표: '27년 대비 신청 학교 15% 증가(초등학교 20%, 중·고등학교 10%)

2. 생활체육 활성화 사업 개선방안
- 프로그램 품질 강화
  - 학교당 학기별 최대 3개 프로그램 신청 가능

- 학교당 생활체육지도사 최대 3명 지원 가능

- 프로그램 수 조정: 현행 20개를 10개로 축소

• 생활체육지도사 역량 강화

- 프로그램 교육 기간 상시 운영 또는 이수 가능 교육 기간을 프로그램별 1개월로 변경

- 생활체육지도사 전공과목을 학생 선호도에 맞춰 축소 교육

- 미배치될 가능성 있는 생활체육지도사를 위한 대안 마련

① 학교당 배치를 교육청 단위로 확대 배치

• 인프라 구축 개선

- 예산 절감: 생활체육 프로그램 수 조정 등

- 절감된 예산을 프로그램 품질 강화와 생활체육지도사 역량 강화에 활용

3. 구체적 사업 추진 단계

• 학교별 신청 모집→지도사 배치→교육 운영→지도사 만족도 점검→일정 만족도 미만 지도사 재교육 실시 등

4. 모니터링 방안

• 반기별 1회 만족도 조사: 생활체육지도사, 학생, 학부모

• 학교별 생활체육 실시 현황 분석 보고: 분기 1회

• 공공체육시설 주관부서인 자치단체의 생활체육 실시 현황 보고: 월 1회

국내 생활체육 활성화 정책, 이대로 괜찮은가?

김이정 정책연구원 | 등록 2027. 12. 05.

문화체육관광부는 국민들의 건강권 확보와 스포츠 문화확산을 위해 매년 생활체육 활성화 정책을 추진해 왔다. 하지만 해가 거듭될수록 정책 성과가 낮아지고 있어 정책 개선에 대한 고민이 필요한 시점이다. 현행 생활체육 활성화 정책에서 고민해야 하는 부분은 아래와 같다.

첫째, 현행 정책은 물리적 인프라 구축에 많은 예산을 투입하고 있다. 일례로 '2027년 생활체육 인프라 확충 사업'의 경우, 130억의 예산이 투입되었고, '2027년 장애인 스포츠 참여 환경 조성 사업'에서는 총 45억의 예산 중 장애인 친화 환경 조성에만 40억의 예산을 투입했다. 물론 생활체육이 신체적 위험이 있는 활동인 만큼 이용객들의 안전과 취약계층의 편의를 위한 제반시설의 구축은 매우 중요하지만, 이미 오랫동안 추진해 온 인프라 구축 사업의 효과성은 이제 정점에 달했다고 볼 수 있다. 4차 산업혁명에 맞춰 생활체육시설과 의료시스템 연계 등 추가적인 인프라 구축은 필요하지만, 이제는 기존 구축된 환경(공공체육시설, 생활체육 관련 교구 등)을 활용하여 국민들의 관심을 끌 다양한 프로그램 개발 및 운영, 생활체육활동 지원 등을 고민해야 한다. 따라서 생활체육 활성화를 위한 소프트웨어 프로그램 개발과 지원에 집중할 필요가 있다.

둘째, 청소년연구원은 지난 11월 '청소년 생활체육활동 분석 연구'를 통해 국내 청소년들의 생활체육활동이 현저히 적다는 것을 지적했다. 초·중·고교생을 조사한 결과, 응답자들의 한 달 평균 생활체육활동 참여 횟수는 5.4번이었다. 그러나 세부분석 결과, 초등학생 체육활동은 한 달 평균 10.3번인 것에 비해 고등학생은 한 달 평균 2.1번으로 나타나, 학년 간 편차가 컸다. 이는 입시 위주 교육으로 고등학생들이 체육활동에 참여하지 않기 때문인 것으로 보인다. 이러한 국내 청소년 체육활동은 다른 선진국에 비하면 현저히 적은 것이다.

일례로 A국 청소년들의 한 달 평균 생활체육활동 참여 횟수는 14.3번으로, 학년에 따른 편차 없이 꾸준했다. 이는 생활체육 관련 활동이 대학 진학 등에 도움이 되고, 사회 전반적으로 청소년의 생활체육활동 중요성에 대한 인식이 명확하게 공유되어 있는 덕분이다. A국은 생활체육활동이 청소년의 건강관리에 긍정적인 영향을 미치며, 성인이 된 후의 생활체육활동 참여도에도 긍정적인 영향이 있다는 것을 밝혔다.

즉, 청소년기부터 생활체육활동을 꾸준히 한 사람이 성년이 되어서도 생활체육활동에 참여할 가능성이 높다는 것이다. 이는 궁극적으로 국민의 지속적인 건강관리 및 만성질환 예방에 큰 도움이 되는 결과이다. 따라서 우리도 청소년들의 꾸준한 생활체육활동 참여도를 높일 수 있는 인프라 및 여건을 구축해야 한다.

마지막으로, 우리나라 청소년 생활체육활동은 학교를 중심으로 진행되지만, 학교는 설립 시기 및 지역에 따라 체육시설 인프라 및 도구가 구비되지 못한 경우도 많다. 이런 경우, 지역거점 생활체육시설이나 공공체육시설과 연계하여 활동이 진행될 수 있는 시스템을 구축할 필요가 있다. 또한, 학생 중 생활체육활동에 제약이 있는 장애 학생에 대한 지원 또한 필요한데, 이는 사업 간 유기적인 연계를 통해 진행되어야 한다.

✎ 이 페이지의 핵심

- 물리적 인프라 구축에 많은 예산 투입, 제반시설의 구축보다는 소프트웨어 프로그램 개발에 집중해야
  - 2027년 생활체육 인프라 확충 및 운영 활성화 사업에 130억 원
  - 2027년 장애인 스포츠 참여환경 조성사업에 45억 원(40억 원이 친환경 조성에 투입됨)
- 청소년들의 생활체육 활동 참여(선진국에 비해 월등히 적음)
  - 월평균 5.4회이지만 초등학생이 10.3회, 고등학생이 2.1회임
  - A국 월 14.3회로 학년에 따른 편차가 없음

※ 대학 진학 등에 도움, 청소년의 생활체육 활동 중요성 인식이 명확히 공유된 덕분임

- 청소년 생활체육의 중요성 인식
  - 대학 진학 등에 도움
  - 청소년의 건강관리에 긍정적 영향 미침
  - 성인이 된 후에도 생활체육 활동 참여도에 긍정적 영향
  - 국민의 지속적 건강관리 및 만성질환 예방에 도움
- 학교를 중심으로 한 청소년 생활체육 활동에 인프라·도구가 구비되지 못한 경우 등에는 지역 거점 생활체육 시설이나 공공체육 시설과 연계 가능한 시스템 구축 필요
- 장애 학생에 대한 지원: 사업 간 유기적 연계를 통해 진행돼야 함

핵심의 활용

✔ 위와 같이 분석된 핵심을 개선방안에 추가하기(사업 추진 방향, 예산 절감 및 활용, 청소년 생활체육의 중요성 홍보 등)

✔ 개선(안) 중에 밑줄 그어진 부분이 추가된 사항임

과업 1. 청소년 생활체육 활성화 사업 개선(안)

1. 목표 재설정

- '28년 목표: '27년 대비 신청 학교 15% 증가(초등학교 20%, 중·고등학교 10%)

2. 사업 추진 방향

- 프로그램 품질 강화
- 생활체육지도사 역량 강화
- 인프라 구축 개선

3. 생활체육 활성화 사업 개선방안

- 프로그램 품질 강화
  - 학교당 학기별 최대 3개 프로그램 신청 가능
  - 학교당 생활체육지도사 최대 3명 지원 가능
  - 프로그램 수 조정: 현행 20개를 10개로 축소
  - 학교와 지역 거점 공공체육시설과 연계 프로그램 운영
- 생활체육지도사 역량 강화
  - 프로그램 교육 기간 상시 운영 또는 이수 가능 교육 기간을 프로그램별 1개월로 변경
  - 생활체육지도사 전공과목을 학생 선호도에 맞춰 축소 교육
  - 미배치될 가능성 있는 생활체육지도사를 위한 대안 마련
    ① 학교당 배치를 교육청 단위로 확대 배치
- 인프라 구축 개선
  - 예산 절감
    ① 물리적 인프라 구축 관련 예산 절감
    ② 생활체육 프로그램 수 조정
      ※ 공공체육시설의 장소와 교구 등 활용체제 구축
  - 절감된 예산을 프로그램 품질 강화와 생활체육지도사 역량 강화에 활용
  - 장애 학생에 대한 지원: 사업 간 유기적 연계를 통해 진행
- 청소년 생활체육의 중요성 인식 홍보
  - 대학진학 등에 도움
  - 청소년의 건강관리에 긍정적 영향 미침
  - 성인이 된 후에도 생활체육 활동 참여도에 긍정적 영향
  - 국민의 지속적 건강관리 및 만성질환 예방에 도움

4. 구체적 사업 추진 단계

- 학교별 신청 모집→지도사 배치→교육 운영→지도사 만족도 점검→일정 만족도 미만 지도사 재교육 실시 등

5. 모니터링 방안

- 반기별 1회 만족도 조사: 생활체육지도사, 학생, 학부모
- 학교별 생활체육 실시 현황 분석 보고: 분기 1회
- 공공체육시설 주관부서인 자치단체의 생활체육 실시 현황 보고: 월 1회

자료 5. 최성주 사무관의 메일

≫받은 편지함

| 답 장 | 전체답장 | 전 달 | × 삭 제 | | 스팸신고 | 인 쇄 |

제   목: 신규 업무 담당자 선정 및 업무 조정 건

보낸 사람: 생활체육진흥과 최성주 사무관

받은 시간: 2027년 12월 4일 (금) 16:10

받는 사람: 생활체육진흥과 이재영 과장

과장님, 직접 말씀드려야 하는데, 제가 지금 지방 출장으로 나와있어 부득이하게 메일로 말씀드리게 된 점 양해 부탁드립니다.

다름이 아니라 2028년 1월부터 국민건강 증진을 위해 보건복지부와 협업 하에 '공공체육시설과 지역의료 연계 강화 사업' 진행이 결정되었습니다. 해당 사업은 원래 2028년 3월부터 준비하여 9월부터 진행 예정이었지만, 최근 국민 건강에 대한 관심

도 증진과 공공체육시설의 운영 미흡 논란 해결을 위해 시범 사업으로 급히 진행하게 되었습니다. 따라서 당장 해당 업무를 담당할 담당자 결정이 필요한 상황입니다. 만약 사업이 원래대로 진행되었다면 1~2월 중 과 내 업무 조정을 통해 신규 업무 담당자가 결정될 예정이었지만, 급하게 진행하게 되면서 여러모로 어려움이 있는 상황입니다.

업무 담당자가 결정되면 내일까지 보건복지부 측에 전달하고, 당장 오늘부터 사업 준비에 매진해야 하며, 특히 12월 11일(금)과 23일(수)에 있을 보건복지부와의 협의회에 필수적으로 참석해야 합니다. 그런데 지금 내부적으로 다들 업무를 맡는 것을 꺼려 하는 것 같아 걱정이 큽니다. 그리고 또 하나 과장님께 제가 부탁드리고 싶은 것이 있습니다. 현재 도희원 주무관의 휴직으로, 도 주무관의 업무를 제가 모두 감당하고 있는 상황입니다. 그래서 도저히 신규 업무를 맡을 만한 상황이 아니어서 이를 배려해 주시길 부탁드립니다. 도 주무관이 2월에 복귀하기 전까지는 제가 2인분의 업무를 담당해야 해서 신규 업무까지 추가되면 도저히 업무 진행이 불가능할 것 같습니다. 게다가 제가 올해 필수적으로 이수해야 하는 성과목표관리 교육(11일)을 그동안 업무로 인해 참석하지 못해서 이번 달에 있을 마지막 교육에는 꼭 참석해야 하는 상황입니다. 만약 제가 업무를 맡게 되면 보건복지부 협의회 참석과 교육이 겹쳐 어려움이 있습니다. 부디 과장님께서 넓은 마음으로 양해해 주시기를 간곡히 부탁드립니다.

> 첨부 파일: 공공체육시설과 지역의료 연계 강화 사업 계획(안).hwp
> 첨부 파일: 생활체육진흥과 12월 업무 현황.hwp

✍ 이 페이지의 핵심

- 보건복지부와 협업하여 '공공체육시설과 지역의료 연계 강화사업'이 진행되기로 결정됨
  - 업무 담당자 결정하여 내일까지 보건복지부에 전달, 오늘부터 사업 준비 필요
  - 12월 11일(금), 23일(수) 협의회에 필수 참석해야 함

- 과원들이 업무 맡기를 꺼려 해 걱정임

• 도희원 주무관 휴직(2월 복귀)으로 업무를 감당 중이므로 신규 업무 맡을 상황이 아님

• 나는 필수적으로 이수해야 하는 성과목표관리 교육(11일)을 참석해야 함

핵심의 활용

✔ 위의 핵심들을 과업2의 해결대안 마련에 참고해야 함

자료 6. 공공체육시설과 지역의료 연계 강화 사업 계획(안)

공공체육시설과 지역의료 연계 강화 사업 계획(안)

보건복지부 지역의료지원과, 2027. 12.

1. 사업 추진 배경

• 국민들의 건강권 강화를 위해 지역 공공체육시설과 지역의료를 연계하여 국민들의 손쉬운 건강관리를 지원하고자 함.

• 특히, 건강관리에 신경 쓰기 어려운 취약계층들의 공공체육시설 이용률을 제고하고, 이를 통해 지역의료 기관으로부터 건강 관련 지원을 받을 수 있는 인프라를 구축하고자 함

2. 사업 추진 내용

• 지역 거점 공공체육시설에 BMI 측정기구, 혈압계, 혈당계 등 일상적인 건강을 확인할 수 있는 의료기구 설치

• 지역 거점 공공체육시설에 건강 상담 가능한 전문보건인력 배치

• 공공체육시설 이용자 중 신청자를 받아 2달에 1번 체육활동에 대한 건강 상담 진행(취약계층 우선 신청)

- 지역의료 전문가 중 신청을 받아 상담인력 Pool을 구축하고, 공공체육시설 이용자들의 체육활동 정보 및 건강 정보 기반 상담 진행 시, 봉사시간 제공(1인 월간 20시간 제한)
- 정부–공공체육시설담당자–지역의료 기관 간 긴밀한 협조체계 구축

3. 사업 목표

- (공공체육시설 이용률) 공공체육시설 이용객 전년 대비 20% 증가, 취약계층 공공체육시설 이용률 30% 제고
- (서비스 이용자 만족도) 건강상담 프로그램 이용자 만족도 4.0 이상

4. 사업 기간

- 2028년 1월~12월 (시범 사업) 사업 성과에 따라 매년 사업 확대 예정

5. 사업 담당 기관

- (주관 부서) 보건복지부 지역의료지원과(사무관급 1, 주무관급 1), 문화체육관광부 생활체육진흥과(사무관급 1, 주무관급 1)
- (협조 기관) 지역거점 공공체육시설 운영자, 지역별 1차 의료기관

6. 사업 관련 기타 사항

- 사업 담당자 업무
  - 부처 및 지역 기관 간 지속적인 협조관계 구축 및 협의회 참석
  - 분기별 프로그램 운영 결과 분석 및 보고서 작성
  - 시범사업 운영 시 발생하는 다양한 상황 대처 및 관리
- 사업 담당자 필요 역량
  - 협업, 신속한 업무 처리, 업무 조직화, 위기상황 대처

✎ 이 페이지의 핵심

- 사업 담당기관
  - 주관 부서: 지역 의료지원과·생활체육진흥과 각 사무관 1, 주무관 1
  - 협조 기관: 지역 거점 공공체육시설 운영자, 지역별 1차 의료기관
- 사업 담당자 업무
  - 부처 및 지역기관 간 지속적 협조관계 구축 및 협의회 참석
  - 분기별 프로그램 운영 결과 분석 및 보고서 작성
  - 시범사업 운영 시 발생하는 다양한 상황 대처 및 관리
- 사업 담당자 필요역량: 협업, 신속한 업무 처리, 업무 조직화, 위기상황 대처

핵심의 활용

- ✔ 담당자 선정에 위의 사항들을 참고하기
  - −필수 참고사항: 사무관과 주무관 각 1명, 필요역량 보유자

　과원들의 주요 업무 등이 어떠한지를 반영하기 위해 다음 자료와 연계하여 분석
선정함이 좋음.

자료 7. 생활체육진흥과 12월 주요업무 현황

과원 주요업무 및 일정	김유진 사무관 '27 연령별·지역별 생활체육 진흥 사업 결과 분석·보고	김유진 사무관 '27 스포츠클럽 육성·지원 사업 결과 분석·보고	김유진 사무관 월차	최성주 사무관 '27 공공체육시설 운영분석·보고서 작성·보고	최성주 사무관 '27 생애주기 생활체육 활성화 사업 결과 분석·보고	최성주 사무관 사무관 성과목표관리 교육과정 참석	박지훈 주무관 '27 연령별·지역별 생활체육 진흥 사업 결과 자료수집·분석	박지훈 주무관 '27 연령별·지역별 생활체육 진흥 사업 결과 보고서 작성	유영화 주무관 '27 스포츠클럽 육성·지원 사업 결과 자료수집·분석	유영화 주무관 '27 스포츠클럽 육성·지원 사업 결과 보고서 작성	유영화 주무관 월차	민정현 주무관 '27 생애주기 생활체육 활성화 사업 결과 자료수집·분석	민정현 주무관 '27 생애주기 생활체육 활성화 사업 결과 보고서 작성	신규 업무 일정 보건복지부와 1차 협의회	신규 업무 일정 1차협의 결과에 따른 사업계획 개선안 수립	신규 업무 일정 지역기관 협력 체계 구축	신규 업무 일정 보건복지부와 2차 협의회	신규 업무 일정 2차 협의결과에 따른 사업계획 개선안 수정	신규 업무 일정 최종 사업계획(안) 작성 및 고시
7																			
8																			
9																			
10																			
11																			
14																			
15																			
16																			
17	★							★											
18				★															
21																			
22		★								★									
23					★								★						
24																			
25	크리스마스																		
28																			
29																			
30																			
31																			

※ 현재 병가 중인 도희원 주무관 제외 / ★: 사업결과 보고일

• 주요 업무와 월차 그리고 보고일 등이 참작되어야 함

핵심의 활용

✔ 주요 업무, 월차, 보고일 등을 참조하여 업무 담당자를 선정하기

✔ 쓰임새 많은 페이지이므로 옆에 비치 활용함이 도움 됨

7, 8, 9페이지의 핵심을 반영하며 업무 담당자를 선정할 수 있겠으나 다음 페이지의 대화록에도 참조할 사항이 있는지 확인한 후 선정함이 좋음.

자료 8. 최성주 사무관의 대화록

2027년 12월 04일

김유진 사무관

> 최 사무관님, 혹시 '공공체육시설과 지역의료 연계 강화 사업' 담당자는 결정이 되었나요? 방금 최 사무관님이 잠시 자리 비우셨을 때 보건복지부에서 연락이 왔더라구요. 담당자는 언제 알려줄 건지 물어보는데 제가 몰라서요. 우선, 과장님께서 새로 부임하셨으니 곧 결정될 거라고 전달했는데, 보건복지부에서는 늦어도 다음 주 화요일까지는 알려달라고 하더라구요. 그래야 협의회 준비가 원활하게 된다고요.

> 그렇지 않아도 과장님께 말씀드리기는 했어요. 그런데 다들 맡고 싶지 않아 하는 것 같아서 고민이 크네요. 제가 한 번씩 물어봤는데 직원들이 다 지금은 너무 어렵다고 고개를 젓더라구요. 지금 상황에서는 제가 맡을 수도 없는데….

최성주 사무관

김유진
사무관

그런데 공공체육시설 관련 업무면 최 사무관님이 맡으셔야 하는 거 아닌가요? 지역 기관 협력이 중요한데, 최 사무관님이 공공체육시설 관련 업무를 맡고 계시잖아요. 다른 사람이 맡으면 지역 기관 협력 구축에 시간이 너무 오래 걸릴 거 같은데, 당장 1월부터 사업이 진행되어야 하잖아요.

김 사무관님도 아시잖아요. 지금 도희원 주무관이 병가 중이라 제가 그 업무까지 다 같이 하고 있는 거…. 도저히 시간이 없어요. 도 주무관이 2월에 복귀하는데, 이번 달 사업 보고도 그렇고, 협의회 준비에 1월 사업 진행까지는 도저히 무리예요. 게다가 1차 협의회 예정일에 저는 교육도 있어요. 올해 꼭 이수해야 하는 과정인데, 그동안 업무 때문에 참석을 못 했어요. 이번에도 참석 못 하면 성과평가에 영향이 있어서 꼭 가야 해요. 다른 직원들도 연말이라 정신없고, 대체 어떻게 해야 할지 모르겠네요.

최성주
사무관

김유진
사무관

누가 맡아도 이번 달에는 같이 하기 어려울 텐데 참 걱정이네요. 업무를 맡는 것도 맡는 건데, 보건복지부, 지역 기관과 지속적으로 협력해야 하는 업무라서 정말 역량이 되는 사람이 맡아야 차질없이 진행될 수 있을 것 같아요. 과장님께서 잘 조정해 주셨으면 좋겠네요.

📌 이 페이지의 핵심

• 김유진

  – 보건복지부에서 연계 강화사업 담당자를 다음 주 화요일까지는 알려달라 함

  – 최 사무관의 담당 업무이기도 하고 지역기관 협력 구축이 지체될 것 같으니 최 사무관이 맡아야 함, 모든 직원이 이번 달은 업무 맡기 힘들 텐데…. 역량이 되는 사람이 맡아야 할 텐데….

• 최성주

- 모두 맡기 힘들어해서 고민임

- 도희원의 병가로 두 사람 몫의 일을 하고 있고, 사업보고도 있어서 1월까지는
  어려움

- 협의회 예정일에 있는 교육도 꼭 이수해야 함

핵심의 활용

✔ 담당자 선정에 위의 사항들을 참고하기

여기의 핵심은 담당자 선정을 해야 할 시기와 역량이 있는 적임자가 맡아야 한다는 내용, 그리고 직원들이 모두 바쁘다는 것임.

최성주를 담당자로 선정하려면 업무의 재분장과 협의회 날짜와 겹치는 교육을 어떻게 할 것인가가 마련되어야 함.

선정된 담당자의 현재 맡은 업무를 어떻게 분배할 것인가도 제시해야 함.

과업 2. 신규 업무 담당자 선정 참고사항

(신규 업무 담당자 선정의 타당한 논거와 보완점의 개선 논리 정리)

• 김유진

- 협업 업무 시 낮은 주도성으로 업무 추진에 어려움이 있음을 파악해 대안을
  제시해야 함

- 김 사무관의 강점이 신규 업무 수행에 도움이 됨을 활용할 수 있음

• 최성주

- 현재의 업무 부하를 다른 구성원과 분담할 수 있도록 업무 조정방안 제시

- 협의회 날짜에 예정되어 있는 교육 및 보고에 대한 대책 마련하여 제시해야 함

• 박지훈

- 협업 업무에 어려움을 겪으므로, 타 부처와 협의 시 유의해야 할 사항 등 동기를 제시
- 협업 역량을 보완할 수 있는 사무관과 함께 업무 배치
- 유영화
  - 업무 조직화 역량이 약하므로, 이를 보완해 줄 수 있는 사무관과 함께 업무 배치
  - 협의회 날짜(23일)와 월차가 겹치므로 대안 마련하여 제시 필요
- 민정현
  - 12월 내 업무를 수행할 수 있도록 업무 추진방법에 대한 조언 필요
  - 협의회 날짜(23일)에 예정되어 있는 보고에 대한 대책 마련하여 제시 필요
- ※ 최성주 사무관 지원방안 건
  - 신규 업무 부여 시, 현재 업무에 대한 조정방안을 제시
  - 성과관리에 대한 동기부여 방안 제시 필요

자료 9. 김도한 국장의 메일 ②

≫받은 편지함

| ☑ 답 장 | 전체답장 | 전 달 | × 삭 제 | | 스팸신고 | 인 쇄 |

제　　　목:	농어촌지역 체육시설 확충에 따른 갈등 조정 건
보낸 사람:	체육정책국 김도한 국장
받은 시간:	2027년 12월 7일 (월) 09:05
받는 사람:	생활체육진흥과 이재영 과장

이재영 과장, 급히 부탁해야 하는 일이 있어 다시 연락합니다.

생활체육진흥과에서는 '농어촌지역 체육시설 확충 사업'을 추진 중이며, 이에 따라 전국 5개 농어촌지역에 체육시설을 설립할 계획입니다. 그런데 체육시설을 확충 할

5개 지역 중 '가'도에서 체육시설 설립 예정 후보 지역 주민들 간 갈등이 있어 조정이 필요한 상황입니다. 올해 진행된 타당도 조사 결과, '가'도에서는 최종적으로 '하늘군'과 '바다군'이 최종 후보지로 선정되었는데, 두 지역 주민이 모두 자기 지역에 시설이 확충되어야 한다고 주장하며 사태가 심화되고 있습니다. 11월 말에 진행되었던 주민 공청회에서는 결국 두 지역 주민대표 간 몸싸움까지 일어날 뻔해서 진행에 많은 어려움이 있었습니다. 원래는 지난 12월 4일 최종 후보지를 결정하여 발표했어야 하는데, 지역 주민 간 갈등으로 후보지 결정이 지연된 상황입니다. 사업의 원활한 추진을 위해서는 다음 주 월요일(14일)까지 최종 후보지를 결정해야 합니다.

그러니 이 과장이 사업의 목적과 주민들의 의견을 고려해서 최종 후보지를 결정해 주세요. 그리고 최종 후보지 선정에 따라 선정되지 않은 지역 주민들에게 우리가 제시할 수 있는 협의점과 협력적인 관계를 구축할 수 있는 방안도 함께 마련해 보고해 주기 바랍니다.

출장으로 바쁘겠지만, 생활체육진흥과뿐만 아니라 우리 국에도 중요한 사업이니만큼 양해해 주세요. 그럼 부탁합니다.

첨부 파일: 2028 농어촌지역 체육시설 확충 계획(안).hwp
농어촌지역 체육시설 확충 관련 주민 의견조사 결과.hwp

🖉 이 페이지의 핵심

- 전국 5개 농어촌지역에 체육시설 설립계획임
- '가' 도에서 설립 예정 후보 지역 주민들 간 갈등이 있어 조정이 필요함
- 지난 12월 4일 최종 후보지를 결정 발표했어야 하는데 갈등으로 지연됨
- 사업의 원활한 추진을 위해 다음 주 월요일(14일)까지 최종 후보지 결정해야 함
- 사업의 목적과 주민들의 의견 고려해 최종 후보지 결정하고, 선정되지 않은 지역 주민들에게 제시해 줄 수 있는 협의점과 협력적인 관계 구축 방안도 함께 마

련해서 보고 바람

✔ 최종 후보지 선정 및 참고사항 인식하기

　– 14일까지는 결정돼야 함

　– 사업의 목적과 주민들의 의견 고려해 결정

　– 미선정지역의 주민들을 위한 협의점과 협력관계 구축 방안도 함께 마련

자료 10. 2028 농어촌지역 체육시설 확충 계획(안)

2028 농어촌지역 체육시설 확충 계획(안)

생활체육진흥과, 2027.11.

1. 사업 개요

- 국민들의 스포츠 접근성 강화를 위해 비교적 소외된 농어촌지역에 공공체육시설 확충

- 목 적
  - 지역별 생활체육 접근 격차 해소
  - 인구대비 체육시설 보급률 향상
  - 건강권 확보에 어려움을 겪는 취약계층(고령자, 청소년, 기초수급 대상자 등)의 체육시설 이용률 제고

2. 사업 내용(일부 내용 조정 가능)

- 지역 내 노후 건물 및 공터를 리모델링하여 지역거점 공공체육시설 설립

- 본관 1개, 별관 1개, 운동장 2개 설립

- 본관: 헬스장, 농구장, 풋살장, 수영장, 실내 운동장 등 생활체육시설 구축 예정

(주민 의견 취합 후 내부 변경 가능)

- 별관: 볼링장 등 생활체육시설, 건강검진센터, 보건소 등의 의료지원시설 구축 예정

  (주민 의견 취합 후 내부 변경 가능)

- 이용객을 위한 다양한 생활체육지원 프로그램 운영(예: 필라테스, 요가, 라인댄스, 테니스, 수영 등)

- 4차 산업 융합 체육시설 시범사업으로, VR 활용 실내 체육 공간 등 구축하여, 지역 랜드마크 역할 부여 예정

- 지역 내 셔틀버스 운영

3. 후보 지역에 대한 타당도 조사 내용

구 분	하늘군	바다군
인 구	120,195명	63,215명
취약 계층 거주 비율	− 65세 이상 고령자 13% − 19세 미만 청소년 8% − 기초수급 대상자 20%	− 65세 이상 고령자 25% − 19세 미만 청소년 3% − 기초수급 대상자 40%
체육시설 보급률	− 지역 인구 대비 50% (중·대형시설 위주이며, 민간 시설이 80% 이상)	− 지역 인구 대비 65% (마을회관 위주, 소규모 체육시설 보급)
인근 지역 접근성	− 바람시[1]: 자동차 20분 − 태양시[2]: 자동차 60분	− 바람시: 자동차 40분 − 태양시: 버스 30분
건설 후보지	− 하늘군 중심지역인 하늘군청에서 도보 15분 − 아울렛 예정지였으나 경제성 문제로 건설이 무산된 가건물	− 태양시 경계지역에서 차로 10분 − 폐업 쇼핑센터 리모델링(인근 주차장 및 공터 확보)
비 고	− 바람시 근교 − 바람시 발전에 따라 25년부터 인구 급증	− 태양시 근교, 태양시 경제사정에 의존하여 20년부터 점진적 인구 감소

1) 바람시: '가'도 신생 개발도시로, '29년 공단조성 계획이 있어 지속적 발전 가능성 높음
2) 태양시: '가'도 도청 소재지로, 과거 '가'도 중심도시였으나 현재 쇠퇴 중으로 인구가 감소하고 있으며, 인근 지역 경제에 부정적 영향 있음

📎 이 페이지의 핵심

- 목적: 지역별 생활체육 접근 격차 해소, 인구 대비 체육시설 보급률 향상, 취약 계층의 체육시설 이용률 제고

- 사업 내용: 생활체육시설 구축(본관), 의료지원시설 구축(별관), 생활체육 지원프로그램 운영

- VR 활용 실내 체육 공간 구축 지역 랜드마크 역할 부여

- 지역 내 셔틀버스 운영

- 후보 지역에 대한 타당도 조사 내용

  - 인구: 하늘군 12만, 바다군 6.3만

  - 취약계층 거주비율: 바다군이 높음(65세 이상 고령자 25%, 기초수급 대상자 40%)

  - 체육시설 보급률: 하늘군이 낮음(인구 대비 50%, 바다군은 65%)

  - 인근 지역 접근성: 하늘군은 바람시 근교, 바다군은 태양시 근교

  - 건설 후보지: 중심지인 하늘군청에서 도보 15분, 태양시 경계에서 차로 10분 (바다군)

  ※ 바람시가 지속 발전 가능성 높음

핵심의 활용

- ✔ 위 핵심 내용을 지역 선정 분석에 반영하기

- ✔ 쓰임새가 많은 페이지이므로 옆에 비치 활용함이 좋음

후보 지역 선정에 위 특징 등 외에 이어 제시되는 자료를 함께 검토함이 좋음.

자료 11. 농어촌지역 체육시설 확충 관련 주민 의견조사 결과

농어촌지역 체육시설 확충 관련 주민 의견조사 결과

생활체육진흥과, 2027.11.

1. 조사 개요
- 목적: '가'도 내 주민들의 체육시설 확충 관련 주민 의견 확인
- 조사 기간: 27. 11. 1. ~ 27. 11. 30.
- 조사 대상: '가'도 지역 주민 3,000명

2. 조사 결과
- 공공체육시설 설립 방향에 대한 의견

- 후보 지역 별 입장
  - 하늘군: 다양한 연령층의 지역주민이 생활체육공간으로 활용할 수 있어야 하며, 지역발전을 위해 문화시설을 융합하여 지역 랜드마크로 건설 필요
  - 바다군: 체육시설 접근성이 취약한 취약계층을 위한 생활체육 중심시설이 되어야 하며, 문화시설보다는 의료지원 등 건강 관련 시설을 추가하여 지역 주민의 건강권 확보 필요

- 공공체육시설 설립 지역에 대한 후보 지역별 입장

구 분	내 용
하늘군	- 지역 내 인구는 계속 증가하는데 인구 대비 체육시설 보급률은 낮음, 지역 내 체육시설은 민간시설이 대부분이어서 공공시설 대비 이용요금이 비싸 부담스러움

	– 건설 후보지가 지역 중심지여서 접근성이 높으며, 도로가 잘 구축되어 타 지역에서의 접근성도 높음. 지역 발전 추이를 보았을 때, 지역주민들의 편의와 복지를 위해 우리 지역에 확충이 필요함
바다군	– 지역 내 건강권 접근이 용이하지 않은 취약계층 비율이 높으며, 이들은 제대로 된 생활체육 경험이 낮음. 마을회관 위주 소규모 체육시설들이 있지만, 시설 종류가 단순하고 할 수 있는 생활체육 종류도 한정되어 있어 생활체육 활성화에 어려움이 있음 – 건설 후보지가 리모델링 건물뿐만 아니라 인근 주차장 및 공터가 확보되어 있어 사업 추진이 용이함. 어려운 지역경제로 생활체육에 접근하기 어려운 지역주민들의 복지와 취약계층의 공공체육시설 이용률 제고를 위해서 우리 지역에 시설 확충이 필요함

📌 이 페이지의 핵심

- 하늘군

  - 다양한 연령층이 생활체육 공간으로 활용 가능해야 함

  - 문화시설을 융합 지역 랜드마크로 건설

  - 인구 대비 체육시설 보급률 낮음

  - 체육시설은 민간시설이 대부분이어서 이용요금 비쌈

  - 건설 후보지의 접근성 높고, 도로 잘 구축되어 타 지역에서의 접근성 높음

  - 지역발전 추이에 유리

- 바다군

  - 접근성 취약한 취약계층을 위해 생활체육 중심시설이 돼야 함

  - 문화시설보다는 지역주민의 건강권을 확보할 수 있는 시설이 필요함

- 취약계층 비율 높음

- 소규모 체육시설 있지만, 시설 종류가 단순하고 생활체육 종류도 한정돼 활성화에 어려움

- 건설 후보지의 사업 추진 용이(인근 주차장 및 공터 확보됨)

- 지역 주민들의 복지와 취약계층의 이용률 제고가 필요함

핵심의 활용

✔ 위 핵심 내용을 지역 선정 분석에 반영하기

✔ 쓰임새가 많은 페이지이므로 옆에 비치 활용함이 좋음

앞에 제시된 페이지로도 지역을 선정함에 어려움이 없겠으나 뒤에서 제시되는 주민들의 의견을 참고하는 것이 더욱 좋겠음.

자료 12. 주민 공청회 요약

하늘군
주민대표
김현준 대표

이번 공공체육시설은 꼭 우리 하늘군에 설립되어야 합니다. 하늘군은 지금 급증하는 인구 수 대비 지역 주민들이 이용할 수 있는 체육시설 보급률이 낮아요. 게다가 지금 있는 시설들 또한 민간시설이 대부분이어서 공공시설을 이용할 때보다 이용금액이 60% 이상 비쌉니다. 우리 지역 주민들은 지금까지 도시가 발전하고 있다는 이유로 이런 취약계층을 위한 지원에서 항상 배제되어 왔습니다. 하지만 우리 하늘군도 아직 지원이 필요한 낙후지역입니다. 이번에는 절대로 양보할 수 없어요. 우리 지역 주민들도 공적 혜택과 복지를 받아야 하지 않겠어요?

자료 12. 주민 공청회 요약

우리도 마찬가지예요. 농업지역으로 태양시의 경제에 항상 영향을 받아왔던 곳인데 태양시 인근에서 혜택을 받는다는 이유로 이런저런 지원에서 항상 배제되었어요. 고령층 등 취약계층들이 많이 거주하는 곳인데 최근 몇 년간 지역경제도 좋지 않아서 기초수급 대상자 비율도 증가하고 있어요. 비용 문제로 생활체육시설 이용이 어려울 뿐만 아니라, 의료기관 이용도 쉽지 않은 곳이 우리 지역이에요. 그러면 평소 건강관리를 통해서 질병 예방이라도 해야 하지 않겠어요? 만약 이번에도 우리 지역이 배제되면 그에 합당한 대책을 국가 차원에서 세워줘야 할 거예요.

바다군
주민대표
박진주 대표

지역발전
위원회 이지선
위원회장

저는 어느 곳이 선정되더라도 새로 건설될 공공체육시설에 대한 접근성을 높일 수 있는 지역 차원이나 시 차원의 대안이 필요하다고 봐요. 다른 지역에서는 이런 경우 보통 교통 접근성을 높일 수 있도록 지원해 주더군요. 작년 K시에 지역 거점 문화센터가 설립될 때는 시설에 접근하기 용이하도록 셔틀버스 같은 교통편을 마련해 주고, 그에 더해서 인근 도로도 확장해 주더라구요. 그리고 시 차원에서도 취약계층 교통 지원 서비스 등을 통해서 많은 지원을 해주고요. 그래도 공공시설 이용이 어려운 취약계층에게는 정부 차원에서 취약계층을 위한 민간시설 이용 바우처 등을 지원해서 언제나 생활체육에 접근할 수 있도록 해주는 방법도 고민해 볼 필요가 있을 것 같습니다.

공공체육시설 설립 방향에 대해서도 지속적인 논의가 필요합니다. 다양한 생활체육시설을 구축하고 그에 필요한 도구를 지원해 주는 것도 당연하지만, 공공체육시설의 접근성이 낮은 지역에 대한 지원책도 필요한 것이 사실입니다. 예를 들어 시설 접근성이 낮은 지역에 '찾아가는 생활체육 강의'처럼 생활체육지도사들이 거점 체육시설 외 지역 체육시설을 방문해서 주기적으로 생활체육에 대한 접근성을 높여주는 것이 우선시 되어야 한다고 생각합니다. 이런 경우, 교육을 다닐 수 있는 강사 풀(Pool)을 확보하는 방법에 대해서도 고민이 필요할 것 같습니다.

건강정책
연구소장
선우 연구원

- 하늘군 주민 대표

  - 인구 대비 체육시설 보급률이 낮음, 민간시설은 이용요금이 60% 이상 비쌈

  - 도시가 발전하고 있다는 이유로 취약계층 지원에서 항상 배제돼 옴

  - 우리 지역도 지원이 필요한 낙후지역임

  - 공정 혜택과 복지를 받아야 함

- 바다군 주민 대표

  - 농업지역으로 태양시 경제에 항상 영향을 받아오며 혜택을 받는다는 이유로 줄곧 배제돼 옴

  - 고령층·취약계층 많이 거주하는 지역으로 지역경제가 좋지 않아 기초수급 대상자가 증가하고 있음

  - 비용 문제로 생활체육시설 이용이 어려우며 의료기관 이용도 쉽지 않은 지역임

  - 건강관리 통해 질병 예방해야 함. 배제 시 합당한 대책을 세워줘야 함

- 지역발전위 회장

  - 선정된 곳의 시설 접근성 높이기 위한 대안이 필요함

  - 교통 접근성을 높일 수 있는 셔틀버스 운행이나 인근 도로의 확장과 시 차원의 취약계층 교통지원서비스 등의 지원이 필요함

  - 공공시설 이용 어려운 취약계층에게는 민간시설 이용 바우처 등 지원 방법도 고민해 볼 필요 있음

- 건강정책연구소 연구원

  - 공공체육시설 설립방향 지속적 논의가 필요함

  - 접근성 낮은 지역에 대한 지원책이 필요함

  - '찾아가는 생활체육 강의'처럼 생활체육지도사들이 지역 체육시설을 방문해

접근성 높여주는 것이 우선시 돼야 함

- 그러기 위해 교육 다닐 수 있는 강사 POOL을 확보하는 방법도 필요함

핵심의 활용

✔ 위에서 분석한 핵심 내용(11, 12, 13, 14페이지)을 지역 선정 분석에 반영하기

✔ 필수 적용 요소: 후보 지역민들의 의견, 시설·교통 접근성 고려, 취약계층 지원 방법, 공공체육시설 설립 방향 지속 논의, 강사 pool과 방문지도 등

아래에 제시된 사항들을 어느 지역으로 선정할 것인가에 따라 선택하여 답안으로 구성하고 인터뷰에 응하면 됨.

과업 3. 농어촌지역 체육시설 확충사업

1. 후보지 결정

• 선정기준

- 생활체육 접근 격차

- 인구 대비 체육시설 보급률

- 취약계층의 체육시설 이용률 제고

• 후보지별 입지·입장·타당도 등

- 하늘군

① 인구 12만

② 체육시설 보급률: 인구 대비 50%(바다군은 65%)

③ 체육시설(민간시설이 대부분)의 이용요금이 비쌈

④ 지속발전 가능성이 높은 바람시 근교로 지역 발전 추이에 유리

⑤ 건설 후보지가 중심지인 하늘군청에서 도보 15분으로 접근성 좋음, 도로가 잘 구축됨

⑥ 다양한 연령층이 생활체육공간으로 활용해야 함

⑦ 문화시설 융합 지역 랜드마크로 건설, 지역경제 활성화

- 바다군

① 인구 6.3만

② 취약계층 거주비율 하늘군보다 높음(65세 이상 고령자 25%, 기초수급 대상자 40%)

③ 지역주민의 건강권 확보시설이 필요(의료기관 이용 쉽지 않음, 비용 문제로 생활체육시설 이용 어려움)

④ 생활체육 활성화가 어려움(소규모 시설, 시설 종류 단순, 생활체육 종류도 한정됨)

⑤ 도청소재지인 태양시 경계에서 차로 10분

⑥ 건설 후보지의 사업 추진 용이

⑦ 지역 주민들의 복지와 취약계층 이용률 제고가 필요함

⑧ 지역 주민들의 건강권 확보로 공공복지 목표 달성 가능

• 공통 지원사항

- 시설 이용에 용이하도록 셔틀버스, 인근의 도로 확충 필요

• 선정 후보지: 00군

- 선정 이유: 위의 특 장점 등을 활용

• 미선정지역 등에 대한 대책

- 하늘군: 지역 내 소규모 생활체육시설에 '찾아가는 생활체육 강의' 운영 제안

- 바다군: 공공체육시설 접근성 낮은 취약계층에 정부 차원의 민간시설 이용 바우처 지원

• 협력관계 구축

- 지역별 생활체육 활성화 기구 마련 반기 1회 도 단위 협력방안 논의

- 시설 이용 불편사항 등에 대한 건의사항 상시 접수 및 해결 창구 마련(생활체육시설이 확충된 지자체)

과업 1. 청소년 생활체육 활성화 사업 개선(안)

목표 재설정

- '28년 목표: '27년 대비 신청 학교 15% 증가(초등학교 20%, 중·고등학교 10%)

사업 추진 방향

- 프로그램 품질 강화
- 생활체육지도사 역량 강화
- 인프라 구축 개선

생활체육 활성화 사업 개선방안

- 프로그램 품질 강화
  - 학교당 학기별 최대 3개 프로그램 신청 가능
  - 학교당 생활체육지도사 최대 3명 지원 가능
  - 프로그램 수 조정: 현행 20개를 10개로 축소
  - 학교와 지역 거점 공공체육시설과 연계 프로그램 운영
- 생활체육지도사 역량 강화
  - 프로그램 교육 기간 상시 운영 또는 이수 가능 교육 기간을 프로그램별 1개월로 변경
  - 생활체육지도사 전공과목을 학생 선호도에 맞춰 축소 교육
  - 미배치될 가능성 있는 생활체육지도사를 위한 대안 마련: 학교당 배치를 교육청 단위로 확대 배치
- 인프라 구축 개선
  - 예산 절감

① 물리적 인프라 구축 관련 예산 절감

② 생활체육 프로그램 수 조정

※ 공공체육시설의 장소와 교구 등 활용체제 구축

- 절감된 예산을 프로그램 품질 강화와 생활체육지도사 역량 강화에 활용

- 장애 학생에 대한 지원: 사업간 유기적 연계를 통해 진행

• 청소년 생활체육의 중요성 인식 홍보

- 대학 진학 등에 도움

- 청소년의 건강관리에 긍정적 영향 미침

- 성인이 된 후에도 생활체육 활동 참여도에 긍정적 영향

- 국민의 지속적 건강관리 및 만성질환 예방에 도움

구체적 사업 추진 단계

• 학교별 신청 모집→지도사 배치→교육 운영→지도사 만족도 점검→일정 만족도 미만 지도사 재교육 실시 등

모니터링 방안

• 반기별 1회 만족도 조사: 생활체육지도사, 학생, 학부모

• 학교별 생활체육 실시 현황 분석 보고: 분기 1회

• 공공체육시설 주관 부서인 자치단체의 생활체육 실시 현황 보고: 월 1회

과업 2. 신규 업무 담당자 선정 참고사항

(신규 업무 담당자 선정의 타당한 논거와 보완점의 개선 논리 정리)

• 김유진

- 협업 업무 시 낮은 주도성으로 업무 추진에 어려움이 있음을 파악해 대안을 제시해야 함

- 김 사무관의 강점이 신규 업무 수행에 도움이 됨을 활용할 수 있음
- 최성주
  - 현재의 업무 부하를 다른 구성원과 분담할 수 있도록 업무 조정방안 제시
  - 협의회 날짜에 예정되어 있는 교육 및 보고에 대한 대책 마련하여 제시
- 박지훈
  - 협업 업무에 어려움을 겪으므로, 타 부처와 협의 시 유의해야 할 사항 등 동기를 제시
  - 협업 역량을 보완할 수 있는 사무관과 함께 업무 배치
- 유영화
  - 업무 조직화 역량이 약하므로, 이를 보완해 줄 수 있는 사무관과 함께 업무 배치
  - 협의회 날짜(23일)와 월차가 겹침으로 대안 마련하여 제시 필요
- 민정현
  - 12월 내 업무를 수행할 수 있도록 업무 추진 방법에 대한 조언 필요
  - 협의회 날짜(23일)에 예정되어 있는 보고에 대한 대책 마련하여 제시 필요

※ 최성주 사무관 지원방안 건
  - 신규 업무 부여 시, 현재 업무에 대한 조정방안을 제시해 줘야 하며,
  - 성과 관리에 대한 동기부여 방안 제시 필요

과업 3. 농어촌지역 체육시설 확충사업

후보지 결정

- 선정 기준
  - 생활체육 접근 격차
  - 인구 대비 체육시설 보급률
  - 취약계층의 체육시설 이용률 제고

- 후보지별 입지·입장·타당도 등

  - 하늘군

    ① 인구 12만

    ② 체육시설 보급률: 인구 대비 50%(바다군은 65%)

    ③ 체육시설(민간시설이 대부분)의 이용요금이 비쌈

    ④ 지속발전 가능성이 높은 바람시 근교로 지역 발전 추이에 유리

    ⑤ 건설 후보지가 중심지인 하늘군청에서 도보 15분으로 접근성 좋음, 도로
       가 잘 구축됨

    ⑥ 다양한 연령층이 생활체육 공간으로 활용해야 함

    ⑦ 문화시설 융합 지역 랜드마크로 건설, 지역경제 활성화

  - 바다군

    ① 인구 6.3만,

    ② 취약계층 거주비율 하늘군보다 높음(65세 이상 고령자 25%, 기초수급 대상자
       40%)

    ③ 지역주민의 건강권 확보시설이 필요(의료기관 이용 쉽지 않음, 비용 문제로 생활체
       육시설 이용 어려움)

    ④ 생활체육 활성화가 어려움(소규모 시설, 시설 종류 단순, 생활체육 종류도 한정됨)

    ⑤ 도청소재지인 태양시 경계에서 차로 10분

    ⑥ 건설 후보지의 사업 추진 용이

    ⑦ 지역 주민들의 복지와 취약계층 이용률 제고가 필요함

    ⑧ 지역 주민들의 건강권 확보로 공공복지 목표 달성 가능

- 공통 지원사항

  - 시설 이용에 용이하도록 셔틀버스, 인근의 도로 확충 필요

- 선정 후보지: 00군

  - 선정 이유: 위의 특·장점 등을 활용

- 미 선정지역 등에 대한 대책

  - 하늘군: 지역 내 소규모 생활체육시설에 '찾아가는 생활체육 강의' 운영 제안

  - 바다군: 공공체육시설 접근성 낮은 취약계층에 정부 차원의 바우처 지원

- 협력관계 구축

  - 지역별 생활체육 활성화 기구 마련 반기 1회 도 단위 협력방안 논의

  - 시설 이용 불편사항 등에 대한 건의사항 상시 접수 및 해결 창구 마련(생활체육시설이 확충된 지자체)

3. 서류함

'법무부 인권구조과장의 현안 업무 처리' 요점 정리 및 답안으로 구성하기

법무부 인권구조과장의 현안 업무 처리

본 과제의 내용은 교육 목적에 맞게 재구성한 것입니다. 과제의 내용이 실제

업무와 다소 상이하더라도 주어진 모의 과제에 맞게 수행에 임해 주십시오.

역할 및 배경 상황

역 할

참가자 역할

인권구조과
이인권 과장

해결할 과제

① 효율적인 법률서비스 제공 방안 마련
② 과장의 중복된 일정 조정 방안 마련
③ 부하 직원의 애로사항 등 대안 마련

배경상황

- 귀하는 침해당한 인권 구조 등을 담당하고 있는 인권구조과의 이인권 과장입니다.
- 오늘은 2027년 5월 17일(월), 귀하는 법무부 내 2개 과에서 중복 시행되고 있는 변호사 활용 정책 방안을 단일화하여 보고하라는 국장의 이메일을 확인하였습니다.
- 또한, 부하 직원의 업무량 과다 등으로 인한 고충이 포함된 이메일과 귀하가 수행해야 할 일정이 중복되어 이를 효과적으로 결정해야 하는 상황입니다.
- 따라서 귀하는 효율적인 법률서비스 제공 방안과 중복된 일정의 효과적 조정안을 마련하고, 업무 과중 등으로 어려움을 느끼고 있는 부하 직원의 고충까지 해결해야 합니다.

✎ **이 페이지의 핵심**(역할 및 배경 상황)

- 인권구조과장 이인권
- 해결 과제 확인
  - 법률홈닥터 사업 등 통합방안 마련
  - 과장의 중복된 일정 조정

– 과원의 애로사항 등 해결

✔ 해결 과제별 답안을 작성하기 위한 준비하기(답안지 등)

자료 1. 인권구조과 조직도 및 업무 분장

인권구조과 업무와 조직도 및 성과 점수

1. 인권구조과 주요 업무
- 범죄피해자의 보호·지원을 위한 종합 계획, 시행계획 수립
- 범죄피해자 지원 법인의 등록·지도· 감독·지원
- 법률구조 증진에 관한 사항
- 법률구조 법인의 지도 감독
- 인권 관련 정책 수립의 조정·총괄
- 인권옹호에 관한 각 부서 간의 협력에 관한 사항
- 법무행정 분야의 인권침해 사건 조사 및 개선에 관한 사항 등

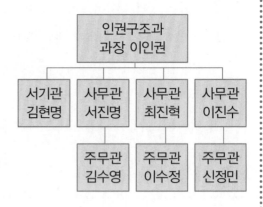

이 름	2026년 성과 점수	직원 주요 특성
이인권	과 장	· 인권구조과 업무 총괄

김현명	90	· 업무 능력이 매우 뛰어나고 완벽주의 성향이 있음 · 부하 직원에 대한 배려가 부족한 편임 · 문서 작성 능력이 우수함
서진명	87	· 다정다감하며 팀원들과의 팀워크를 중요시함 · 업무 처리속도가 느린 편, 소극적인 업무 태도 · 업무 기획력이 좋은 편임
최진혁	89	· 책임감이 매우 높고 업무 추진력이 좋은 편임 · 일 처리속도가 빠르며, 기획력이 뛰어남
이진수	85	· 업무 처리가 신속하고 대처가 빠른 편 · 꼼꼼하지 못한 편임 · 업무를 독단적으로 처리하는 경우가 종종 있음
김수영	79	· 지시에 따라 성실히 업무를 수행함 · 매우 신중하고 꼼꼼한 편임
이수정	81	· 매우 성실하며 맡은 바 업무에 대해 최선을 다함
신정민	–	· 2026년 11월 인권정책과에서 전입 · 변호사협회에서 근무한 경력 · 꼼꼼하고 차분하며 협조적인 근무 태도를 보임

✎ **이 페이지의 핵심**

· 과의 업무, 조직도, 과원들의 특성 등(쓰임새 많음, 옆에 비치하여 활용)

핵심의 활용

✔ 업무와 조직도 개인의 특성 등을 분석하여 업무 분장 등에 활용

자료 2. 이메일 및 대화록

≫받은 편지함

| ✉ 답 장 | 전체답장 | 전 달 | × 삭 제 | | 스팸신고 | 인 쇄 |

제　　목: 법률홈닥터 사업 등 통합운영 방안 마련 지시

보낸 사람: 김동철(dckim@korea.go.kr)

받은 시간: 2027년 5월 17일, 09:30

받는 사람: 이인권(iklee@korea.go.kr)

이인권 과장님께

안녕하세요? 김동철 국장입니다.

오늘 실국장회의에서 장관님께서 지시하신 사항을 전달합니다.

우리 부에서는 변호사를 활용하여 법률 사각지대에 있는 국민들을 도와주고 있습니다만, 법무과에서 추진 중인 '마을변호사제도'와 인권구조과에서 추진하고 있는 '법률홈닥터사업'은 중복 요소가 많다고 말씀하시며, 두 사업을 통합해 효과적으로 운영토록 하라고 지시하셨습니다. 따라서 인권구조과에서 사업을 통합하여 추진하는 방안을 마련, 다음 주 27일(목) 오후 4시에 있을 회의 시 보고해 주시기 바랍니다.

통합 방안에는 특히 수혜 대상자들의 입장을 충분히 반영하여 실질적인 혜택을 받을 수 있도록 해주시면 좋겠습니다. 물론 예산과 인원 등의 어려움이 많겠으나 가용한 모든 자원을 동원하여 최대한의 성과가 나타날 수 있도록 해주시기 바랍니다.

그럼 과장님만 믿겠습니다.

김동철 드림

05월 17일 (월) 오전 10시

BTV 촬영팀

안녕하세요. 이인권 과장님. BTV 촬영팀입니다. 5월 27일 오후 1시부터 3시까지 진행하기로 되어있던 '법률홈닥터 안내' 등 인터뷰 일정을 변경할 수 있으신가 해서 연락 드렸습니다.

변경된다니…. 언제로요?

이인권 과장

BTV 촬영팀

같은 날 같은 장소에서 오후 4시부터 6시까지로 변경할 수 있을까요? 회사에 급한 일이 생겨서 어쩔 수 없게 되었습니다. 그리고 인터뷰에서 법률 사각지대 국민들의 법률구조 서비스에 대한 정부의 방향과 효과적인 법률구조 콘텐츠를 이해하기 쉽게 설명한다면 더 좋을 것 같습니다.

오후 4시부터 6시밖에 시간이 안 되는 건가요? 음. 정책 홍보를 위해 좋은 기회인 것 같아서 준비하고 있었는데, 그 시간에 인터뷰할 수 있을지 모르겠네요. 일정을 한번 보고 연락 드리겠습니다.

이인권 과장

BTV 촬영팀

네, 기다리고 있겠습니다. 저희도 일요일(30일) 오후 8시까지는 방송으로 내보내야 해서 여유가 별로 없네요….

✎ **이 페이지의 핵심**

- 법률홈닥터 등 통합

  – 인권구조과에서 주관, 27일(목) 오후 4시 회의에서 보고

  – 수혜 대상자들의 의견을 충분히 반영할 것

- 법률홈닥터 안내 등 인터뷰 일정 변경 요청

  – 27일 오후 1시~3시에서 오후 4시~6시로 변경

  – 정책 홍보를 위한 좋은 기회임

핵심의 활용

✔ 개별 과제의 해결 대안 마련 시 위의 사항들을 반영하기

  – 중복된 일정의 조정 필요(회의 참석과 인터뷰 일정 중복됨)

  – 회의 참석과 인터뷰를 누가 하는 것이 효과적일지 검토 필요

자료 3. 이진수 사무관의 이메일 ①

≫받은 편지함

⊡ 답 장	전체답장	전 달	× 삭 제		스팸신고	인 쇄

제   목: 법률홈닥터 사업 운영 관련 보고 드립니다.

보낸 사람: 이진수 사무관

받은 시간: 2027년 05월 18일, 09:32:54

받는 사람: 이인권 인권구조과장

과장님, 지시하신 자료를 '붙임 파일'로 보내 드립니다.

과장님께서도 아시다시피 법률홈닥터사업은 저와 신정민 주무관이 수행하고 있습니다. 이 사업은 '찾아가는 서민 법률주치의' 개념을 도입하여 2012년부터 경제적

·지리적 어려움으로 인해 변호사를 찾기 어려웠던 취약 계층 및 소외 지역 주민들에게 수요자 중심의 맞춤형 1차 무료 법률서비스를 제공해 왔던 사업입니다.

또한, 법무과에서 시행해 오던 '마을변호사' 제도는 2013년부터 국민의 법률서비스 접근성 제고와 민·관의 모범적 협력 모델 정착이라는 뜻을 가지고 운영해 오고 있었던 제도입니다. 이 사업들은 '법률 사각지대 해소'라는 목적을 가지고 출발하여 벌써 10년을 넘긴 사업들입니다. 그렇지만 인식, 제도 이용의 용이성, 그리고 이용자들의 불편함 등이 거론되고 있어 개선할 필요가 있었는데, 이번 통합 개선 시 꼭 반영해야 할 것으로 보입니다.

저와 함께 사업을 추진 중인 신정민 주무관은 변호사협회 근무 경험도 있어서 업무를 추진함에 도움이 많기는 합니다만, 풀어야 할 사항들이 적지 않은 상황이라 직원을 1명 지원해 주실 수는 없을까요? 과장님께서 적극적인 도움을 주시기 바랍니다.

> 첨부 파일: 법률홈닥터 제도 소개.hwp
> 첨부 파일: 마을변호사 제도 소개.hwp

🖉 이 페이지의 핵심

- 법률홈닥터 사업: 이진수 사무관, 신정민 주무관이 수행 중
  - 정부 주도의 사업
- 마을변호사 제도: 법무과에서 시행 중
  - 민·관의 협력 사업
- 두 가지 사업 모두 법률 사각지대(경제·지리적 어려움) 해소가 주목적이며, 시행 10년이 넘었음
  - 개선 필요사항: 인식, 제도 이용 용이성, 이용자들의 불편함

• 통합을 위한 업무가 방대하여 직원 1명 증원 필요

✔ 위 사항을 답안 마련 시 적극적으로 적용할 준비하기

✔ 직원 증원: 과원의 특성과 업무량 등을 고려하여 선정하고 답변 논리를 마련할 것

이를 풀어 보면 다음과 같이 분석될 수 있겠음(하나의 방법임을 참고할 것).

증원 인원 분석

• 사업의 특성을 고려할 때 외향적 성격이 필요할 것임

  – 변호사 협회와 각급 지자체 등과의 네트워크·협력체계 유지 등이 필요

• 김수영

  – 성실·신중하며 꼼꼼하여 이진수의 부족 역량을 보완 가능하나 협업 중인 신정민이 보완 가능함(이진수의 부족 역량에 대해)

  – 소통이 중요시되는 업무와는 거리가 있는 듯함

    ※ 신중·꼼꼼함 = 내향적 성격 모습

• 이수정

  – 성실·업무에 최선 모습 등의 성격으로 이진수의 지시사항 등 수행에 적격임

  – 업무에 최선을 다하는 성격으로 소통과 협력관계 유지에 나쁘지 않을 것임

• 팀워크를 중시하는 사무관이 있기도 하나 이진수 사무관과의 업무 협조가 불편할 것으로 보임

증원 인원 선정 등

• ○○○를 선정 증원하고, 과 내의 업무량이 증가되어 추가 인원 증원 요청

  ※ 타 과 또는 변호사협회에 파견 지원 협조 등

- 추가 조치사항

  - 법무과의 사무관에게 협조 요청

  - 업무의 원활 진행 상황을 주기적 체크하기 등

자료 4. 붙임 자료(법률홈닥터 및 마을변호사 제도 소개)

법률홈닥터 제도 소개

1. 도입 배경
- 취약계층 서민들이 보다 손쉽게 법률서비스를 이용할 수 있도록 '법률홈닥터' 사업을 시작

2. 담당 업무
- 변호사 자격을 갖춘 법무부 소속 '법률홈닥터'가 지방자치단체·사회복지협의회 등 지역 거점기관에 배치되어 수요자에게 법률과 복지를 결합한 총체적인 해결책 제공
- 배치기관을 거점으로 출장·방문 상담 등 실시, 무변촌 지역 주민들에게 법률복지 서비스 제공
- 업무 내용: 법률 상담, 정보 제공, 법 교육, 구조 알선, 간단한 법률문서 작성 등
- 조력 기관(대한법률구조공단 등) 연계

3. 배치 현황
- 전국 65곳의 지방자치단체 등에 법률홈닥터 65명 배치

4. 시사점
- 공급자 중심의 법률서비스 체제에서의 법률복지 전달체계 미비
- 소송단계에 집중된 법률구조 고비용 변호사 증원의 한계
- 서민들에게 법률문제 발생 시 적절한 해결방법 지원 필요
- 거리가 멀어 방문이 여의치 않고 배치 인원이 적어 상담에 어려움이 있음

마을변호사 제도 소개

1. 도입 배경
- 변호사 3만 명 시대임에도 불구하고, 전체 개업 변호사의 80% 이상이 수도권에, 85% 이상이 서울 및 6개 광역시에 편중되어, 읍·면·동 등 법률서비스 접근성 취약 주민들의 법률안전망 제고 필요

2. 제도 의의
- 국민의 법률서비스 접근성 제고로 틈새 없는 법률복지 실현
- 민·관의 모범적 협력 모델을 통해 국내 최대 규모의 변호사 재능기부 활동으로 정착

3. 운영 현황
- 전국 1,491개 읍·면·동에 1,361명의 마을변호사와 1,636명의 법률 담당 공무원이 활동 중
  ※ 전국의 시·군·구는 228개소, 읍·면·동은 3,491개소임

4. 이용 방법
- 마을변호사 연락처 확인
  - 읍·면·동사무소, 각 지방변호사회 또는 법무부에 문의
  - 마을변호사 '블로그, 페이스북'에서 검색
- 상담 절차
  - 비상근이므로 전화·팩스·이메일 등 원격 상담 원칙
  - 현장 상담이 진행되는 경우 해당 읍·면·동사무소에 연락 예약 후 상담

✐ 이 페이지의 핵심
- 2개 사업의 운영 내용 소개
- 2개 사업의 다른 점을 파악하여 통합 안으로 운영 시 적용될 세부 내용은 무엇

일까를 구상해야 함

✔ 위의 사항을 분석하여 통합방안 마련 시 적시되어야 할 점 알아보기

- 업무 내용, 제도 이용 절차, 이용방법, 상담 절차, 근무 형태 등

- 보강 필요사항

    − 인원 증원, 배치 장소 증설, 근무 형태

    − 아래와 같은 방향 등을 구상해 볼 수 있겠음

        ※ 인원: 자원봉사형식(로스쿨 학생 등), 자치단체의 법률 담당 공무원 활용

        ※ 배치 장소: 점진적 사업으로 전국의 읍면동사무소에 배치 계획

        ※ 근무 형태: 점진적 상근으로 전환

- 변호사협회와 제도 통합 관련 협의

현재까지의 정보들을 적용하여 통합방안을 구상하면,

도입 배경

- 법률서비스 접근성이 취약(경제·지리적)한 국민들의 법률안전망 제고

통합운영 방향

- 업무 담당자와의 인수인계 및 운영방법 공유, 변호사협회 등과의 조율
- 배치 장소 증가와 변호사 인력 증원
- 근무 형태를 수요자들이 이용하기 편리한 방법으로 구상

업무 내용

- 법률 상담, 정보 제공, 법 교육, 구조 알선, 간단한 법률문서 작성 등

- 조력 기관(대한법률구조공단) 연계

제도 이용방법: 현장 방문 상담 또는 원격 상담

- 현장 방문 상담: 해당 자치단체에 사전 연락 예약 후 상담

- 전화·팩스·이메일 등 원격 상담

- 읍·면·동사무소, 각 지방 변호사회 또는 법무부에 문의

- 블로그, 페이스북에서 검색

자료 5. 신문 기사

[변호사 3만 명 시대] '변호사 수 싸움' 갈림길에 서다

한법률 기자(『법률투데이』, 2027년 4월 30일 자)

변호사시험 합격자 수를 놓고 논란이 거세다. 대한변호사협회(변협)는 올해 변호사 시험 합격자 수를 1,700명으로 결정한 법무부를 상대로 강하게 반발하고 있다. 변협이 주장한 적정 합격자는 1,200명으로 500명이나 차이가 난다.

지난 3월 말 기준 국내 등록 변호사는 2만 724명이다. 미등록 상태인 변호사까지 합하면 3만 명을 훌쩍 넘어섰다. 법무부의 「적정 변호사 공급 규모에 관한 연구」보고서에 따르면, 지난해 기준 우리나라의 인구 1만 명당 변호사 수는 5.39명이었다. 정부와 변호사 단체는 이를 두고 서로 '정반대 해석'을 하고 있는 상황이다.

정부는 변호사 수가 부족해도 너무 부족하다는 입장이다. 비교 대상은 영미권 국가들이다. 미국은 1만 명당 변호사가 41.28명, 영국은 32.32명, 독일은 20.11명, 프

랑스는 10.38명이다. 우리의 변호사 규모는 미국의 8분의 1, 프랑스의 절반 수준이다. 한국법학교수회는 "변시 합격자 정원을 자격시험 수준으로 늘려야 한다. 국민이 더 쉽게 접근할 수 있고 더 많은 변호사의 법률서비스를 원하는 상황에서 정원을 감축해야 한다는 주장은 국민 뜻을 외면하는 것"이라고 주장했다.

변협 등 변호사 단체는 이와 반대 입장이다. 1만 명당 5.39명의 변호사는 너무 많다는 것이다. 우리나라보다 경제 규모가 2.5배나 큰 일본은 1만 명당 변호사 숫자가 3.38명이다. 2027년 변호사시험 합격자 수도 1,450명으로 우리나라보다 적다. 법무부가 변호사 시장의 현실을 파악하지 못하고 무리하게 변호사 숫자만 늘리고 있다는 것이다.

하지만 변호사 단체의 목소리를 '밥그릇 지키기'로 보는 시선도 많다. 로스쿨 도입 이후 국내 법률시장 규모는 2배 이상 커졌다. 2026년 기준 법무법인 및 개인 변호사 부가가치세 과세표준 신고액은 6조 3,437억 원으로 10년 전에 비해 2배나 늘었다. 전체 경제 성장률은 2~3%였지만 법률시장은 매년 8%씩 성장한 셈이다.

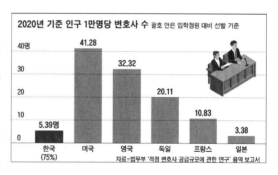

2020년 기준 인구 1만명당 변호사 수 괄호 안은 입학정원 대비 선발 기준

한국 (75%)	5.39명
미국	41.28
영국	32.32
독일	20.11
프랑스	10.83
일본	3.38

자료=법무부 '적정 변호사 공급규모에 관한 연구' 용역 보고서

OO대 A 교수는 "변호사가 너무 많다거나 적다는 논의 자체가 잘못된 것"이라며 "자격증이기 때문에 일정 수준 이상의 능력을 갖췄다면 발급을 해줘야 한다"고 말했다. "정원 통제를 하려면 이유가 있어야 하는데, 기존 변호사들의 소득 보장을 위해 변호사 수를 줄여야 한다는 것은 이유가 될 수는 없다"고 덧붙였다. 또 OO대 B 교수는 "법률서비스는 언제든지 국민이 접근할 수 있는 공공재여야 한다. 법률서비

스 공급은 법조인들의 경영상 판단에 의해 이뤄질 것이 아니라 국민들의 수요에 따라 결정 돼야 하는 것으로 법조인 측에서 적극적으로 수요를 창출해야 한다"고 주장했다.

  수입과는 차이가 있겠으나 법무부에서 시행하고 있는 '법률홈닥터', '마을변호사' 제도는 수요 창출에 도움이 되는 제도임은 분명하다. 정부는 앞으로도 늘어난 변호사 인력으로 국민들에게 어떠한 도움을 줄 수 있는지에 대한 노력을 게을리해서는 안 된다.

🖋 이 페이지의 핵심

- 변호사 인력 활용이 제대로 되지 않는 이유는
  - 변호사와 의뢰인 간 정보 교환이 되지 않음
  - 늘어난 인력을 효과적으로 활용하기 위한 정부의 노력 미흡
    ※ 해외 모범사례 등을 적극 벤치마킹 필요함을 암시하고 있음

★핵심의 활용

✔ 인력 활용 방안을 구상하여 대안으로 제시하기

  현재까지의 자료로는 인력을 어떻게 활용하여야 할 것인가를 세부적으로 마련하기 용이하지 않으므로 뒤에 나오는 자료들을 분석한 후 대안을 마련함이 좋겠음.

자료 6. 이진수 사무관의 이메일 ②

≫받은 편지함

▣ 답 장	전체답장	전 달	× 삭 제		스팸신고	인 쇄

제　　목: 과장님께 도움을 요청합니다.

보낸 사람: 이진수 사무관

받은 시간: 2027년 05월 19일, 14:05:54

받는 사람: 이인권 인권구조과장

과장님, 이진수 사무관입니다. 법률홈닥터 사업과 마을변호사 제도를 통합하는 과정에 어려움이 있어 과장님께 문의드립니다. 본 사업을 통합 운영할 때 관건은 다음과 같습니다.

1. 명칭을 무엇으로 하는 것이 좋을 것인지
2. 변호사들이 위치할 사무실(?)을 어떤 곳까지 설치하여야 할 것인지(접근성을 높이기 위해서는 보다 확대해야 할 필요성이 있음. 현재는 일부이긴 하지만, 시·군·구 지자체 사무실에 마련되어 있음)
3. 현재 1명씩으로 되어있는 인원을 몇 명까지 증가시켜야 하는지
4. 전화 또는 인터넷으로 사전 예약 후 실시하는 현재의 방식을 어떻게 하면 효과적인지에 관한 것입니다.

여기에 대해 과장님께 의견을 듣고 싶습니다. 물론 장소나 인원을 대폭 증가시키면 수혜자들에게 도움이 되겠으나 제약사항들이 많아 어려움이 있습니다. 그리고 장관님께서 관심을 가지고 추진하는 사업에 대해 동료들은 나 몰라라 하고 있는 것 같아 섭섭합니다. 담당자가 정해져 있는 사업이기는 하지만 신속히 수행해야 할 업무가 없는 동료들은 도움을 줄 수도 있을 것인데 도움 요청에 한마디로 거절을 하니….

과 내에서 외톨이가 된 듯한 느낌입니다. 전과 달리 업무를 추진함에 능률도 오르지 않고 신속히 맡은 업무에 성과가 나타나도록 해야 한다는 강박관념 때문인지 퇴근 이후에도 마음이 무겁습니다. 과장님께서 이와 같은 저의 어려움을 헤아려 주시길 바랍니다.

✎ 이 페이지의 핵심

- 통합 운영에 대한 방향 등을 해결 요청
  - 명칭은 무엇으로
  - 배치 장소를 어디까지 할지
  - 인원은 몇 명으로 해야 하나
  - 상담 접수방법: 현재는 전화·인터넷으로 사전 예약 후 실시
- 조직원들의 상호 협조 방안 강구(교육 등)

핵심의 활용

✔ 위의 사항들을 해결대안으로 구상해 보기

주어진 정보들이 세부적이지 않아 대안을 마련함에 제한적이기는 하나 사업을 효과적으로 운영하기 위해서는 현재까지 주어진 정보들을 최대한 폭넓게 활용하는 것이 최선일 것이며, 마련되는 대안은 다음과 같을 것이나 정답은 아니며 하나의 방법일 뿐임(밑줄 부분은 새로 보완된 것임).

도입 배경

- 법률서비스 접근성이 취약(경제·지리적)한 국민들의 법률안전망 제고

목 표

- 향후 5년 이내 전국의 읍·면·동사무소 3,491개소와 시·군·구 228개소에 변호사 배치

통합운영 방향

- 업무 담당자와의 인수인계 및 운영방법 공유, 변호사협회 등과의 조율
- 배치 장소 증가와 변호사 인력 증원

  ※ 배치 장소 우선순위에 대한 폭넓은 의견 수렴, 자원봉사자 등에 인센티브 부여
- 근무 형태를 수요자들이 이용하기 편리한 방법으로 구상
- 통합명칭: 규모와 인력 등을 감안하여 인지도가 높은 제도의 명칭을 사용함이 타당

  ※ 법무과와 통합운영 검토 시 확정

업무 내용

- 법률 상담, 정보 제공, 법 교육, 구조 알선, 간단한 법률문서 작성 등
- 조력 기관(대한법률구조공단) 연계

제도 이용방법: 현장 방문 상담 또는 원격 상담

- 현장 방문 상담: 해당 자치단체에 사전 연락 예약 후 상담
- 전화·팩스·이메일 등 원격 상담
- 읍·면·동사무소, 각 지방 변호사회 또는 법무부에 문의
- 블로그, 페이스북에서 검색

배치 장소 및 인원

- 배치 장소: 전국의 읍·면·동 3,491개소와 시·군·구 228개소에 배치, 합계

3,719개소

- 현 배치 개소: 1,491 + 65 = 1,556개소

- 5개년 계획으로 배치 완료(미배치 개소 2,163개소는 1년에 433개소씩 증설)

• 배치 인원

- 변호사 65(시군구·사회복지협의회 일부)명+1,361(전국 읍·면·동사무소 일부)명, 법률
담당 공무원 1,636명

- 증가 계획: 전국의 읍·면·동사무소 각 1명, 시·군·구청 각 1명

- 5개년 계획으로 배치: 법률 담당 공무원과 자원봉사자 등을 활용하며 점진적
교체 완료

※ 수요가 많은 곳에는 인원 증가(우선 법률 담당 공무원과 로스쿨 학생 등을 배치하
고 점진적 변호사로 대체)

근무 형태

• 5개년 계획으로 모두 상근 전환

• 전환전인 비상근 개소에는 법률 담당 공무원과 자원봉사자 등으로 대체

• 유고·비상 상황 시 최근 거리 자치단체의 변호사 활용

직원 교육 등

• 전 직원들에게 사업의 필요성 교육 및 목표 달성을 위한 상호 협력의 중요성 강조

• 월 1회 업무 추진 상황 점검 및 상호 협조 실태 확인

• 협조 필요 기관과의 유기적 채널 가동 및 주기적 의견 공유

• 이진수 사무관 피드백하기

- 조직의 성과 관리에 협업·소통의 중요성 일깨우기

① 조직의 성과는 혼자서 내는 것이 아님

② 조직원 간의 협력·소통이 잘되어야 성과가 나타남

③ 추진력 장점 있으나 독단적 처리 또는 꼼꼼하지 못하면 부작용이 나타날 수 있음을 설명

④ 업무 이행 실태 수시 확인 필요

자료 7. 민원 게시판

오늘의 방문자 수: 84,067

ID: 장애인 A

저는 지체장애 1급의 장애인입니다. 거동을 제대로 할 수 없어 주로 집에서만 생활하고 있고요. 물론 저를 돌보아야 하는 가족이 필요하기도 합니다. 활동을 마음대로 하지 못하니 집에서 인터넷 등으로 상품을 구매하는 것이 많은 실정입니다. 사정이 이러하다 보니 예기치 않게 속는 경우가 발생하게 되고, 이로 인한 구제를 받으려니 전문지식도 없어 막막하기만 합니다. 우연히 저와 같은 어려운 신체조건을 가지고 있는 동료와의 전화 통화에서 정부가 변호인에게 도움을 받도록 하는 제도가 있다는 말을 들었습니다. 그런데 우리와 같이 어려운 처지에 있는 사람들을 돕기 위해 그와 같은 제도가 생겼다면 어째서 저는 모르고 있었던 걸까요? 좋은 일을 하려고 하셨다면 많은 사람이 알고 도움을 받도록 해주는 것이 정부에서 하는 일 아닌가요? 잘 알려주시기 바랍니다.

ㄴRE: (ID: 독거노인1) 나도 몰랐던 일이네요. 도움을 받으려면 어떻게 해야 하는 거지요? 아무 때나 아무나 도움을 받을 수 있는 것인가요? 찾아가기는 어렵지 않은가요? 저의 집은 소도시에 위치하고 있는데 우리 지역에서도 도움을 받을 수 있는 건가요?

ㄴRE: (ID: 장애인2) 제도가 있기는 있더군요. 불편한 몸으로 대중교통을 이용하여 먼 거리를 찾아갔더니 자리에 없더군요. 언제 상담을 받을 수 있는지 물어봐도 누가 안내해 주는 사람도 없어 두세 시간을 기다리다가 소득도 없이 돌아왔습니다. 제도를 운영하려면 도움을 받는 사람이 쉽게 받을 수 있도록 할 수는 없나요? 도움받기 위해 찾아가야 하는 거리도 멀고 간다 해도 도움을 받을 수 없으니 이거야 원….

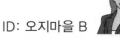

ID: 오지마을 B

안녕하세요? 저는 면 소재지에 살고 있는 사람입니다. 법무부에서 '마을변호사'라고 하는 제도를 운영하고 있다고 들었습니다. '마을변호사'는 읍, 면, 동 소재지에 위치하면서 도움을 준다고 하던데, 왜 우리 면에는 도움을 주지 않는 건지요? 무슨 차별을 두는 겁니까? 그렇지 않아도 지역적으로 차별을 많이 당해서 분통이 터지는 판에 '마을변호사' 제도에서도 차별을 당해야 하는 건가요? 차별을 할 거라면 아예 제도를 시행하지를 말든지….

ㄴRE: (도서 지역1) 이 글을 보니, 마치 저의 입장을 대변해 주는 것 같아 속이 시원합니다. 지금 전국에 변호사 수가 3만 명이 넘는다는데 이렇게 많은 인력을 왜 폭넓게 활용하지 못하고 생색내기용으로 조금씩 활용하는 겁니까? 뉴스를 보니 변호사 인원을 어느 정도로 해야 할지 정부와 변호사 단체에서 실랑이를 하던데…. 밥그릇 싸움만 하지 말고 법률 사각지대에 있는 국민들을 하나라도 구하려는 생각을 하시는 것이 순서가 아닐지요? 제발 대책 좀 만들어 주세요.

📌 **이 페이지의 핵심**

• 제도를 몰라서 이용하지 못했다는 민원과 우리 지역에도 사무실 설치 요청 등의 내용

  - 설치 장소는 어디인가

  - 수요자가 도움받기 용이한 형태로 개선해 달라

  - 설치가 되어 있지 않은 곳은 차별하는 것인가

  - 법률 사각지대 국민들이 편리하게 이용토록 해달라 등

    ※ 제도의 국민 인식 제고 방법 강구 필요

✔ 위의 사항들이 포함되는 대안을 마련하여 제시하기(밑줄 부분은 보완된 것)

도입 배경

• 법률서비스 접근성이 취약(경제·지리적)한 국민들의 법률안전망 제고

목 표

• 향후 5년 이내 전국의 읍·면·동사무소 3,491개소와 시·군·구 228개소에 변호사 배치

통합운영 방향

• 업무 담당자와의 인수인계 및 운영방법 공유, 변호사협회 등과의 조율

• 배치 장소 증가와 변호사 인력 증원

　※ 배치 장소 우선순위에 대한 폭넓은 의견 수렴, 자원봉사자 등에 인센티브 부여

• 근무 형태를 수요자들이 이용하기 편리한 방법으로 구상

• 통합명칭: 규모와 인력 등을 감안하여 인지도가 높은 제도의 명칭을 사용함이 타당

　※ 법무과와 통합운영 검토 시 확정

업무 내용

• 법률 상담, 정보 제공, 법 교육, 구조 알선, 간단한 법률문서 작성 등

• 조력 기관(대한법률구조공단) 연계

제도 이용방법: 현장 방문 상담 또는 원격 상담

• 현장 방문 상담: 해당 자치단체에 사전 연락 예약 후 상담

• 전화·팩스·이메일 등 원격 상담

• 읍·면·동사무소, 각 지방변호사회 또는 법무부에 문의

- 블로그, 페이스북에서 검색

배치 장소 및 인원

- 배치 장소: 전국의 읍·면·동 3,491개소와 시·군·구 228개소에 배치, 합계 3,719개소
  - 현 배치 개소: 1,491+65 =1,556개소
  - 5개년 계획으로 배치 완료(미배치 개소 2,163개소는 1년에 433개소씩 증설)
- 배치 인원
  - 변호사 65(시군구·사회복지협의회 일부)명+1,361(전국 읍·면·동사무소 일부)명, 법률 담당 공무원 1,636명
  - 증가 계획: 전국의 읍·면·동사무소 각 1명, 시·군·구청 각 1명
  - 5개년 계획으로 배치: 법률 담당 공무원과 자원봉사자 등을 활용하며 점진적 교체 완료
    ※ 수요가 많은 곳에는 인원 증가(우선 법률 담당 공무원과 로스쿨 학생 등을 배치하고 점진적 변호사로 대체)

근무 형태

- 5개년 계획으로 모두 상근 전환
- 비상근 개소에는 법률 담당 공무원과 자원봉사자 등으로 대체
- 유고·비상 상황 시 최근 거리 자치단체의 변호사 활용

직원 교육 등

- 전 직원들에게 사업의 필요성 교육 및 목표 달성을 위한 상호 협력의 중요성 강조
- 월 1회 업무 추진 상황 점검 및 상호 협조 실태 확인
- 협조 필요 기관과의 유기적 채널 가동 및 주기적 의견 공유

- 이진수 사무관 피드백하기

  - 조직의 성과 관리에 협업·소통의 중요성 일깨우기

    ① 조직의 성과는 혼자서 내는 것이 아님

    ② 조직원 간의 협력·소통이 잘되어야 성과가 나타남

    ③ 추진력 장점 있으나 독단적 처리 또는 꼼꼼하지 못하면 부작용이 나타날 수 있음을 설명

    ④ 업무 이행 실태 수시 확인 필요

홍보 등 인식 개선 노력

- 지상파 방송 및 인터넷으로 홍보
- 자치단체의 복지 담당 공무원 또는 자원봉사자 등을 활용, 안내문 게시 및 배포
- 자원봉사자(변호사, 로스쿨 학생 등)에게 인센티브 부여

  ※ 공직 등 채용 시 우대, 가점 부여 등
- 풍부한 법률지식 확보 가능함을 홍보

장애 극복, 모니터링 방법 구상 제시

자료 8. 신문 칼럼

〈이렇게 변호인들을 활용하는 나라도 있다〉

홍길동(OO법학전문대학원 교수), 2027.05.21., 09:00

A국은 변호인 수가 국민 1만 명당 30명으로 변호인 수가 많은 나라 중의 하나였다. 변호사의 정원을 규정하기보다는 일종의 자격시험인 변호사시험에 인원 제한을 두지 않고 자격이 있는 사람들은 누구나 시험을 볼 수 있도록 했기 때문이다.

변호인이 늘어남에 따라 모든 국민이 법률서비스를 효과적으로 받을 수 있었지만, 사회적 취약계층에게까지는 미치지 못하였다.

이에 정부에서는 늘어난 변호인 인력을 효과적으로 활용하기 위한 방안을 마련하기 위해 관련 전문가들과 공청회 토론회 세미나 등을 개최하여 늘어난 인력도 활용하고, 법률서비스도 효과적으로 할 수 있는 방법을 구상하게 되었다.

이렇게 하여 자원봉사 변호인들에게 인센티브(가점 부여, 공직 우선 취업 제공, 우수 기업에 알선 등)를 제공하는 등의 혜택을 적용하여 자원봉사 인력을 확보했다. 정부에서는 변호인 인력이 확보되자 늘어난 인력을 사각지대에 있는 국민들이 쉽사리 이용할 수 있도록 장소 인원 등을 대폭 확대하고, 예비 법조인인 로스쿨 학생들도 자원봉사 형식의 제도를 적극 활용하여 취약계층의 수혜자들에게 폭넓은 도움을 주었다.

우리는 현재 변호사 인원을 두고 실랑이를 하고 있다. 이러한 제도가 남의 나라 일로만 여겨지지 않는다.

법률구조서비스에 필요한 마인드는?

OOO(공익인권법재단 사무국장, 2027.05.22.)

법률 사각지대 국민들이 만족할 수 있는 법률서비스 제공은 이렇게

첫째, 수요자 중심의 찾아가는 법률 지원

– '찾아가는 서민 법률주치의'라는 생각으로 지방자치단체, 사회복지기관 등의 복지안전망과 연계하여 복지시설을 방문하거나, 필요한 경우 장애인과 노인 등의 주거지에 직접 방문하여 지속적으로 법률문제를 진단 해결해야 한다.

둘째, 맞춤형 상시 법률상담 및 교육

- 수요자에 맞춘 법률정보 제공과 법 교육을 통해 사전에 분쟁을 예방하고 변호사의 문턱을 낮춰 상시 서민들 가까이서 적절한 해결방법을 지원하여야 한다.

셋째, 서민 법률보호 네트워크 구축

- 맡은 지역의 복지안전망과 법률구조 인프라를 연결하여 서민들과 밀접한 곳에서 법률 보호의 모세관 역할을 하고,
- 소송구조 등 다음 단계의 법률서비스가 필요한 경우 원스톱으로 법률구조공단 등과 연계되도록 지원하고 연계 이후에 불편한 점이 나타나지 않도록 미리 대처하여야 하며,
- 무변촌 법률구조공단지소 추가 설치, 이동법률상담차량 운영 등 법률보호 사각지대 해소를 위해 지속적으로 노력해야 한다.

이럼으로써 새내기 법조인들에게 법률 복지와 공익변호사로서 출발할 수 있는 경험과 동기를 부여하고, 공익성 또한 제고시킬 수 있을 것이다.

✎ **이 페이지의 핵심**

- A국의 변호인 효과적 활용 방안
  - 전문가들과 공청회, 토론회, 세미나 등을 개최하며 인력 활용 및 법률서비스 향상 방법 구상
  - 자원봉사 변호인 확보 위해 인센티브 제공: 가점 부여, 공직 우선 취업 제공, 우수 기업에 알선 등
  - 로스쿨 학생 자원봉사자로 영입

- 법률구조서비스의 마인드

  - 수요자 중심의 찾아가는 법률 지원

  - 맞춤형 상시 법률 상담 및 교육

  - 서민 법률보호 네트워크 구축: 소송구조 등 필요시 원 스톱으로 법률구조공단 등과 연계 지원

  - 무변촌 법률구조공단지소 추가 설치, 이동 법률상담 차량 운영 등

- 기대 효과: 새내기 법조인들에게 법률복지와 공익변호사로서 출발할 수 있는 경험과 동기부여 및 공익성 제고

핵심의 활용

✔ 위 사항들을 대안으로 마련하여 제시하기(밑줄 부분은 보완된 것)

✔ 내용이 많다고 생각되면 핵심적인 일부만을 활용할 수도 있음

이렇게 통합방안의 답안은 마련되겠으나 직원 교육 등의 답안 자료는 '해결과제 3'으로 옮기는 것이 좋겠음.

도입 배경

- 법률서비스 접근성이 취약(경제·지리적)한 국민들의 법률안전망 제고

목 표

- 향후 5년 이내 전국의 읍·면·동사무소 3,491개소와 시·군·구 228개소에 변호사 배치

통합운영 방향

- 업무 담당자와의 인수인계 및 운영방법 공유, 변호사협회 등과의 조율

- 배치 장소 증가와 변호사 인력 증원

  ※ 배치 장소 우선순위에 대한 폭넓은 의견 수렴, 자원봉사자 등에 인센티브 부여

- 근무 형태를 수요자들이 이용하기 편리한 방법으로 구상

- 통합명칭: 규모와 인력 등을 감안하여 인지도가 높은 제도의 명칭을 사용함이 타당

  ※ 법무과와 통합운영 검토 시 확정

업무 내용

- 법률 상담, 정보 제공, 법 교육, 구조 알선, 간단한 법률문서 작성 등

- 조력 기관(대한법률구조공단) 연계

  - <u>소송구조 등 필요시 원 스톱 연계 지원</u>

제도 이용방법: 현장 방문 상담 또는 원격 상담

- 현장 방문상담: 해당 자치단체에 사전 연락 예약 후 상담

- 전화·팩스·이메일 등 원격 상담

- 읍·면·동사무소, 각 지방 변호사회 또는 법무부에 문의

- 블로그, 페이스북에서 검색

배치 장소 및 인원

- 배치 장소: 전국의 읍·면·동 3,491개소와 시·군·구 228개소에 배치, 합계 3,719개소

  - 현 배치 개소: 1,491+65 =1,556개소

  - 5개년 계획으로 배치 완료(미배치 개소 2,163개소는 1년에 433개소씩 증설)

- 배치 인원

  - 변호사 65(시군구·사회복지협의회 일부)명+1,361(전국 읍·면·동사무소 일부)명, 법률 담당 공무원 1,636명

  - 증가 계획: 전국의 읍·면·동사무소 각 1명, 시·군·구청 각 1명

- 5개년 계획으로 배치: 법률 담당 공무원과 자원봉사자 등을 활용하며 점진적 교체 완료

    ※ 수요가 많은 곳에는 인원 증가(우선 법률 담당 공무원과 로스쿨 학생 등을 배치하고 점진적 변호사로 대체)

근무 형태

- 5개년 계획으로 모두 상근 전환
- 비상근개소에는 법률 담당 공무원과 자원봉사자 등으로 대체
- 유고·비상 상황 시 최근 거리 자치단체의 변호사 활용

직원 교육 등

- 전 직원들에게 사업의 필요성 교육 및 목표 달성을 위한 상호 협력의 중요성 강조
- 월 1회 업무 추진상황 점검 및 상호 협조 실태 확인
- 협조 필요 기관과의 유기적 채널 가동 및 주기적 의견 공유
  - 공청회, 토론회, 세미나 등 실시로 변호사 활용방법 등 구상
- 이진수 사무관 피드백하기
  - 조직의 성과관리에 협업·소통의 중요성 일깨우기
    ① 조직의 성과는 혼자서 내는 것이 아님
    ② 조직원 간의 협력·소통이 잘되어야 성과가 나타남
    ③ 추진력 장점 있으나 독단적 처리 또는 꼼꼼하지 못하면 부작용이 나타날 수 있음을 설명
    ④ 업무 이행 실태 수시 확인 필요

홍보 등 인식 개선 노력

- 지상파 방송 및 인터넷으로 홍보

- 자치단체의 복지 담당 공무원 또는 자원봉사자 등을 활용

- 안내문 게시 및 배포

- 자원봉사자(변호사, 로스쿨 학생 등)에게 인센티브 부여

  ※ 공직 등 채용 시 우대, 가점 부여, 우수 기업에 알선 등

- 풍부한 법률지식 확보 가능함을 홍보

- 무변촌 법률구조공단지소 추가 설치 검토

- 이동 법률상담 차량 운영 등

기대 효과

- 새내기 법조인들에게 법률복지와 공익변호사로서 출발할 수 있는 경험과 동기 부여 및 공익성 제고

기타 장애 극복, 모니터링 방법 구상해 보기

자료 9. 법률서비스 효과 향상 정책 토론회 계획(안)

법률 사각지대 국민에 대한 법률서비스 향상을 위한 토론회

작성자: 인권구조과 이진수 사무관
작성 일자: 2027. 5. 18.

1. 추진 목적
- 법률구조를 통한 법률복지 증진 현황 파악 및 평가
- 법률 사각지대에 놓인 취약계층에게 도움을 주기 위한 1차적 법률지원서비스의 효과성 제고
- 관련 기관 간의 네트워크 강화

2. 개 요

- 대상: 법무부 법무과장, 인권구조과장, 변호사협회 상임이사, 법률구조공단 법률지원단장, 지방자치단체 행정 국장 3인, 법학전문대학원 교수 3인, 광역자치단체 사회복지협의회장 4인

  ※ 다수 참석기관의 단체명은 생략하였음

- 일시: 2027년 5월 27일(목) 13:00~17:00
- 장소: 법무부 세미나 B실

3. 진행 내용

- A국의 취약계층에 대한 법률지원 서비스 성공사례 청취 및 분석(국내 적용 가능성을 중심으로)
- 취약계층에 대한 법률서비스 발전 방향 및 정책의 추진 방향 논의 등

✎ 이 페이지의 핵심

- 취약계층 법률지원서비스 효과성 제고 위한 사례 분석 및 추진방향 논의
- 관련 기관 간의 네트워크 강화
- 토론회 일시: 2027년 5월 27일 13:00~17:00

핵심의 활용

- ✔ 추진 방향 구상과 협력 기관 간의 네트워크 조성 등을 위해 필요한 행사이나 처리업무 중복으로 인한 조정 필요
  - 회의 시 통합방안 보고: 27일 16:00 인권 국장 주관 회의
  - 인터뷰: 27일 10:00~12:00 ⇒ 동일 16:00~18:00 정책 홍보 기회임
  - 정책토론회: 27일 13:00~17:00 과장 참석 예정

- 3가지 과업의 중요도 등을 고려하여 과장 참석 또는 대리 참석자를 선정하기

- 나름의 논리가 있어야 함

'법무부 인권구조과장의 현안 업무 처리' 답안의 예시

- 해결 이슈

  - 법률홈닥터 사업 등 통합방안 마련

  - 과장의 중복된 일정 조정

  - 과원의 애로사항 등 해결

이슈 1. 법률홈닥터 사업 등 통합방안 마련

도입 배경

- 법률서비스 접근성이 취약(경제·지리적)한 국민들의 법률안전망 제고

목 표

- 향후 5년 이내 전국의 읍·면·동사무소 3,491개소와 시·군·구 228개소에 변호사 배치

통합운영 방향

- 업무 담당자와의 인수인계 및 운영방법 공유, 변호사협회 등과의 조율

- 배치 장소 증가와 변호사 인력 증원

  ※ 배치 장소 우선순위에 대한 폭넓은 의견 수렴, 자원봉사자 등에 인센티브 부여

- 근무 형태를 수요자들이 이용하기 편리한 방법으로 구상

- 통합명칭: 규모와 인력 등을 감안하여 인지도가 높은 제도의 명칭을 사용함이 타당

  ※ 법무과와 통합운영 검토 시 확정

업무 내용

- 법률 상담, 정보 제공, 법 교육, 구조 알선, 간단한 법률문서 작성 등
- 조력 기관(대한법률구조공단) 연계
  - 소송구조 등 필요시 원 스톱 연계 지원

제도 이용방법: 현장 방문 상담 또는 원격 상담

- 현장 방문 상담: 해당 자치단체에 사전 연락 예약 후 상담
- 전화·팩스·이메일 등 원격 상담
- 읍·면·동사무소, 각 지방변호사회 또는 법무부에 문의
- 블로그, 페이스북에서 검색

배치 장소 및 인원

- 배치 장소: 전국의 읍·면·동 3,491개소와 시·군·구 228개소에 배치, 합계 3,719개소
  - 현 배치 개소: 1,491+65 =1,556개소
  - 5개년 계획으로 배치 완료(미배치 개소 2,163개소는 1년에 433개소씩 증설)
- 배치 인원
  - 변호사 65(시군구·사회복지협의회 일부)명+1,361(전국 읍·면·동사무소 일부)명, 법률 담당 공무원 1,636명
  - 증가 계획: 전국의 읍·면·동사무소 각 1명, 시·군·구청 각 1명

- 5개년 계획으로 배치: 법률 담당 공무원과 자원봉사자 등을 활용하며 점진적 교체 완료

  ※ 수요가 많은 곳에는 인원 증가(우선 법률 담당 공무원과 로스쿨 학생 등을 배치하고 점진적 변호사로 대체)

근무 형태

- 5개년 계획으로 모두 상근 전환
- 비상근 개소에는 법률 담당 공무원과 자원봉사자 등으로 대체
- 유고·비상 상황 시 최근 거리 자치단체의 변호사 활용

홍보 등 인식 개선 노력

- 지상파 방송 및 인터넷으로 홍보
- 자치단체의 복지 담당 공무원 또는 자원봉사자 등을 활용, 안내문 게시 및 배포
- 자원봉사자(변호사, 로스쿨 학생 등)에게 인센티브 부여

  ※ 공직 등 채용 시 우대, 가점 부여, 우수 기업에 알선 등
- 풍부한 법률지식 확보 가능함을 홍보
- 무변촌 법률구조공단지소 추가 설치 검토, 이동 법률상담 차량 운영 등

기대 효과

- 새내기 법조인들에게 법률복지와 공익변호사로서 출발할 수 있는 경험과 동기 부여 및 공익성 제고

기타 장애 극복, 모니터링 방법 구상해 보기

이슈 2. 과장의 중복된 일정 조정

중복된 일정

- 회의 시 통합방안 보고: 27일 16:00 인권 국장 주관 회의
- 인터뷰: 27일 10:00~12:00 ⇒ 동일 16:00~18:00 정책 홍보 기회임
- 정책토론회 : 27일 13:00~17:00 과장 참석 예정

3가지 과업의 중요도 등을 고려하여 과장 참석 또는 대리 참석자를 선정

- 대리 참석자 선정 시
  - 선정 이유
  - 참석하여 해야 할 사항 안내
  - 효과 및 기타 참고사항 등
    ※ 위의 사항을 논리 정연하게 설명해야 함

이슈 3. 과원의 애로사항 등 해결(인원 증원 등, 직원 교육 등)

증원 인원 분석

- 사업의 특성을 고려할 때 외향적 성격이 필요할 것임
  - 변호사 협회와 각급 지자체 등과의 네트워크·협력체계 유지 등이 필요

- 김수영
  - 성실·신중하며 꼼꼼하여 이진수의 부족 역량을 보완 가능하나 협업 중인 신정민이 보완 가능함(이진수의 부족 역량에 대해)
  - 소통이 중요시되는 업무와는 거리가 있는 듯함
    ※ 신중·꼼꼼함 = 내향적 성격 모습
- 이수정
  - 성실·업무에 최선 모습 등의 성격으로 이진수의 지시사항 등 수행에 적격임

- 업무에 최선을 다하는 성격으로 소통과 협력관계 유지에 나쁘지 않을 것임
- 팀워크를 중시하는 사무관이 있기도 하나 이진수 사무관과의 업무 협조가 불편할 것으로 보임

증원 인원 선정 등

- 000를 선정 증원하고, 과 내의 업무량이 증가되어 추가인원 증원 요청
  ※ 타과 또는 변호사협회의 파견 지원 협조 등
- 추가 조치사항
  - 법무과의 사무관에게 협조 요청
  - 업무의 원활 진행 상황을 주기적 체크하기 등

직원 교육 등

- 전 직원들에게 사업의 필요성 교육 및 목표 달성을 위한 상호 협력의 중요성 강조
- 월 1회 업무 추진 상황 점검 및 상호 협조 실태 확인
- 협조 필요 기관과의 유기적 채널 가동 및 주기적 의견 공유
  - 공청회, 토론회, 세미나 등 실시로 변호사 활용방법 등 구상
- 이진수 사무관 피드백하기
  - 조직의 성과 관리에 협업·소통의 중요성 일깨우기
    ① 조직의 성과는 혼자서 내는 것이 아님
    ② 조직원 간의 협력·소통이 잘되어야 성과가 나타남
    ③ 추진력 장점 있으나 독단적 처리 또는 꼼꼼하지 못하면 부작용이 나타날 수 있음을 설명
    ④ 업무 이행 실태 수시 확인 필요

제6장

부족한 역량
향상시키기

1. 개 관

이제부터는 역량과제를 수행하며 특히 어렵게 느껴지고 있는 점은 무엇이었으며, 어떻게 향상시켜야 할 것인가를 알아본다. 물론 '이것이 정답이다.'라고 하기엔 견해 차가 있겠으나 제시한 대로 노력을 기울인다면 효과를 거두게 될 것이다.

거듭되는 표현이지만, 역량과제의 수행은 과제를 분석하고, 분석된 내용을 기법(발표, 서류함, 역할수행 등)에 맞추어 구성한 다음, 평가자와 면담 또는 질의응답 과정을 거치는 것이다. 따라서 분석과정, 구성과정, 표현과정의 3단락으로 구분하여 단락별로 특히 어려움을 느끼게 되는 부분은 무엇이며, 이를 어떻게 보완할 것인가를 안내해 본다.

이어서 역량과제(발표, 1:1 역할수행, 서류함 등 3개) 수행 시 분석 구성 표현과정에 아쉽게 나타나는 점들은 무슨 역량과 관련이 있는지를 소개하였다. 다만, 서두에서도 표현되었듯이 장황한 설명은 생략하고 개조식 핵심 요약 형식의 자료로만 설명하였다. 많은 문장은 핵심을 간직하는 데 도움이 덜 된다고 생각했기 때문이다.

지피지기면 백전백승이라고 했던가? 도움이 되기를 바란다.

2. 분석과정에서의 어려움과 해결방법은?

가. 분석과정에 느끼는 어려움은 대체로 다음과 같을 것이다.

• 문제를 구분하기 어려워한다.

• 문제의 근본 원인 파악이 안 된다.

• 핵심요소를 찾기 어렵다.

• 정책의 완성도를 높이기 위한 추가 정보에 대한 생각이 없다.

나. 분석에서의 어려움은 다음의 방법을 반복 활용하면 도움이 될 것이다.

• 반복하여 WHY를 되묻는다.

• 상식의 테두리를 넘어 인과관계가 가장 강한 것을 규명한다.

• 제퍼슨 기념관의 부식문제 해결 원리를 활용한다.

• 사설을 읽고 한 문장으로 요약한다.

• 요약된 문장을 한 단어로 표현한다.

• 완성도를 높일 수 있는 자원 또는 자료를 탐색한다.

※ 제퍼슨 기념관의 부식문제 해결: 기념관의 부식문제를 근본 원인이 무엇인가를
확인함으로써 말끔히 해결하였다는 사례(인터넷 검색으로 확인 가능함)

3. 구성과정에서의 어려움과 해결방법은?

가. 역량과제를 구성하는 데 느끼는 어려움은 대부분 다음과 같다.

- 자료의 연계를 못 한다.
- 어떻게 연계할지를 모른다.
- 엉뚱하게 구성한다.
- 체계적 논리적이지 못하다.
- 대충 구성하고 만다.

나. 위와 같은 구성의 어려움은 다음의 노력으로 극복한다.

- 과제 제시문을 준수한다.
- 목표와 정책의 방향을 설정한다.
- 다양한 대안과 대안들의 우선순위를 마련한다.
- 장단기의 실행계획을 구상한다.
- 모범사례 등을 벤치마킹한다.
- 자원 확보, 자원의 조직화, 협력 부서 등을 고려한다.
- 장애요인을 파악하고 대응한다.
- 점검 모니터링 방안을 구상한다.
- WHY와 HOW를 2~3단계까지 확인하며 되묻는다.
- 사설을 읽고 문제와 대안을 구체적으로 구성해 본다.

4. 표현과정에서의 어려움과 해결방법은?

가. 표현과정에서 어렵게 보이는 현상들은 다음과 같다.

- 표현방법이 서툴다.
- 표현은 하지만 구성이 안 되어 무슨 말인지 이해가 안 된다.
- 간결·명료하게 표현하지 못하고 장황하게 말한다.
- 표현은 하나 확신이 없다.
- 목소리가 작다.
- 자기주장만 한다.
- 신체적 언어를 활용하지 못한다.
- 상대방에게 초점을 맞추지 않는다.

나. 표현에서의 어려움은 이렇게 노력한다.

- 자신이 말하는 내용을 녹음하여 들어본다.
- 다른 사람과 이야기하며 피드백 받는다.
- 적극적으로 공감하는 모습을 보인다.
- 정해진 시간 안에 기승전결을 갖추어 표현하는 것을 연습한다.
- 거울을 보면서 이야기하는 연습을 한다.
- 발성과 제스처 활용 연습을 한다.
- 자신감을 갖는다.
- 보다 높은 차원의 생각을 그려낸다.

5. 발표 과제에서 나타나는 아쉬운 점

가. 분석과정에서 나타난 모습과 역량과의 관계

- 백화점식 나열, 문제와 현상 혼동, 필요·타당성 제시 미흡, 상황인식 미흡 → 현안 파악
- 방향만 제시(추상적, 원론적), 구체성 부족, 최적 대안 설정 미흡, 추가 정보 인식 부재 → 정책의 타당성 검토, 대안 제시, 성과 관리 전반

나. 구성과정에서 나타난 모습과 역량과의 관계

- 프레임 설정 미흡 → 성과 관리 전반
- 단계와 일정제시 미흡 → 업무 방향 제시
- 상호 간 연계 또는 자료의 연계 미흡 → 정책의 타당성 검토, 목표 수립 및 공유
- 간결한 제시 어려움 → 효과적인 전달
- 우선순위 결정 미흡 → 대안 제시
- 재발 방지 조치 미흡 → 실행 모니터링
- 장애 미인식 → 대안 제시, 실행 모니터링
- 목표 제시 안 됨 → 목표 수립 및 공유, 업무 방향 제시
- 효과 미인식 → 현안 파악(파급효과), 정책의 타당성 검토(기대효과)
- 부가적 부분의 정리 미흡 → 정책의 타당성 검토, 대안 제시, 성과 관리 전반
- 대안의 구체성 미흡 → 정책기획 전반, 성과 관리 전반

다. 표현과정에서 나타난 모습과 역량과의 관계

- 확신 없음, 논리 부족, 중언부언, 일관성 없는 답변 → 정책기획·성과 관리 전반, 효과적인 전달
- 시간 다과, 긴장, 목소리 작음, 동어반복, 말 많음, 도입 미흡, 지루한 답 → 효과적인 전달
- 질문의 핵심을 모름 → 정책기획 전반, 성과 관리 전반, 적극적인 경청
- 말 자르기, 공감 부족 → 적극적인 경청

6. 1:1 역할수행 과제에서 나타나는 아쉬운 점

가. 분석과정에서 나타난 모습과 역량과의 관계

- 상황·임무 인식 미흡, 방향·목표 설정 미흡, 상위조직의 미션이나 정책 목표와 연계 안 됨, 문제의 핵심 파악 부족 → 내·외부 환경 이해
- 필요·타당성 제시 미흡 → 내·외부 환경 이해, 효과적인 전달
- 국내외 사례와 연계(설득·타당성 위해)하지 못함, 재발 방지 조치 미흡, 분석해도 연계하지 못함 → 자원의 조직화
- 복수의 대안 준비 부족 → 자원 확보

나. 구성과정에서 나타난 모습과 역량과의 관계

• 내가 해야 할 일 인식 부재 → 자원 확보, 자원의 조직화
• 협조받을 곳을 모름, 자원 확보 방법 모름, 구체성 미흡 → 자원 확보
• 정보 조직화·지속관리 방안제시 미흡 → 자원의 조직화
• 부하의 특성·니즈나 불만·장단점 파악 미흡 → 부하 특성 파악
• 업무 수행의 피드백 못 함 → 업무에 대한 피드백
• 부하육성 방안 제시 미흡(역량발휘, 자기 개발 등), 관심과 배려 위한 노력 부족 →
  관심과 격려

다. 면담과정에서 나타난 모습과 역량과의 관계

• 고압적, 자기주장 강함, 일방적임, 말 자르기, 공감·경청 미흡, 메모·제스처 미
  흡, 질문을 활용하지 못함 → 적극적인 경청
• 잘못된 점 지적 못 함, 설득력 없음, 경험·노하우 활용 못 함, 핵심 전달 못 함,
  말 많음, 비논리적, 정리·공유 안 함, 명료하지 못함, 요약·자기표현으로 바꾸지
  못함 → 효과적인 전달
• 부하의 어려움 이해 못 함→ 부하 특성 파악
• 인정·칭찬 안 함 → 업무에 대한 피드백
※ 모든 것을 내가 처리하려 함 → 조직 관리, 동기부여 전반

7. 서류함 과제에서 나타나는 아쉬운 점

가. 분석과정에서 나타난 모습과 역량과의 관계

- 과제 이해 부족, 정보의 구조화 안 됨, 타당한 논거 활용 미흡, 필요 정보 탐색 부재, 구체성 낮음 → 성과 관리·조직 관리·이해관계 조정·동기부여 전반
- 간결·핵심 정리 못 함, 무엇이 소과제인지 모름 → 성과 관리·조직 관리 전반
- 문제 인식 못 함, 방향만 제시 → 성과 관리 전반
- 이해관계자 입장을 모름 → 이해관계 파악
- 타당·필요성 제시 어려움 → 목표 수립 및 공유, 내·외부 환경 이해
- 환경·상황 인식 못 함 → 내·외부 환경 이해
- 필요자원 확보방법 부재 → 자원 확보
- 자원 조직화 안 됨, 업무 조정 사유 명료화 미흡 → 자원의 조직화
- 부하의 특성·니즈나 불만·장단점 파악 미흡 → 부하 특성 파악

나. 구성·인터뷰과정에서 나타난 모습과 역량과의 관계

- 시간 관리 안 됨(일부만 작성 포함), 불필요한 틀 제시 → 성과 관리 전반
- 완급의 개념 부재 → 업무 방향 제시, 자원의 조직화
- 단순하게 생각 → 목표 수립 및 공유, 내·외부 환경 이해, 갈등상황 해결노력
- 위임으로 OK → 목표 수립 및 공유, 업무 방향 제시, 자원의 조직화
- 점검 모니터링 부재, 장애요인 인식 못 함, 재발 방지 조치 미흡 → 실행 모니터링

- 후일로 미룸 → 업무 방향 제시, 자원 확보, 자원의 조직화

- 부하육성 방안제시 미흡(역량 발휘, 자기 개발 등), 관심과 배려 위한 노력 부족 → 관심과 격려

- 업무 조정 이후의 조치 제시 못 함 → 실행 모니터링, 자원의 조직화

- 흥분함, 협력 구축을 도외시 함, 합의점 제시 못 함 → 갈등상황 해결노력, 협력적인 관계 구축

- 모든 것을 내가 처리하려 함 → 조직 관리, 동기부여 전반

- 업무 수행의 피드백 못 함, 경험·노하우 활용 못 함 → 업무에 대한 피드백

- 논리적이지 못함, 확신·자신이 없음, 장황·엉뚱한 답변 → 성과 관리·조직 관리·이해관계 조정·동기부여 전반

이렇게 하여 '어떻게 역량을 보여주어야 할 것인가?'에 대한 설명은 끝났다. 이제는 독자들이 설명된 내용을 나의 것으로 적용하기 위한 연습만이 남았다. 연습에 왕도는 없다고 본다. 그저 열심히 노력하는 것일 뿐….

다만, 역할연기 과제나 발표하기 등은 상대가 있어야 그 효과가 배가될 것이다. 직장의 동료나 선후배 또는 가족들과 꾸준히 연습하며 피드백을 받는다면 큰 도움이 될 것이다. 망설이지 말고 전진하여 원하던 결실을 얻기 바란다.

김 태 규

역량평가 통과의 지름길 안내서

역량평가 실전핵심

펴 낸 날 2023년 03월 16일
2쇄발행 2025년 01월 14일

지 은 이 김태규
펴 낸 이 이기성
기획편집 서해주, 이지희
표지디자인 서해주
책임마케팅 강보현, 김성욱
펴 낸 곳 도서출판 생각나눔
출판등록 제 2018-000288호
주   소 경기도 고양시 덕양구 청초로 66, 덕은리버워크 B동 1708호, 1709호
전   화 02-325-5100
팩   스 02-325-5101
홈페이지 www.생각나눔.kr
이 메 일 bookmain@think-book.com

• 책값은 표지 뒷면에 표기되어 있습니다.
  ISBN   979-11-7048-539-1(13320)